D0912347

Aller au-delà de l'humain

Kryeon Tome II

ARIANE ÉDITIONS INC.

Titre anglais original :
Don't think like a Human, Kryon book II
© 1994 by Lee Carroll
1155 Camino Del Mar - #422
Del Mar, California 92014 USA

© 1996 pour l'édition française
Ariane Éditions Inc.
1209, Bernard O., bureau 110
Outremont, Qc., Canada H2V 1V7
514/276-2949 * Fax : 276-4121

Mise en page : Ariane Éditions
Traduction : Marielle Bouchard, Jean Hudon
Révision : Marielle Bouchard, Réjeanne Dupuis
            Jeanne Barry
Conception de la page couverture : Ariane Éditions
Graphisme : Carl Lemyre

Première impression : octobre 1996
Troisième impression : août 1998

ISBN : 2-920987-19-4
Dépot légal : 4e trimestre 1996
Bibliothèque nationale du Québec
Bibliothèque nationale du Canada
Bibliothèque nationale de Paris

Diffusion
Québec : ADA Difusion – 514/929-0296
France : D.G. Diffusion – 05.61.62.63.41
Belgique : Rabelais - 22.18.73.65
Suisse : Transat - 23.42.77.40

Imprimé au Canada

Table des Matières

Table des Matières

PRÉFACE

Le channeling de Kryeon

UN MOT DE L'AUTEUR...

Je désire inciter toute personne lisant maintenant ceci à se procurer le Livre Un de Kryeon. Bien que toute l'information provenant de Kryeon soit intéressante et édifiante, elle suit un enchaînement naturel d'apprentissage et de compréhension qui a été soigneusement donné dans l'ordre indiqué. Je crois qu'il serait tout à votre avantage de trouver et lire le premier livre de cette série si vous ne l'avez pas encore fait. Si vous le faites, cela vous sera fort utile pour ce qui va suivre.

Ainsi que je l'ai mentionné dans le Livre Un, je suis une personne très pragmatique. En tant qu'homme d'affaires, j'ai passé la majeure partie de ma vie devant des écrans d'ordinateurs à m'occuper de chiffres, à planifier ma correspondance et à faire des choses du genre. Je ne suis pas enclin à être frivole et je suis très, très sceptique sur tout ce que je ne peux toucher et sentir. Cette prédisposition m'a empêché de lire quel que livre métaphysique que ce soit, et je ne me suis jamais retrouvé dans ces réunions où les gens méditent en groupe, attendant que les tables s'élèvent ou que les cuillères se tordent. Lorsque Kryeon est entré dans ma vie, ce fait a donné lieu à toute une blague cosmique, et je comprends maintenant pourquoi.

L'univers avait besoin de quelqu'un ayant le cœur ouvert et l'esprit vide... et croyez-moi, il en a trouvé un! La blague cosmique dans cette affaire venait du fait que je m'étais engagé par contrat à faire ceci avant même que je n'arrive, ce dont je ne suis pas conscient pendant que je suis ici. Je suis un exemple parfait de l'attitude de je ne sais combien d'humains qui ne se feraient jamais prendre à participer à une séance de spiritisme, à moins bien sûr qu'ils ne soient morts et n'y assistent sous cette forme (c'est de l'humour terrestre). Et je demeure donc tel le proverbial St-Thomas rempli de doutes, alors même que je continue à servir de canal à cette grande entité pleine d'amour appelée Kryeon.

C'est comme ça que les choses doivent être, car cela me sert bien d'être ainsi. Non seulement cela me force-t-il à rester honnête, mais ainsi les choses se passent avec un degré d'intégrité envers le processus qui, autrement, pourrait être simplement accepté comme étant typique. Pour ma part, j'ai le sentiment que cette expérience peut difficilement être qualifiée de *typique*... Voici ce dont j'ai la certitude : depuis que le Livre Un de Kryeon a été publié, des choses stupéfiantes me sont arrivées ainsi qu'aux personnes qui m'entourent. Le livre a été lu et accepté autant par des personnes œuvrant pour l'éveil que par les autres personnes non engagées. J'ai reçu d'innombrables lettres de plusieurs pays! Je me suis assis avec des individus et des groupes et j'ai simplement laissé jaillir l'information et l'amour... et cela a fait une différence importante dans bien des vies.

J'ai appris comment communiquer avec mes guides, et j'ai trouvé qu'ils étaient réceptifs... au point où j'ai véritablement senti que je créais ma propre réalité. J'expliquais des choses, par exemple, et demandais de l'aide pour créer de l'action... et parfois je l'obtenais dès le lendemain! Cette chose-là est puissante. J'ai accepté mon nouveau pouvoir et je continue à m'en servir à tous les jours; puis j'ai découvert à quel point c'était logique aussi!

Comment puis-je exprimer ce que je ressens au fond de moi? Une paix inexplicable et sans motif m'habite, une paix trop grande pour ce que je sais se passer autour de moi. Il s'agit là d'une réelle affirmation, et ça peut donner l'impression que j'ai besoin d'aide psychologique, mais il en est littéralement ainsi. Je me sens mieux que je ne le devrais en regard de circonstances qui auraient normalement produit moins de paix, ou même de l'anxiété. Et ce n'est pas tout... Je commence à me sentir équilibré pour la première fois de mon existence. Je vois les autres différemment, et souvent mon cœur déborde d'amour pour eux. En même temps, je vois la justesse en toutes choses, même dans la mort. Mon seuil de tolérance est monté en flèche! Ceux au sujet de qui j'aimais me plaindre sont devenus tout simplement d'autres humains en train d'apprendre leur leçon de vie, et je me suis moi-même effectivement retrouvé à comprendre ce qu'ils étaient en train de vivre. Les choses qui auparavant me faisaient grimper dans les rideaux ne me provoquaient plus. Je me suis surpris à leur envoyer de l'énergie en pensée pour les aider! Quel changement de but! Et le plus fort dans tout ça, c'est que ça marche.

Certaines personnes dirons que c'est un processus massif de désensibilisation, une introversion telle qu'on en vient à ignorer tout ce qui nous entoure... le syndrome de l'autruche. Selon moi, c'est tout le contraire: c'est une expression d'amour qui englobe une totale compréhension des principes universels, engendrant une plus grande sagesse dans nos réactions face aux leçons de la vie, ouvrant ainsi la porte à la guérison et changeant véritablement l'avenir de notre planète. Ça peut sembler un peu grandiose, je le sais, mais c'est la direction des choses à venir, et ça semble si naturel.

Pourquoi est-ce que je vous dis tout cela? Parce que je me retrouve dans une étrange dichotomie de l'esprit. Je continue à faire l'expérience de l'invisible, jusqu'ici de bizarres forces *irréelles* à mesure que j'avance dans cette nouvelle période de ma vie, demeurant à l'aise avec tout cela puisque ça se produit réellement, et que ce n'est pas imaginé. Et pourtant, je reste avec de nombreuses questions quant au *comment* et au *pourquoi* de tout cela.

Je dispose d'une base beaucoup plus vaste pour travailler maintenant que Kryeon a fourni de si complètes explications sur la façon dont les choses fonctionnent pour nous, et j'ai connu des expériences du type *cause et effet* comme preuve de son exactitude. Mais j'ai encore de très nombreuses questions à propos de ce que je vois autour de moi.

J'ai décidé de me faire un devoir, pour ce livre, de demander à mon partenaire (Kryeon) les difficiles questions que j'ai au sujet des nombreuses choses qui me semblent étranges ou intangibles. Pourquoi les choses sont-elles ainsi? Que faisons-nous de telle ou telle affaire? Quelles sont ces autres entités qui nous entourent? De nombreux lecteurs ont également écrit pour poser des questions relatives au premier livre, et je vais aussi lui poser certaines de ces questions.

Tenez-vous prêts. Je vais poser certaines questions *sensationnelles,* parce que ce sujet est trop important pour ne pas le faire. Comme pour le premier livre, j'écris ceci avant de faire le channeling, afin que vous et moi puissions partager en même temps l'information.

UN

Au sujet de l'amour

Mes salutations! Je suis Kryeon du service magnétique. Avant de bien vouloir passer aux questions, je désire vous faire à nouveau prendre conscience de mon énergie, et vous rapprocher de la vibration de mon partenaire qui, en ce moment, est en train de servir de canal à ces paroles.

Je suis du service magnétique, et j'existe uniquement dans le but de vous servir – vous qui êtes tendrement aimés et exaltés parmi les entités. Vous êtes les êtres en apprentissage, et vous êtes ceux et celles au destin si particulier sur cette planète. Je suis ici en réponse à vos œuvres qui ont été d'une importance considérable au cours des 50 dernières années. Vous avez changé votre avenir... et vous êtes maintenant parvenus à un stade où vous pouvez à nouveau le faire. Croyez-moi, l'univers entier connaît l'existence de ce que vous appelez la planète Terre. Avec mes changements, vous pouvez avoir un pouvoir accru... et c'est pourquoi j'ai permis que la communication s'établisse – afin que vous compreniez ce qu'il faut faire ensuite.

Mon partenaire vous a exhortés à achever la lecture des précédentes communications. Elles sont cruciales pour votre croissance et expliquent en bonne partie pourquoi je suis ici, et ce qui se produit en ce moment. Il vous sera très utile de vous procurer la première série de communications si vous ne l'avez pas encore vue.

Mes très chers, si vous croyez avoir mis la main sur ce livre par hasard, alors vous ne comprenez réellement pas de quelle façon les choses fonctionnent. Car je suis Kryeon, et je vous connais... et vous me connaissez. Si ces mots, ou ceux des écrits antérieurs, vous semblent familiers, alors ils le sont

parce que votre moi supérieur a intuitivement reconnu
l'écriture d'un ami. Je vous aime tendrement, comme le font
toutes les entités qui sont ici en service comme Kryeon. Je
vous encourage vivement à vous permettre de sentir ma
présence en votre cœur, et à vous permettre d'avoir la paix
qui peut être vôtre lorsque vous laissez s'évanouir la peur qui
prédomine même en ce moment chez la plupart des humains.

Les Anciens vous ont dit que «les doux hériteront de la
planète». Malheureusement, votre mot *doux* fut un mauvais
choix de traduction. De fait, les doux hériteront de la planète,
mais vous devriez être conscients de ce que signifie réellement ce mot. L'humain doux et humble est soumis au pouvoir
de l'amour. Autrement dit, une personne douce et humble
choisit en toute sagesse de se tenir en retrait alors que les
autres chargent, emportés par leur colère. Une personne
douce choisira d'évaluer une autre personne selon le critère
de l'amour plutôt que celui de sa richesse, de sa position
sociale ou de sa situation. Une personne douce est réellement
sans ego, et elle est lente à se défendre même si elle est
attaquée verbalement. La raison en est qu'une personne
douce a la sagesse de comprendre qu'une attaque verbale ne
cause pas de tort, et qu'elle est le résultat d'un déséquilibre
chez l'agresseur. Une personne douce enverra de l'amour à
ceux qui l'attaquent, et elle fait régulièrement preuve d'équilibre envers la Terre, de tolérance même envers l'intolérable.

Qui est cette personne douce? Cette personne douce
compte parmi les gens les plus puissants de la planète. Cette
personne douce est celle qui a reconnu l'amour comme la
source du pouvoir, et elle crée avec cette force. Elle
transforme le négatif en positif et la méchanceté en bonté.
Cette personne a le pouvoir de guérir les individus, et des
groupes composés de ces gens peuvent transformer la planète
elle-même. Tous les guerriers pâliront en comparaison avec
cette personne douce, car la puissance d'une seule de ces
personnes équilibrées sera égale à des légions de celles sans
amour.

Je viens à vous comme représentant de cette puissance, et avec la nouvelle qu'elle peut finalement être vôtre. Cette puissante personne douce, c'est vous. Chassez vos peurs des fantômes de leçons et revendiquez ce pouvoir. Je vous soutiendrai grâce aux changements que j'apporte, et vos guides vous donneront ce dont vous avez besoin pour continuer. Comprenez qui vous êtes! Comprenez qui vous êtes! Comprenez qui vous êtes! (*Il ne saurait y avoir accent d'intensité plus grand que lorsque Kryeon répète quelque chose à trois reprises.*)

L'amour est le champion des temps. Il est le lien qui retient l'univers ensemble, et le secret de votre théorie unifiée. Il est présent au niveau cellulaire, prêt à être libéré au moyen de l'action appropriée. Il est inconditionnel et il est unique. Il apporte la paix là où aucune paix n'existait auparavant. Il apporte le repos là où aucun repos n'était possible auparavant. Il est sage. Il est le soleil au cœur du soleil, et il émane d'une source singulière. Il n'y a rien de plus grand que l'amour. Aucun mal ni aucune chose négative ne peuvent s'y comparer, et vous n'avez qu'à vous donner la peine de le prendre dans la nouvelle énergie.

Sachez ceci mes amis : vous ne pouvez supprimer cette vérité que vous êtes en train de lire en ce moment. Elle demeurera incrustée dans votre conscience longtemps après que vous aurez posé ce livre. Cela sonne juste parce que ça l'est. Revendiquez-la!

Kryeon

DEUX

Questions

Question : Kryeon, j'honore votre présence et votre amour, et je reconnais les sentiments associés au fait de vous avoir avec moi maintenant, comme toujours. Vous m'avez amené à ce point où je désire en savoir plus au sujet de la façon dont les choses fonctionnent, et je vous poserai donc des questions présentant de nombreux aspects, tout comme vous m'avez donné dans le passé des réponses présentant de multiples aspects. Permettez-moi de débuter avec une question très fondamentale :

Je me trouvais dans une librairie ésotérique l'autre jour, et j'étais abasourdi de voir là un tel rassemblement de méthodes et de systèmes divers qui tous s'offraient à moi sur les rayons. Pour en citer quelques-uns, il y avait des livres et des conseils de nombreux yogis et enseignants différents aux noms (et à l'allure) pour le moins étranges. Il y avait des livres et des méthodes sur l'astrologie, le tarot, le *rebirth*, la régression dans les vies antérieures, la chirurgie psychique et les OVNIs... tous sur le même rayon! On y vendait des pierres et des gemmes qui étaient censées signifier quelque chose, ou guérir quelque chose. Il y avait des runes et des livres pour l'interprétation des runes. Il y avait des méthodes sur la guérison par les couleurs, par les sons, par les arômes et par le toucher. Il y avait des livres sur les formes et les couleurs qui étaient soi-disant significatives. Il y avait des histoires d'étoiles, des cartes du ciel, des cartes du ciel fixes, des cartes solaires et des cartes sur les phases de la lune. Il y avait de l'information sur les auras, les chakras, les méthodes de méditation et même la sexualité spirituelle humaine. Puis ma gorge s'est considérablement serrée lorsque j'ai remarqué la «section sur le channeling...». Il me semblait qu'il existait un nombre inépuisable d'entités qui faisaient exactement ce que je fais maintenant, avec des rangées et des rangées de livres sur le sujet. Ça se poursuivait avec des livres sur les Anciens de la Terre, et des livres sur les Indiens d'Amérique, et même des livres venant de l'espace!

Qu'est-ce que tout cela signifie? Comment pouvons-nous nous y retrouver dans tout ce fatras d'informations se faisant apparemment la concurrence? Laquelle est correcte? Comment pouvons-nous choisir?

Réponse : Mes salutations! Une fois de plus, je vous parle maintenant à tous d'une voix encore plus claire, du fait de l'expérience de mon partenaire avec mon travail en cours.

Tout au long de ces réponses, vous y lirez un thème qui revient souvent. Cela concerne votre culture, vos empreintes, et les suppositions qu'elles engendrent dans votre manière de penser. Dans les écrits précédents, je vous ai parlé de votre religion terrestre, et de la façon dont elle avait été tempérée et façonnée pour s'adapter aux besoins de contrôle des hommes. Il n'y a pas de plus grand exemple de ceci que l'attitude de ta question (celle de mon partenaire).

On vous a tous enseigné depuis votre naissance qu'il fallait donner votre pouvoir à Dieu, lui devenir soumis et lui être asservis. Vous pratiquez le culte en vous inclinant, en vous prosternant et en rampant devant une divinité en raison du manque de mérite comme humains que vous vous êtes enseigné. Vous poursuivez votre recherche du seul Dieu, du seul système, ou de la seule doctrine qui explique tout à votre satisfaction. Cette doctrine finit habituellement par être un ensemble de règles et de méthodes pour obtenir la grâce de Dieu, ou pour expliquer clairement une simple relation de cause à effet relativement à une punition ou une récompense.

Mon cher, lorsque tu déambulais dans le magasin, qui t'a avisé qu'il te fallait choisir une religion parmi celles offertes dans ces rayons? Ce n'était pas là un endroit avec des doctrines rivales où il t'était demandé d'en *choisir* une, ou d'embrasser une croyance. Permets-moi de te demander ceci: quand tu étais à l'école lorsque tu étais un jeune, en quel sujet *croyais-tu*? Lequel as-tu accepté tout en rejetant les autres? Était-ce la science, ou l'histoire, ou les ateliers techniques, ou la langue? C'est une question idiote (me diras-tu)... eh bien! certainement! Tu étais à l'école en ta qualité de jeune humain passionné d'apprendre, *reconnu comme tel*, et prêt à étudier ton monde et pour ton travail, et à recevoir la formation s'y rattachant. Il ne t'est jamais venu à l'esprit de choisir un sujet, de le laisser te subjuguer et de rejeter les autres.

Ainsi en est-il maintenant avec toi au plan spirituel. Permets-moi d'être très clair là-dessus. Le magasin où tu te trouvais est la *quincaillerie* des moyens mécaniques universels de faire fonctionner les choses. Tu aurais pu y trouver les pièces et les morceaux de tout le savoir que vous avez jusqu'à maintenant amassé sur la manière dont les choses fonctionnent pour une *parcelle de Dieu* vivant sur cette planète et ayant reçu le pouvoir de la vie. Comme je ne me lasserai pas de te le rappeler, vous êtes ceux et celles au destin particulier. Vous êtes les êtres ayant reçu le pouvoir de vie, et vous êtes ceux et celles que je suis ici pour servir. Il n'y a pas sur Terre d'entités plus grandes que celles qui sont en période d'apprentissage! Toutes les autres sont ici afin de pourvoir aux besoins de votre séjour ici. Vous êtes empêchés d'accéder à ce savoir, et il est caché dans votre réalité fantôme en cette incarnation, mais il est néanmoins vrai. Votre dualité est votre domaine de découverte.

L'ensemble des rayons représente vos encyclopédies du savoir. Toutes les choses dont tu as parlé ont un bien-fondé... toutes! Oui, la guérison est possible grâce aux pierres, aux couleurs, aux sons, et aux formes. Ainsi que je t'en ai informé précédemment, le pouvoir réel appartiendra aux quelques personnes qui arriveront finalement à les mettre ensemble! Pour le moment, même séparés, ils sont tout de même valables. Les humains sont-ils guéris grâce à ces outils? La réponse est OUI. Il y a une justesse dans l'astrologie, qui est l'étude de l'alignement magnétique de votre empreinte de naissance. Il y a une utilité réelle à apprendre le tarot et les runes. Ils sont des thermomètres de votre croissance du moment, et ils sont le reflet réel d'une précision du plus haut niveau lorsqu'utilisés et interprétés correctement. Il y a beaucoup à connaître, si vous le désirez, sur la façon dont votre corps est équilibré au plan physique; d'où l'étude des auras, des chakras et même de la sexualité spirituelle humaine. Le sexe ne vous a pas été donné simplement comme un moyen biologique de procréation. Il était également destiné à être un pont spirituel entre la femelle et le mâle, les reliant spirituellement tout en leur assurant les nécessaires fonctions biologiques.

Les livres des Anciens, ou des yogis et des chamans, sont vos capsules temporelles écrites par vous-mêmes à votre intention... cette idée ne t'était-elle jamais venue? Peut-être cela te donnera-t-il une toute nouvelle perspective sur l'histoire. Quel rôle penses-tu y avoir joué? L'un ou l'autre de ces livres des Anciens sur les rayons pourrait-il être de toi? Tu trouves certainement cette idée intrigante. C'est là une chose dont je ne peux faire l'expérience en tant que Kryeon. Ça t'appartient en propre, et c'est révélateur dans sa vérité. Enfouis dans vos expressions passées se trouvent de merveilleux indices permettant d'expliquer pourquoi vous êtes ainsi aujourd'hui. De même, la façon dont vous agissez aujourd'hui aura également un effet sur votre prochaine expression. Ce sont là les complexes mais néanmoins merveilleuses mécaniques de vos leçons en matière de karma, et vous devriez avoir le désir d'en savoir plus à ce propos car ça vous sera tout de suite utile.

Quant à la diversité d'auteurs, sois conscient que la vérité est la vérité, et tu découvriras constamment des principes cohérents, même si les cultures et les langages diffèrent.

Et pour les livres de channeling? Je sais que tu auras

davantage de questions à ce sujet. La plupart sont authentiques. Certains ne le sont pas. Ton intuition t'indiquera où se trouve la vérité. Ceux qui sont vrais ont été channelés au plus haut niveau par des entités de service et d'enseignement profondément différentes; c'est ce qui explique pourquoi les informations offertes sont si variées. Elles ne présentent pas forcément des vues opposées; il s'agit uniquement de perspectives différentes. Je te donnerai plus de précisions à ce sujet plus tard, mais je te dirai, comme je l'ai déjà fait, que les prédictions reçues par channeling ne sont pas toutes exactes en raison des changements survenus sur Terre au cours des dernières années. Elles peuvent avoir été exactes au moment où elles ont été écrites, mais ce n'est plus nécessairement le cas maintenant. Cependant, certaines prédictions faites il y a plus de 1 000 ans sont de nouveau exactes, ayant été désactivées grâce à l'action humaine, et ensuite réactivées récemment. Est-ce que cela te surprend? Souviens-toi que tu vois les choses du point de vue limité du temps linéaire, ce qui n'est pas le cas de l'univers. Toutes les vraies informations reçues par channeling sont toujours données selon une parfaite énergie d'amour. Je n'ai pas besoin de t'expliquer, mon cher partenaire, en quoi cela influe sur le résultat, n'est-ce pas? En ce qui regarde un channeling de l'espace... qu'en est-il à ton avis?

Je t'ai aussi donné un aperçu dans les derniers écrits en ce qui concerne les OVNIs. Qu'y a-t-il de si étonnant qu'ils jouent un rôle aussi important en métaphysique? Rappelle-toi l'admonition : les choses qui ne sont pas encore comprises ne sont pas forcément mauvaises, bizarres, ou effrayantes... elles ne sont tout simplement pas encore comprises. Accordez de la place à ces choses et faites preuve de tolérance à leur égard comme vous le feriez si vous découvriez soudainement une toute nouvelle loi physique à étudier (ce que, incidemment, vous ferez).

À vous tous je vous le dis, la prochaine fois que vous vous rendrez dans l'une de ces librairies, conservez une attitude d'amour et de tolérance. Ensuite, décrivez-vous mutuellement ce que vous ressentez. Quels sont les livres qui vous attirent? À propos de quoi aimeriez-vous en savoir plus? En tant qu'entité d'origine divine, vivant sur la planète en phase d'apprentissage, que désirez-vous connaître?... Choisissez alors le matériel approprié. Votre don de discernement est particulièrement pénétrant dans cette nouvelle énergie. Ce ne sera pas long que le bon grain sera séparé de l'ivraie en ce qui concerne les livres offerts dans ces librairies ésotériques.

Question : Vous avez dit : «Votre dualité est votre domaine de découvertes». Qu'est-ce que cela veut dire? J'en ai entendu d'autres parler de *dualité*. Qu'est-ce que c'est?

Réponse : Il s'agit là d'un concept difficile à comprendre pour vous. C'est difficile parce que sa compréhension est délibérément bloquée pour chaque humain en apprentissage. Dans les précédents écrits, j'en avais parlé maintes et maintes fois, et pourtant ça demeure apparemment une énigme pour toi. Il est temps que tu te débarrasses des vieilles façons de penser et que tu adoptes les nouvelles vérités fondamentales.

S'il te plaît, sois clair et comprends bien ce qui suit : vous êtes tous et toutes des entités de passage sur cette planète, ayant pris l'apparence de simples êtres biologiques... et cette fausse apparence berne tout le monde, même toi. C'est la base de la dualité. Tu es véritablement deux personnes. La partie *réelle* de toi est l'entité supérieure, dont chacun et chacune d'entre vous possède le pouvoir et le savoir, et la partie *fantôme* de toi est la coquille d'humanisme en phase d'apprentissage. L'ironie dans tout cela est que tu perçois le fantôme comme étant réel, et la partie réelle de toi comme étant le fantôme. Beaucoup d'entre vous ne perçoivent absolument pas leur partie réelle! Les plus grosses découvertes que vous ferez durant votre apprentissage concernent cette dualité. Les plus grandes réussites que vous aurez dans votre croissance seront fondées sur la compréhension de la façon dont la dualité fonctionne, lorsque vous parviendrez finalement à la réalisation des rôles inversés de la partie *réelle* et de la partie *fantôme*. Bien que vous ne puissiez vraiment voir votre moi supérieur (car cela irait à l'encontre du but de votre leçon), vous pouvez acquérir une connaissance et une compréhension suffisantes de la réalité relativement à qui vous êtes. Lorsque cela survient, vous pouvez alors vous saisir de votre pouvoir... et pas avant. Par conséquent, votre domaine de découvertes est celui de la conscience de soi et de la vérité de la dualité en vous, et porte sur la façon d'accroître cette conscience.

En outre, je ne pourrai jamais le répéter assez : toi, ainsi que ceux et celles qui t'entourent, avez choisi vos circonstances humaines bien avant que vous n'arriviez. Les choses à travers lesquelles tu passes en ce moment font partie d'un plan mis en mouvement par toi. Mais je t'en prie, ne confonds pas ceci avec la prédestination. La prédestination n'a absolument rien à voir avec cela. La vraie prédestination crée des problèmes et dicte des solutions. Dans la présente situation, tu ne t'es donné que des problèmes. Les solutions émergent grâce à la conscience et la réalisation intérieures. Un problème t'est donné ainsi que les outils et le pouvoir pour le résoudre. Lorsque tu le fais, ceci en retour élève les vibrations de la planète.

Question : Comment se fait-il que notre réalisation personnelle et notre travail personnel à travers les leçons de vie engendrent un changement de la vibration planétaire? Cela me semble un peu gros. Pourquoi cela n'influe-t-il pas uniquement sur nous de façon individuelle?

Réponse : La réponse à cette question est simple. Dans les écrits antérieurs, j'ai parlé de l'importance qu'il y a entre toi au niveau personnel et la Terre prise dans son ensemble. Je suis en train de faire quelque chose ici pour la Terre, mais ça s'exprime directement dans ton pouvoir et ta santé au plan spirituel. La planète est la salle de classe. Tu t'y trouves et tout ce qui arrive à la classe t'arrive à toi aussi. L'inverse est également vrai. Plus il y a de gens parvenant à l'illumination intérieure, plus la planète est équilibrée.

À la longue, la classe devient remplie d'étudiants brillants et celle-ci n'est plus nécessaire lorsque les étudiants obtiennent leur diplôme. Au cours du processus allant de l'étude à l'obtention du diplôme, la classe est peu à peu transformée à mesure qu'il y a de plus en plus d'étudiants qui réussissent leur examen de passage. Même lorsque tu étais à l'école, n'est-il pas vrai que tu pouvais entrer dans une classe et immédiatement savoir quelle année scolaire était enseignée? Cela ne te permettait-il pas aussi de savoir à quel niveau les étudiants étaient rendus? La classe change à mesure que les études progressent. Les anciennes leçons sont mises de côté et de nouvelles, plus avancées, sont présentées. Le tout change avec les parties, et les parties définissent le changement.

L'autre raison est que, comme parties, vous n'êtes pas vraiment seuls dans votre leçon. Vous avez d'importants travaux intérieurs à faire avec les autres qui vous entourent – et ce à dessein et selon des ententes préalables. De ce fait, ce que vous percevez comme étant de la croissance personnelle change le groupe de la même façon que ça change la classe.

Question : J'ai l'intention de vous demander plus d'éclaircissements plus tard quant à la manière dont fonctionne ce karma de groupe mais, en ce moment, je désire entamer un dialogue à propos des médiums et des gens qui font du channeling. Tout d'abord : qui suis-je pour faire ce genre de chose? Si la réponse semble être intéressée ou personnelle, je comprendrai qu'elle ne s'adresse qu'à moi, et je ne l'inclurai pas dans le livre.

Réponse : La réponse peut difficilement être qualifiée d'intéressée; elle n'est que la simple vérité! Tu as accepté de faire cela avant ta venue. Le temps choisi est maintenant... et te voici. Il n'y a pas grand-chose d'autre à dire que cela. Une bonne partie de ce que tu as fait durant ta vie t'a préparé pour ce rôle, tel que prévu dans le plan. Ton intérêt en ce qui a trait à la logique n'était pas fortuit, non plus que le fait que tu as très tôt embrassé les croyances fondamentales chrétiennes. Ça t'a tenu à l'écart de la métaphysique, mais c'était néanmoins dans la vibration de l'amour. Cela fit de toi un *terrain* parfait pour permettre de bonnes interprétations, dénuées de tout parti pris. S'il y a une chose à noter, c'est que tu as un parti pris pour ce qui est pratique et logique, et ceci nous amène à comprendre pourquoi tu poses les questions que tu me soumets maintenant.

Question : Pourquoi est-ce que je ne quitte pas mon corps durant la séance de channeling comme le font les autres? Cela semble beaucoup moins dramatique aux yeux des personnes assistant aux séances de Kryeon. Et sans pouvoir entrer en *transe*, comment puis-je savoir que mes interprétations de ce que je reçois sont exactes?

Réponse : Deux des attributs de la nouvelle énergie sont la responsabilité et l'intégrité. Tu vas commencer à remarquer que les personnes faisant du channeling n'ont plus à *donner* leur propre personnalité à celle de l'entité livrant le message. Des messages plus clairs pourront être donnés maintenant que vous assumez pleinement le pouvoir de votre propre âme. La meilleure forme de channeling est celle du partenariat; auparavant c'était sous la forme d'une *prise de pouvoir*. Il devait en être ainsi puisque vous n'étiez pas en mesure de garder le contrôle d'une situation qui combinait ce genre de pouvoir avec votre ancienne vibration. Avec le nouveau partenariat, une intégrité pleine et entière est maintenant possible. Ce qui ne veut pas dire qu'il n'y avait pas d'intégrité auparavant. Bien au contraire! Mais, auparavant, une personne faisant du channeling pouvait *s'y abandonner* et renoncer à toute responsabilité face à l'information reçue et aux actions posées du fait qu'elles provenaient de quelqu'un d'autre. À présent, le partenariat exige que la responsabilité soit aussi assumée par la personne en phase d'apprentissage, puisqu'elle participe activement au channeling. La nouvelle clarification de l'interprétation découle en réalité du fait que votre *moi supérieur* (qui sait tout ce que je sais) vérifie l'information avant que vous ne l'exprimiez. C'est le contrôle de l'intégrité. Ceci est nouveau. Cette nouvelle méthode est plus difficile que l'ancienne, parce qu'elle fait entrer en jeu votre personnalité humaine puisqu'elle est totalement consciente au cours du channeling. Cette méthode est plus difficile du fait qu'il vous faut vous exercer à demeurer *à l'intérieur* de vous-mêmes durant la séance de channeling, et que l'ego doit absolument être sublimé.

Ceux et celles qui sont plus à l'aise avec l'ancienne méthode de channeling peuvent continuer en toute harmonie avec ce qui se passe maintenant, mais la nouvelle énergie apportera une meilleure méthode donnant des résultats plus clairs si l'on veut bien s'en servir.

Question : Pourquoi certains ont-ils le sentiment que le *channel* doive souffler comme un bœuf ou parler avec une voix étrange pour être cru? Pourquoi certains parmi l'assistance souhaitent-ils même qu'on s'adresse à eux avec condescendance, comme s'ils étaient des enfants? Comment cela peut-il leur rendre service?

Réponse : Ne portez pas de jugement à l'égard de quiconque, qu'il soit *channel* ou membre de l'assistance! Tout est approprié pour l'époque. Beaucoup de personnes ont besoin de quelqu'un simulant l'autorité en face d'elles, avec tous les attributs d'un parent, pour être convaincues de la validité de ce qui est dit. Certaines ont besoin du drame de ce qu'elles perçoivent être une entité hors de ce monde pour sentir que le *channel* est crédible. Accepterais-tu d'enlever quoi que ce soit de tout cela et, ce faisant, de perdre tout ce qu'il y a de précieux dans la découverte de soi que font ces gens? Le travail de ces autres *channels* est tout aussi valable que le tien. Penses-y à deux fois avant d'émettre des critiques à l'égard de la manière dont une personne accepte l'Esprit.

Cher partenaire, en tout amour... sois admonesté pour avoir posé cette question.

Question : Je me dois de poser une autre question délicate qui m'a toujours embêté. Pourquoi est-ce que les médiums et les *channels* ne semblent jamais être d'accord entre eux dans ce qu'ils voient ou prédisent? Comment cela est-il possible s'ils *observent* tous le même Univers?

Réponse : Il ne s'agit pas là d'une question difficile, ou déplacée... mais, une fois encore, ta perception fondée sur tes attentes fausse tes réactions. Soyons clairs à ce sujet : si tu pouvais voir ton âme dans sa totalité, et connaître ce qu'il y a de l'autre côté du voile, il ne te serait alors nullement nécessaire de venir ici en apprentissage. Suis bien ce raisonnement et prends conscience que tes connaissances et tes perceptions relatives à *l'autre côté* sont glanées par l'entremise de filtres de pensée et d'intuition, et qu'elles te sont rarement données dans une forme concluante. Imagine-toi ceci : si vous pouviez tous vous réunir ensemble et prouver hors de tout doute que vous êtes tous une parcelle de Dieu vivant sur Terre pour recevoir une leçon de vie... mais déguisés, alors nous (l'Univers) n'aurions qu'à *allumer les lumières* et vous pourriez tous retourner à la maison! Fin de la classe.

En ce qui concerne les interprétations et les prédictions, vous continuez toujours à voir les choses comme à travers un verre teinté... sauf que beaucoup d'entre vous se rendent compte que le verre s'est éclairci ces derniers temps, permettant ainsi des interprétations beaucoup plus claires. Permets-moi de t'offrir une nouvelle perception sur les médiums et les voyants. Disons que trois médiums désirent voir ce qui se trouve de l'autre côté d'une porte (dans ce cas, la porte représente le voile). Il leur serait impossible d'ouvrir la porte puisque ça leur serait interdit. Au lieu de cela, ils découvrent que s'ils se mettent à genoux, ils ont la capacité que d'autres n'ont pas de voir par l'espace sous la porte. Tous les trois s'agenouillent et regardent sous la porte. On montre aux trois la même chose à travers la fente : ils voient une autre petite porte, et la partie inférieure d'une quelconque paire de chaussures. On leur montre tous exactement la même scène; or voici que beaucoup de choses peuvent être extrapolées à partir de ce qu'ils voient.

Tous les médiums voient avec une précision de 100 pour cent, et ils ont tous reçu jusque-là un aperçu réel et exact de ce qu'il y a de l'autre côté. Tel est leur don, et ils perçoivent tous ce qu'il leur est donné de voir comme étant la vérité. Un des médiums pense que la petite porte est une ouverture donnant accès à votre moi supérieur, et que le genre de chaussures révèle qu'il y a un guide masculin de grande taille se tenant debout de l'autre côté de la porte, prêt à apporter son aide. Un autre médium pense que la petite porte est une porte verrouillée, et qu'elle mène à la caverne de la connaissance, et que dans les chaussures se trouve un ange féminin, se tenant là avec la clé. Le troisième médium, qui est le plus équilibré de tous, ne prend absolument aucune décision avant d'avoir (1) demandé à son moi supérieur de vérifier ce qu'il voit, et (2) si un doute subsiste, il consulte d'autres personnes partageant ses idées afin de connaître leur opinion. Pourquoi consulter d'autres personnes? Parce que c'est ce que la nouvelle énergie encourage. Les efforts conjoints donnent maintenant une puissance et une clarté accrues.

Après vérification, le troisième médium est beaucoup plus en mesure d'interpréter correctement ce qu'il voit, puisqu'il est capable de supprimer les idées préconçues qui font souvent obstacle à un bon channeling. Il parvient à la conclusion que les chaussures ne sont que des chaussures, et que personne ne se tient debout dedans. Il s'agissait d'une piètre supposition typiquement terrestre de la part des autres médiums qui avaient conclu que toutes les chaussures étaient nécessairement portées par une entité. Le médium équilibré se rendit compte que ce qu'il voyait n'était rien d'autre qu'un miroir reflétant le côté opposé de la porte sous laquelle il regardait. Elle ne peut nullement s'ouvrir; il s'agit d'une illusion. Ce ne sont pas toutes les choses qui s'ouvrent qui ressemblent à une porte. Il en vient alors à interpréter la signification d'une paire de chaussures et de la porte reflétée, et parvient à une conclusion qui avait entièrement échappé aux autres. Vous avez donc trois médiums valables qui ont tous vu la vérité, mais dont un seul a su ce qu'elle était vraiment. Ceci démontre la nécessité pour les humains de faire preuve de sagesse, d'équilibre et de discernement. Un bon médium dans la nouvelle énergie possède deux talents: le premier est d'être capable de *voir* sous la porte, le second est la capacité de discerner ce que tout cela signifie. C'est exactement ce qui s'est produit avec les fausses prédictions relatives au changement d'inclinaison de l'axe de la Terre. Tel que mentionné dans de précédents écrits, le changement d'inclinaison est de nature magnétique seulement, et cela fait partie de mon travail. L'idée de changement a été *vue* avec exactitude par de nombreux médiums, mais n'a pas été pleinement comprise par tous.

L'Univers est plutôt simple. Tout n'est pas ce que ça semble être selon ce que vous en voyez depuis votre côté du voile, même si vous pensez pouvoir détenir la réponse à un mystère. Il vous faut d'abord supprimer toutes les idées préconçues en provenance de la Terre. Voilà ce qui est fondamentalement erroné dans la méthode scientifique actuelle. Je te donnerai plus de détails à ce sujet dans un proche avenir si tu le désires, mais qu'il te suffise de savoir que tu ne peux discerner les vérités physiques universelles si tu appliques des présuppositions et des préceptes humains à tes modèles logiques.

Ainsi, tu le vois, il y a beaucoup de vérités à glaner... comme celle que tu reçois maintenant; mais tu dois absolument mettre de côté tes présuppositions terrestres. Maintenant tu peux même interpréter librement des choses qui semblent dénuées de sens dans le contexte de tes anciens modèles logiques, mais qui seront un jour des connaissances banales.   ***Kryeon***

TROIS

Les personnalités dans le channeling

Avant que tu ne me poses d'autres questions à propos des *channels* qui t'intéressent, voici un complément d'information au sujet de ce qui s'est récemment produit sur Terre. Ça t'intéressera probablement de savoir que la majeure partie de l'information reçue par voie de channeling dans le passé est venue par l'entremise d'entités qui avaient précédemment vécu sur Terre et qui y sont revenues avec de l'information pour vous. Ceci ne changera pas et, comme je l'ai mentionné plus tôt, c'est toujours indiqué. Il est facile de vérifier ceci en le demandant directement à l'entité à l'origine du channeling. Elles ont toutes un nom. Certains de ces noms sont ceux qu'elles avaient lorsqu'elles vivaient sur Terre, alors que d'autres se servent de leur nom de tonalité sonore (ou d'un nom s'en rapprochant le plus possible dans votre langage... comme je le fais moi-même.) Presque toutes ces entités se feront un plaisir de vous révéler qui elles étaient auparavant sur Terre.

Il y a deux raisons pour lesquelles ces *channels* sont bénéfiques. La première est qu'ils ont passé à travers leur apprentissage sur votre planète, qu'ils sont donc pleinement conscients de la nature de cette expérience, et qu'ils peuvent s'identifier à vos leçons et vos fantômes. Ils ont fait l'expérience de la dualité, et ils ont résidé dans des corps semblables au vôtre. Cela leur donne une merveilleuse plate-forme de connaissance d'où ils peuvent travailler, car ils savent déjà ce que vous ressentez lorsqu'ils travaillent avec vous. La seconde raison pour laquelle un *channel* ayant vécu auparavant sur Terre est approprié est que ces entités étaient les seules capables de résister à la basse fréquence vibratoire de vos corps à ces époques passées. Sans la nouvelle énergie, les nouveaux ajustements et la *permission* que vos progrès ont rendu possibles, il n'y aurait aucun contact avec des entités telles Kryeon. Cela signifie tout simplement qu'il leur fallait vivre sur Terre au moins une fois afin de pouvoir ensuite revenir et vous faire parvenir de l'information à travers un *channel* humain. Or, avec la nouvelle énergie, vous pouvez profiter des deux genres de *channels*. La nouvelle énergie ouvre l'accès au flux d'information pour les deux genres de *channels*, même ceux qui ont fait du channeling avec vous depuis des années.

Permettez-moi d'expliquer que, pour la première fois, Kryeon et les autres comme moi sont maintenant libres d'être avec vous grâce au channeling tandis que vous êtes en incarnation. Il s'agit là d'un phénomène nouveau, et c'est à juste titre que vous l'avez mérité. Vous pouvez maintenant avoir accès à des entités vous transmettant de l'information qui sont uniquement en service, n'ayant jamais été incarnées dans un corps où que ce soit dans l'Univers. Notre intention est de vous apporter de nouvelles informations que les autres n'étaient pas autorisés à donner dans l'ancienne énergie, et de vous apporter une plus vaste compréhension. Tel que mentionné, les autres peuvent également faire cela maintenant, mais ne soyez pas surpris si certains parmi eux cessent de communiquer et viennent à nouveau s'incarner... ayant terminé leur travail de channeling. C'est là un indice de la nature de leur service, consistant à faire l'expérience de l'incarnation en divers points de l'Univers, puis de revenir comme enseignants channelés dans les corps du type où ils s'étaient incarnés tandis qu'ils étaient en apprentissage.

Comme je l'ai expliqué dans les autres écrits, Kryeon a toujours existé, et mon seul et unique objectif est de servir ceux et celles en période d'apprentissage en tant que maître magnétique ou, pour employer une meilleure description, comme technicien en service. J'ai une parfaite connaissance du fonctionnement de l'Univers, et je possède aussi une parfaite connaissance de la structure de votre incarnation, tout comme vous la possédez également lorsque vous n'êtes pas ici. Votre structure n'est guère différente de celle des autres. Ne soyez pas surpris un de ces jours lorsque l'entité qui descendra d'un OVNI pour vous saluer aura une apparence très proche de la vôtre! Il existe bien sûr de nombreuses variations, mais rien de comparable avec les histoires issues de votre imagination.

Beaucoup d'entre nous sont en service, et le type de service que nous vous rendons varie énormément, tout comme l'information offerte et ce, en raison de notre spécialité. Mon champ de compétence consiste à vous expliquer la nature de votre dualité, l'importance de votre quadrillage ou réseau magnétique, les réactions de votre corps à mon travail, les fonctions de votre empreinte et de vos implants. Je peux également tout expliquer dans les limites de ce qui est juste et approprié en ce qui concerne vos vies antérieures, et la façon dont les choses fonctionnent en général. Cependant, mon principal objectif en ce moment est de vous rendre conscients du nouveau pouvoir que vous avez grâce à l'énergie de l'amour, afin de vous aider à vous débarrasser des fantômes de la peur qui imprègnent encore votre conscience intérieure.

D'autres parmi nous ont des connaissances extrêmement différentes à vous donner. Mentionnons, par exemple, les maîtres enseignants, les maîtres techniciens (comme moi), les guides, les maîtres guides, ceux et celles en incarnation qui reviennent comme enseignants (*channels*), les anges (travaillant directement avec la source singulière), et la grande équipe d'ouvriers internes. Il y a tellement d'activité et de soutien autour de vous que vous n'en croiriez pas vos sens si vous pouviez les percevoir! Une grande partie des efforts déployés le sont pour faire en sorte que votre planète fonctionne comme il se doit afin que vous puissiez recevoir votre leçon de vie. Il y a un grand nombre d'entités travaillant pour chacun des humains en incarnation.

Réalisez-vous à quel point vous êtes uniques? Alors même

que mon partenaire traduit cette dernière phrase, je sens en lui un certain inconfort. Je répondrai plus loin dans ce livre à ses questions relatives à ceux et celles qui meurent en ce moment sur votre planète. Ceux et celles qui sont en train de mourir sont la preuve de tout ce que l'Univers fait dans votre champ d'existence en ce moment même.

Vous êtes tendrement aimés. C'est en toute justesse et en toute rectitude que nous sommes ici pour vous, et pour vous seulement. Vous avez maintenant la capacité de comprendre pleinement ceci, de même que d'aller de l'avant avec un pouvoir, une clarté d'esprit et une sagesse largement accrus. **C'est parce que vous l'avez choisi que vous êtes vivants en incarnation à cette époque. Il n'y a rien de fortuit à votre présence ici et maintenant.** Devenez-en conscients et prenez votre essor vers la place que vous avez été faits pour occuper. Faites de cette incarnation une victoire à célébrer!

Kryeon

QUATRE

Questions à propos des channels connus

UN MOT DE L'AUTEUR...

Les questions suivantes portent sur certaines personnalités que je connais, qui communiquent avec des personnes sur Terre par voie de channeling ou qui ont fait des prédictions. Même si vous ne connaissez pas ces gens, je vous encourage à poursuivre votre lecture car des informations valables de caractère général se trouvent dans les réponses données par Kryeon.

Question : Je suis curieux de savoir ce que vous souhaitez me dire à propos de l'être que l'on appelle Ramtha. Il est fort en vue parmi les entités channelées et jouit depuis de nombreuses années d'une popularité et d'une célébrité indéniables. S'agit-il d'une entité compétente et fiable?

Réponse : Tu devrais savoir qu'il n'y a pas d'entités incompétentes faisant du channeling pour vous sur Terre. S'il y a inaptitude, elle se trouve chez les humains qui prétendent être des *channels* ou qui font appel à la négativité pour les servir, faisant ainsi semblant d'être du côté obscur. Avec Ramtha, vous avez affaire à un être parfaitement compétent et les informations données sont bonnes.

Ramtha, que je connais sous le nom à trois syllabes de RAM-MA-THA, est une entité élevée dans son service. Ses attributs sont presque ceux d'un renégat; mais cela n'implique nullement l'idée d'un rejet ou d'une séparation, seulement de liberté. Ramtha est libre de servir dans un domaine non structuré partout dans l'Univers, alors que, pour ma part, je suis entièrement structuré et j'interviens en réponse à vos leçons de vie. Tout cela est ainsi qu'il doit en être. Ramtha rend le genre de service dont j'ai parlé plus tôt. Il s'agit d'une entité qui passe à travers une incarnation (ou plusieurs), et qui revient ensuite vous donner ce qu'il sent être utile pour vous d'après son expérience vécue sur votre planète. De fait, il est un maître et jouit de la liberté s'y rattachant. Ses messages sont destinés spécifiquement à ceux et celles qui en ont besoin, à la différence des messages de nature plus générale tels les miens. Son enseignement a toujours été fondé sur l'amour (il en est de même pour nous tous).

Ramtha est une entité channelée singulière, et il ne travaille que par l'entremise d'un seul être humain. Il s'agit d'un concept inspiré de l'ancienne énergie, et il devait en être ainsi... mais des changements pourraient très bientôt survenir. Il est libre de partir quand bon lui semble et, lorsqu'il s'en ira, il pourra décider de revenir s'incarner avec vous ou d'aller ailleurs dans l'Univers. Ce genre de service est très particulier, comme vous l'imaginez probablement, car cela entraîne une grande diversité d'expériences et nécessite beaucoup de connaissances.

Question : Vous avez dit que Ramtha était une entité channelée *singulière*, et pourtant Ramtha enseigne aux autres comment channeler son énergie. Dans le premier livre de Kryeon (LA GRADUATION DES TEMPS), vous dites aussi que le nombre de *channels* de Kryeon est limité à neuf personnes seulement, mais vous affirmez ensuite que tout le monde peut vous demander votre aide. Comment cela fonctionne-t-il?

Réponse : Il m'est impossible de vraiment en expliquer le fonctionnement, mais je peux te parler de l'intention, et tu pourras de ce fait en comprendre les résultats. Ce processus comporte de nombreuses couches. La couche supérieure est constituée de l'unique *channel* de Ramtha ou, dans mon cas, des neuf humains qui servent de *channels* pour Kryeon sur Terre. Les autres couches ont une énergie similaire, mais ne comportent pas d'exigences pour l'écriture et la formation. Considérez la couche supérieure comme étant celle de la transmission originale de la vérité et de l'énergie, et les couches subséquentes comme celles du partage de cette transmission. Vous pouvez tous faire appel à l'énergie de toute entité ayant reçu la capacité et la permission requises pour la partager. Seuls quelques-uns d'entre vous peuvent diffuser l'information originale de manière compétente et intègre.

De nombreuses entités de service total dans la nouvelle énergie peuvent avoir une première couche comportant de multiples interprètes humains. Leur nombre est limité à celles qui ont un contrat pour ce faire. Ainsi que je l'ai déjà mentionné dans les écrits précédents, Kryeon est interprété en ce moment par neuf humains sur Terre (cherchez où se trouvent au juste ces régions sur Terre à partir de ce qui en est décrit dans le premier livre de Kryeon). Il en est de même avec Solara. Cette précieuse entité donne aussi des messages et un enseignement partout dans le monde dans des régions qui peuvent ne jamais avoir de contact avec les écrits occidentaux actuels. Il est également possible qu'aucun de vous n'ait jamais l'occasion de rencontrer l'une des autres personnes servant de *channel* pour la même entité.

Tu dois aussi savoir ceci, mon partenaire : s'il était advenu que tu aies rejeté cette possibilité qui s'offrait à toi d'être un *channel* pour Kryeon, j'aurais alors porté mon choix sur le prochain humain sur les rangs. Ces messages sont trop importants pour être stoppés par l'ego d'un humain en phase d'apprentissage. Je félicite tous ceux et celles, qui comme toi, ont vu la possibilité qui s'offrait et qui l'ont saisie.

Question : La femme qui joue le rôle de *channel* pour Ramtha a été critiquée par certains en raison de son style de vie et de son accumulation de richesses depuis qu'elle est *channel*. Que pouvez-vous dire à ce sujet?

Réponse : Dans son évaluation, l'Univers n'a pas de critiques à lui adresser. Elle est célébrée pour avoir consacré sa vie à cette quête. D'autres humains ont réagi face à sa position, et les non-croyants feront toujours preuve d'intolérance puisqu'ils soupçonneront immédiatement qu'il y a fraude. Permets-moi de te demander ceci : je t'ai déjà donné la méthode pour pourvoir à ta subsistance et parvenir à l'abondance dans ta vie grâce à une bonne communication avec ton guide. Je t'ai dit que tu mérites de pouvoir vivre en paix et de ne pas avoir à t'en faire avec ce genre de choses. Sachant cela, refuserais-tu à certains autres ouvriers cette même récompense alors que tu l'as toi-même acceptée? En outre, quelle rétribution terrestre exigerais-tu si je devais te demander de renoncer à ton style de vie et d'enseigner pour moi... et par conséquent de perdre une partie des années de vie qu'il te reste? Ce *channel* humain a fait toutes ces choses, et a de toute évidence reçu de bons moyens de subsistance et l'abondance. Mets en pratique la tolérance de l'amour dont je t'ai parlé dans ton attitude à son égard. Elle est tendrement aimée, et mérite d'être célébrée. Peux-tu la voir comme je la vois?

Les grandes religions de la Terre ont presque toutes accumulé de grandes richesses terrestres, même celles qui sont au service des affamés et des démunis. Vous en êtes venus à accepter cet état de fait, alors pourquoi en serait-il autrement pour les personnes en service? Les mécanismes de l'amour sont les mêmes ici, car l'Univers est littéral, et il voit et honore la communication sincère dénuée de parti pris, que ce soit d'une seule ou de plusieurs personnes. Comme j'en ai parlé auparavant, vous pouvez constater les résultats de la prière tout autour de la planète, et les noms que les humains donnent à la religion ou la secte faisant le travail sont dénués de sens. La clé est l'amour. Le travail et la communication faits dans l'amour donneront des résultats; et ne vous y trompez pas : **vous méritez de vivre dans l'aisance et l'abondance pendant que vous êtes en incarnation.** Ramtha aussi enseigne cela. Vous allez vous rendre compte que ce thème est fréquemment repris par les enseignants de la nouvelle énergie, car il s'agit là d'une vérité fondamentale.

Question : Avec le très grand nombre de personnes vivant dans la pauvreté et mourant sur la planète en ce moment, comment peut-il réellement en être ainsi? Ça me semble un peu incroyable.

Réponse : Il est vrai que vous êtes tous ici pour passer à travers le karma et les leçons qui y sont associées. Cette situation s'applique à toutes les parties du monde. Tu remarqueras que j'ai dit que vous *méritez* de vivre dans l'aisance et l'abondance. Les humains qui nient la dualité, qui demeurent déséquilibrés, qui rejettent l'amour, qui optent pour la négativité et qui choisissent de revivre sans cesse le même karma n'auront ni bien-être matériel, ni paix tant qu'ils ne changeront pas complètement le processus. Ceux qui méritent une récompense ne pourront la recevoir tant qu'ils ne monteront pas sur la tribune et ne la prendront pas.

Mes chers, pouvez-vous comprendre maintenant toute l'importance de ce message que nous vous apportons. Prenez conscience de votre dualité. Prenez conscience de votre pouvoir. Prenez conscience de votre leçon, et faites des pas vers la tolérance et une communication fondée sur l'amour envers vos guides. C'est aussi simple que cela. Chacun de vous vit une situation très différente, mais la dualité est absolument universelle chez les humains. Ce message s'adresse à tout le monde, même ceux qui sont affamés et meurent dans le Tiers-Monde. Si celui-ci est d'abord entendu en Occident, c'est afin que vous, qui disposez d'une plus grande aisance matérielle, puissiez vous réunir et en donner aux autres une bonne expression grâce à la prière et la méditation. Je vous en ai déjà indiqué les mécanismes dans les premiers écrits. Utilisez-les maintenant pour aider les autres.

Question : Il y en a une autre au sujet de qui je suis curieux de connaître votre opinion. Dites-moi ce que vous pensez de Solara. Je n'ai pas lu ses livres channelés, suivant en cela les instructions que vous m'avez données, mais il y a là un lien puissant pour moi.

Réponse : Ce n'est pas étonnant que tu *sentes* le lien. Solara est de la nouvelle énergie. Cette entité, qui est également channelée par une femme, en est une du type I décrit précédemment, soit une entité de service total. Son nom est en réalité fort différent de *Solara*, mais il est adéquat pour votre langage, et il a certains des attributs de tonalité laissant entendre qui elle est. Solara est pour vous de couleur dorée, tout comme Kryeon serait de couleur cuivrée tel que décrit dans les précédents écrits.

Il y a de nombreuses différences d'ordre sémantique chez les channels, tout dépendant de leurs propres interprétations personnelles. Après tout, tu te sers toi aussi de ton cerveau biologique et de ton éducation culturelle pour interpréter mes trains de pensées. Je te dis ceci parce que je ne veux pas que toi, ou les personnes lisant ceci, s'y perdent avec les noms se rattachant aux entités universelles. Les différents noms que vous leur attribuez – guides, anges, maîtres, etc. – sont sans importance. Ce qui compte, c'est leur vibration. En est-elle une d'amour total? Usez donc de discernement pour évaluer leurs intentions et vous pourrez alors les classer par catégorie, ainsi qu'il vous est nécessaire en tant qu'humains pour vous sentir rassurés à leur sujet.

Solara est d'un ordre très élevé. Solara est un maître enseignant (ou un ange pour certains). Tu sens un lien avec cette entité parce que *l'impression* que tu en reçois est comme celle que tu reçois de moi. Un amour extrêmement intense s'en dégage lorsque cette entité parle à travers l'humain qui a choisi de faire le travail de channeling. Il en est de même pour toi, et tu ressens le même jaillissement d'amour qu'elle sent, puisque nos vibrations sont très similaires.

Mon type de service est différent et plus spécifique que celui de Solara, mais nous avons en commun des attributs très particuliers : nous sommes toutes deux des entités de service exclusivement. En d'autres termes, ni l'une ni l'autre n'avons été des humains sur Terre. Nous sommes tous deux ici dans la nouvelle énergie pour donner dans l'amour une éducation et un enseignement précis. Ni l'une ni l'autre n'aurions pu être ici avant ce moment. Solara est arrivée avant moi comme il se devait pour vous montrer une vue d'ensemble de la manière dont les choses fonctionnent. En tant que maître enseignant, Solara est autorisée à vous transmettre l'information relative aux étoiles. Cette information est donnée en tout amour, tout comme mon information particulière est également transmise dans l'amour en ce qui concerne vos vies individuelles. Cherchez attentivement les similitudes; la vibration d'amour est partout. Nous parlons toutes les deux des changements vibratoires. Nous parlons toutes les deux de la fenêtre de changement d'énergie, ainsi que de vos nouveaux pouvoirs, et toutes les deux nous parlons d'une nouvelle dimension pour la pensée et l'illumination humaines. Cet enseignant a également prédit mon travail. Cherchez bien, vous verrez.

Solara donne à son *channel* le même *enveloppement* que tu reçois de moi, une chose dont tu n'as jamais parlé à personne. Il te serait facile de devenir Kryeon et de laisser derrière toi ton ancienne vie. Telle est l'unité que tu ressens envers moi, et la façon dont nous devons nécessairement exister l'un et l'autre pour que tu puisses faire ton travail.

Question : Il y a trois ans, j'étais passivement assis devant le Dr. Frank Alper qui sert de channel pour une entité qu'il nomme Adamis. Il est celui qui, le premier, a nommément parlé de vous. Par la suite, j'en suis venu à respecter les lectures qu'il me faisait. Parlez-moi d'Adamis.

Réponse : Adamis est vraiment un pionnier. Le défi relevé par cette entité fut de taille... s'incarner et réussir, tout en étant sur Terre, à reconnaître la dualité de façon si complète, qu'il est parvenu à se channeler lui-même tandis qu'il est incarné... et tout ceci dans l'ancienne énergie en plus! Cette chère entité est constamment célébrée au plus haut niveau. Adamis est une très vieille âme de la Terre qui s'est engagée à vivre cette incarnation dans un rôle de précurseur des choses à venir. Il est juste qu'il ait agi de la sorte, puisque l'histoire de ses vies passées est si riche dans le domaine de l'avancement de la civilisation. Nous partageons tous le désir que chacun de vous en vienne à reconnaître la dualité à un point tel que vous parveniez tous à obtenir de l'information de cette façon. Si l'un d'entre vous devient *un* avec son âme tandis qu'il est incarné, il quitte alors immédiatement et instantanément son corps puisque l'incarnation ne lui est plus alors d'aucune utilité, tout comme pour la planète d'ailleurs. Ce que cette entité a fait, cependant, c'est d'établir un canal de communication tellement sans faille avec son âme que de bonnes et claires interprétations en ont résulté... des interprétations dont beaucoup de gens ont pu profiter au fil des ans, y compris toi.

En outre, Adamis est ici sur Terre pour la dernière fois. Tout comme moi, il a des attributs techniques et il poursuivra son service pour la Terre jusqu'à la fin. Il me connaît, et je le connais également. Il y a beaucoup d'amour entre nous, ainsi qu'une bonne dose d'humour cosmique... que vous comprendrez un jour.

Question : Enfin, que devons-nous penser des prédictions de l'ancien Nostradamus?

Réponse : Nostradamus n'était certainement pas un ancien, mais, dans votre terminologie, il était un prophète historique dont les prédictions semblent avoir été exactes sur une période de quatre siècles. Ceci est important. Mais vous pouvez maintenant laisser de côté son œuvre. La nouvelle énergie a rendu nulle sa vision. Il avait vu juste, mais votre travail pour élever les vibrations de la planète a transformé votre avenir. Tel que décrit à votre intention dans les écrits précédents, ses cartes et ses prédictions décrivant ce que sera le tracé de votre littoral après l'an 2001 et les cartes des indiens Hopi sont différentes. Même si les deux channelings provenaient du plus haut niveau, les prédictions Hopi sont plus claires – bien qu'elle fussent les premières! Tout ceci démontre ce dont je vous ai parlé : à savoir que le futur est une cible mouvante, que votre travail peut influencer... et votre ligne de temps linéaire est un fantôme comparativement à la véritable réalité universelle.

À nouveau, c'est pourquoi je suis ici. Votre nouvelle vibration est le fruit de vos efforts et votre récompense pour le travail que vous avez fait pour élever le niveau d'énergie de la planète. Ne croyez pas les dires de ceux qui prétendent savoir exactement ce qui arrivera à votre planète à une époque donnée. Tout ceci est en transition et il n'en tient entièrement qu'à vous de tout changer.

Kryeon

CINQ

Vies passées - Vies futures

Le fait est que vous partagez tous la circonstance d'avoir été sur Terre à maintes reprises. J'ai expliqué dans les précédents écrits de quelle façon vos nombreuses expressions fonctionnent ensemble comme un système, par le recours au karma (charges karmiques) et aux *portes* d'action pour vous apporter un moyen par lequel travailler durant vos incarnations (LA GRADUATION DES TEMPS, chapitre un). Il vous est également possible de reconnaître qu'un thème revenant souvent dans ces interprétations est le fait que vous êtes grandement honorés pour ceci. Je reviendrai constamment sur ce sujet, et je continuerai à le faire jusqu'à ce que le moment de partir soit venu pour moi. Je ne soulignerai jamais assez à quel point vous êtes aimés et célébrés par ceux d'entre nous qui sont en service. La raison en est simple : vous avez choisi d'être des **guerriers de la lumière**. Vous êtes ceux et celles qui font une différence et qui engendrent le changement. Pour notre part, nous sommes tous là pour vous soutenir... mais c'est vous qui devez faire le travail. L'ensemble de la structure de votre Terre, toute son histoire connue, et tout ce que vous voyez en tant qu'humains en dépend. Ce travail est d'une importance cruciale pour l'Univers. Les raisons pour lesquelles c'est si important pour l'Univers demeureront voilées pour un temps encore, et il n'est pas essentiel que vous les connaissiez pour l'instant. Mais sachez que l'utilité de votre travail est beaucoup plus vitale pour nous que le simple fait d'amener la lumière sur votre planète. Veuillez me croire quand je dis cela!

Le *Grand plan* universel est de vous placer sur Terre pour recevoir votre leçon de vie, avec la dualité telle que décrite auparavant, et avec les outils nécessaires pour faire des changements au plan personnel. Des attributs et des défis complexes vous sont donnés, et votre réaction à ces défis constitue votre travail. Lorsque la réaction est positive, et que vous choisissez d'œuvrer à votre propre illumination et de les utiliser comme des tremplins pour évoluer, vous élevez personnellement et collectivement la vibration de la planète... ce qui est le but visé. Dans le cas contraire, il vous faut alors répéter avec une charge karmique plus lourde.

Lorsque vous vous tenez en coulisses, prêts à aller en incarnation, vous le faites en tant qu'entités complètes; vous êtes honorés et tous vos besoins sont continuellement comblés par nous tous, car vous êtes à l'égal de toute entité ayant vos attributs dans l'Univers. Où que vous alliez, vous êtes instantanément reconnus et honorés pour votre travail, car vous exhibez les couleurs ou insignes des leçons de vie reçues. Vous tracez ensemble les plans, puis vous entrez en incarnation au moment approprié afin de réaliser le plan prévu pour vos leçons de vie. En cela, **vous êtes les architectes de vos propres leçons, et vous détenez donc toujours en vous les réponses aux leçons que vous recevez...** dissimulées dans la dualité, disponibles à pratiquement n'importe quel moment de votre choix grâce à l'éveil de la conscience intérieure et à la communication avec votre âme.

Tel qu'expliqué auparavant, mon travail consiste à créer l'équilibre magnétique de la Terre en proportion équivalente à votre travail. Le magnétisme est le *lit* sur lequel la conscience et la biologie humaines ont reposé depuis le tout début de leur existence. Ceci est crucial pour votre équilibre et permet votre accession à l'illumination. Je suis venu ici pour établir le magnétisme avant même votre arrivée, et je suis revenu à deux reprises depuis pour lui apporter des ajustements. Ceci est ma quatrième et dernière venue ici pour la planète telle que vous la connaissez.

Il peut encore vous sembler étrange d'avoir été ici à autant de reprises. Ce fait est extrêmement bien occulté par votre empreinte à la naissance, et c'est pourquoi il demeure si controversé à ce jour à l'intérieur des cercles de dirigeants spirituels. C'est pourtant ainsi qu'il devait en être, car cela n'aurait pas servi le but de la dualité s'il en avait été autrement. Vous avez chacun une pleine connaissance de toutes vos incarnations, car votre âme les connaît toutes. Votre âme porte également en elle votre plan pour les leçons de vie (tandis qu'elle est sur Terre), l'histoire passée et les réponses nécessaires pour votre avancement spirituel! S'il tel est le cas (demanderez-vous), alors pourquoi ne vous les posez-vous tout simplement pas ces questions? Eh bien, justement! Voilà exactement en quoi consiste toute la quête. Acquérir suffisamment d'illumination intérieure pour arriver au point où vous prenez conscience que vous <u>pouvez</u> vous poser ces questions; voilà qui représente 90% du travail à faire. Le fait de demander à obtenir ce savoir ne représente que le dernier 10%. Vous pouvez tous accéder à la connaissance de ce que furent vos vies antérieures et vous servir de ce savoir pour effacer du karma. Cette méthode a été mise à votre disposition pour vous aider à trouver la paix dans la situation que vous vivez en ce moment.

Il existe plusieurs façons de se débarrasser de traits karmiques. Lorsque vous parvenez à vous en débarrasser, vous recevez alors un implant afin de neutraliser la partie de votre empreinte qui vous avait attribué le karma à l'origine. (1) Une façon d'effacer du karma, à la fois la plus vieille et la plus douloureuse, consiste à *passer à travers* celui-ci. Cela exige souvent une vie entière de sacrifices et quelquefois une interruption de vie (la mort). (2) Une autre façon consiste à prendre conscience qu'il existe. On ne peut y parvenir qu'au moyen de l'illumination. Lorsque vous avez atteint un point d'équilibre, la leçon karmique vous est révélée à maintes reprises par le canal de l'intuition ou dans vos rêves, ou même à travers des situations de détresse exceptionnelle qui *éclairent* soudain les choses pour vous. Une fois que vous avez pris conscience du trait karmique et que vous l'avez reconnu, il s'en trouve alors presque aboli. Vous devez alors y faire face avec fermeté et l'identifiez complètement afin de le supprimer. C'est un peu comme si vous cherchiez une plante médicinale dans les hautes herbes pour soigner certaines douleurs que vous avez. Lorsque vous l'avez trouvée, vous l'appliquez sur votre corps pour vous débarrasser de telle douleur précise. Puis vous poursuivez votre recherche dans les herbes pour trouver la plante médicinale suivante, et ainsi de suite jusqu'à ce que toute la douleur soit partie.

(3) Le troisième moyen de se défaire d'un trait karmique s'apparente au précédent mais, cette fois, avec l'aide additionnelle d'un autre humain équilibré. Tel que mentionné auparavant, il n'est guère aisé de s'aider soi-même si l'on n'est pas équilibré, et parfois il faut l'intervention d'autres personnes pour parvenir à cet état afin de pouvoir ensuite poursuivre soi-même sa propre guérison. C'est pourquoi il convient que les gens que l'on appelle des *facilitateurs* poursuivent leur travail avec vous. Même dans la nouvelle énergie, ces travailleurs systémiques peuvent servir de catalyseurs pour aider bon nombre d'humains à devenir pleinement équilibrés et engagés sur la bonne voie. Soyez conscients, cependant, que ces travailleurs systémiques doivent prendre conscience des changements occasionnés par mon travail (LA GRADUATION DES TEMPS, chapitre deux). Avec les changements apportés au plan magnétique et les occasions plus fréquentes d'éveil spirituel, de nombreux symptômes éprouvés par les individus vont changer et la plupart des processus pourront être accélérés. Les travailleurs systémiques qui ignorent ceci vont se rendre compte que leur travail deviendra peu à peu inutile et inefficace.

(4) Le dernier moyen de se débarrasser totalement de son karma consiste à recevoir un implant neutre; c'était l'information de base que renfermait la première série d'écrits. C'est là votre nouveau pouvoir, et c'est vraiment un outil puissant et très utile pour accomplir la transmutation du négatif en positif sur votre planète.

À présent... il y a quelque chose dont aucun de vous ne

fait l'expérience, et je trouve cela amusant. J'ai fait allusion au fait que nous faisons tous partie du tout, et que le nombre de parties constituantes du tout ne varie jamais. Il n'y a pas de nouvelles entités. La dynamique de l'Univers existe avec le nombre d'entités qui a toujours été. Il s'agit d'une information qui vous est cachée et, en raison de l'existence de votre empreinte, vous avez encore de la difficulté à envisager quelque chose qui a toujours été. Mais il en est ainsi. La lutte à laquelle vous prenez part est très ancienne, et elle ne demeure dynamique que dans la mesure où **les visages des participants ne cessent de changer**. D'où la dualité dans laquelle vous vivez.

Ce que j'essaie de vous dire c'est que, tandis que vous continuez à honorer les Anciens pour leur sagesse, et que vous tentez de retrouver l'information perdue et de mettre à jour les secrets occultés du passé, vous êtes vous-mêmes l'objet de votre propre recherche. **Vous êtes les Anciens!** Vous êtes ceux qui ont utilisé les secrets et qui les ont occultés. Vous êtes ceux qui ont laissé des messages et des écrits à votre propre intention. Vous devez sûrement sentir un pincement au cœur lorsque vous vous tenez devant une tombe qui est la vôtre, ou lisez d'anciens écrits qui sont en fait de votre propre main. Je trouve cela drôle en tout amour, car vos empreintes fonctionnent tellement bien que vous ne vous reconnaissez même pas dans l'histoire de votre propre Terre.

Enfin, permettez-moi de vous entretenir à propos de la mort. Il est vrai que, sur le plan biologique, chaque être humain est unique. Autrement dit, il n'y en aura jamais un autre dont l'expression soit exactement identique à la vôtre après votre départ de ce monde. C'est là la raison principale pour laquelle vous pleurez le décès d'un être cher. Ceux et celles qui ne peuvent concevoir ce qu'est la dualité, et qui ne comprennent rien au fonctionnement de vos entités, ressentent la mort d'un être cher comme une lourde perte. Pour eux, il n'y a pas de but, pas d'espoir et pas de paix. Il est toujours souhaitable que celles et ceux parmi vous qui sont équilibrés et éveillés au plan spirituel, et qui comprennent parfaitement ce qui s'est produit lors de la mort d'un proche, tiennent une cérémonie, mais celle-ci devrait être sous forme de célébration de la vie de l'individu qui vient de se terminer, au lieu d'une cérémonie de souvenir vide et morbide, sans espoir ni but. La capacité de pouvoir prendre intuitivement conscience que la *vie* continue après la mort est un élément fondamental de votre empreinte. Si vous étudiez vos religions d'origine terrestre, vous pouvez vous rendre compte qu'elles comportent toutes cette croyance. Quant aux tribus primitives laissées à elles-mêmes depuis des centaines d'années qui entrent finalement en contact avec vos temps modernes, elles ont toutes ce genre de croyances même si personne d'autre ne leur a jamais parlé de quoi que ce soit à propos de la religion. C'est un savoir d'ordre intuitif, et ça existe au niveau cellulaire... pour amener une prise de conscience de ce fait. Cette vérité voilée vous est donnée afin que vous puissiez trouver la paix au moment de la mort physique. Les personnes qui s'obstinent à refuser d'y croire sont celles qui se sont livrées à une analyse de leur intuition pour finalement en nier l'existence – ces gens se retrouvent dans le dénuement intérieur le plus total et ils sont vulnérables à la négativité, car votre intuition est votre bouclier protecteur contre les ténèbres.

Lorsque vous êtes en mesure d'honorer votre intuition, et aussi de ressentir l'amour que nous éprouvons pour vous, il vous est alors possible de faire convenablement vos adieux à la personne qui vient de décéder. Lorsqu'il vous est donné de vous réunir en tant qu'ouvriers de la lumière pour honorer la mémoire d'un ami, n'hésitez pas à faire preuve du courage nécessaire pour restructurer votre cérémonie culturelle et votre protocole mortuaire. Les funérailles du *nouvel âge* devraient être quelque chose de si spécial et si différent que tous le remarqueront. (1) Aucune dépouille mortelle ne devrait être présente. La carcasse n'a plus aucune importance à ce point-là, et elle n'est en rien sacrée. N'en imposez pas non plus le fardeau à la Terre. (2) Tenez une cérémonie comportant tous les éléments que vous auriez normalement pour un événement sacré. (3) Faites une méditation appropriée avant et après la cérémonie, et en présence de personnes équilibrées afin d'honorer le défunt. Utilisez ce moment pour prier pour la planète, car c'est là le seul et unique but de l'incarnation de la personne qui vient tout juste de passer par une phase d'apprentissage. N'attachez pas d'importance à l'émotion que vous éprouvez. Elle est naturelle et ne dénote nullement une faiblesse d'esprit. Bien au contraire, elle démontre l'amour de l'esprit et le respect du processus. (4) N'encouragez personne à en parler comme d'un événement irrévocable et ne permettez aucune verbalisation de négativité. (5) Faites preuve d'humour au cours de la cérémonie, si vous en êtes capables.

Certaines morts seront plus faciles que d'autres, mais souvenez-vous que toute mort est appropriée, même s'il peut sembler ne pas en être ainsi sur le moment. Si vous vous retrouvez au beau milieu d'une situation qui semble être votre pire scénario d'horreur, où une mort inattendue et en apparence insensée survient, alors mes chers, votre conscience de la situation devrait être doublement accrue, car il y a là un important message pour vous à comprendre pour votre apprentissage. Il s'agit là d'un signe qui vous est adressé depuis le plus haut niveau. C'est aussi un moment où beaucoup ne *voient* pas la fenêtre dans cette lumière et ils se referment alors même qu'ils devraient avancer rapidement. Je vous le concède, lorsqu'on a le cœur meurtri et qu'on se tient encore la poitrine de douleur et de tristesse, il est difficile de faire autre chose que de pleurer. Mais, en dépit de tout, l'Univers vous a maintenant accordé le courage et la force de vous élever spirituellement, et il n'y a pas d'ascension plus grande que celle survenant durant de tels moments. Sachez bien ceci : lorsque quelque chose de ce genre surviendra pour vous, ou pour vos proches, il y aura alors un but et un motif à discerner. Aucune mort ne survient de manière inopportune.

Vous êtes tous aimés d'un amour infini, et il y a un motif pour votre appartenance à un groupe. Ce qui contribue à rendre les choses encore plus bizarres pour vous, c'est le fait que **vous avez aidé à dresser les plans de tout ça avant votre venue ici.** Par conséquent, considérez la situation du point de vue d'un amour total, et soyez en paix avec l'événement. Votre sentiment de malaise et de solitude vis-à-vis de la personne décédée est normal et s'atténuera avec le temps; mais cette entité continue à vivre et il se peut même qu'elle vous donne des signes de ce fait au cours des semaines et des mois suivant la mort. **L'amour que vous ressentez pour un être du passé est partagé et retourné par cet être même après la mort.** Il n'y a rien de mal à s'immerger dans l'amour de l'être qui vous a quittés, en autant que vous n'ayez pas la nostalgie du passé. Cette expérience peut être imprégnée de paix et très réconfortante. C'est ce qu'il faut espérer. Telle est la réalité de l'amour car le tout ne change jamais et nous poursuivons notre chemin toujours plus loin dans l'amour et l'honneur les uns envers les autres, réalisant une leçon après l'autre avec une remarquable détermination... nous rassemblant pour planifier la prochaine incarnation et célébrer la dernière.

Kryeon

SIX

Questions relatives aux vies antérieures

Question : Vous avez fait mention du karma de groupe et dit que vous reviendriez plus à fond sur le sujet. Comment est-ce que ça fonctionne?

Réponse : Ce concept est au cœur de la plupart des leçons karmiques. C'est également un des mécanismes universels les plus complexes. Tu le comprends et l'appliques parfaitement, mais il est malheureusement difficile d'expliquer en quoi cela consiste pendant que vous êtes en incarnation, du fait de sa complexité et de votre incapacité à le comprendre entièrement.

Certains parmi vous ont peut-être perçu intuitivement que beaucoup de ceux et celles qui vous entourent ont été avec vous auparavant au cours de vies antérieures... que votre mère aujourd'hui était auparavant votre fils, et votre sœur avant cela. Il n'y a rien d'illogique ou d'irrationnel à cela. La vérité est que c'est plus susceptible d'être un fait réel qu'autrement. Lorsque vous considérez que vous devez venir à bout d'un karma avec ceux et celles qui l'ont créé au tout départ, il vous faut alors comprendre que c'est ensemble que vous l'avez créé, et que c'est ensemble que vous devez l'éliminer. Cela nécessite un effort d'entité de groupe et implique forcément un karma de groupe. Au cours d'incarnations passées, vous aviez peut-être un père qui vous battait... ou vous étiez aux prises avec des gens malhonnêtes à votre égard... ou vous avez pris des décisions qui ont provoqué la mort de certaines personnesou encore des souffrances. On voit par ces seuls trois exemples les complexes liens karmiques de groupe que vous auriez pu tisser. Ces personnes et ces groupes reviennent avec vous à des époques différentes et sous des formes différentes pour aller au bout de leurs relations avec votre empreinte karmique.

Par exemple, votre expérience passée avec votre père pourrait être la cause de l'impression que vous avez de vous sentir abandonnés aujourd'hui. Cette impression domine votre vie sans motif apparent, jusqu'à ce que vous soyez en mesure de combler d'amour votre fille... qui pourrait fort bien être en réalité votre père réincarné. Parfois le membre d'un groupe ne joue qu'un rôle de catalyseur et ne retourne pas avec vous. Il se contente de planter la graine de ce sur quoi vous aurez à travailler, et il ne joue aucun rôle dans l'élimination du karma. En d'autres occasions, et dans la plupart des cas en fait, il contribue activement à son élimination, mais pas toujours comme dans l'exemple du père (en étant l'objet du karma à éliminer). L'idée que le karma passe toujours par des situations de rôles inversés d'une vie à l'autre n'est pas exacte. Les assassins ne reviennent pas pour être à leur tour assassinés. C'est tout le contraire qui est probable; à savoir qu'on vous accorde souvent une autre occasion d'être traité injustement par le même groupe, et de passer à travers l'expérience pour en ressortir cette fois illuminé. Peux-tu voir de quelle façon le fait de régler son karma avec ces gens peut également avoir une influence sur eux? Ils ont eux aussi un rôle à jouer pour son élimination, ou une occasion leur en est offerte. Tout ceci a quelque chose à voir avec l'intuition, avec le fait de prendre le pouvoir lorsque c'est possible, et de parvenir en fin de compte à la pleine illumination du soi. Si vous avez pris de mauvaises décisions qui ont fait du tort à des gens, il se peut que la même occasion se présente à nouveau. Sauf que cette fois-là, vous pouvez saisir la chance de laisser l'intuition et la conscience avoir le dessus, plutôt que l'ego ou les émotions.

Dans le cas de ceux qui vous ont fait du tort... peut-être sont-ils revenus dans des positions de vie similaires afin de vous offrir l'occasion de réagir différemment à leur égard, vous débarrassant par ce moyen de la peur reliée aux événements passés. Bien des fois, les membres d'un groupe apparaîtront dans votre vie seulement pour un bref moment et dans le seul but de *déclencher* le processus d'élimination du karma ce qui, en retour, aide à l'élimination de leur propre karma.

On retrouve aussi très souvent un type de karma découlant d'un événement singulier. Un exemple en serait une mort violente par chute ou par noyade. Vous pourriez dans votre expression (incarnation) suivante vous retrouver avec une grande peur de tomber ou de vous noyer, sans qu'il ne vous soit possible de mettre le doigt sur quelque raison pouvant expliquer ce qui vous arrive. Ce sont également là des peurs à transcender par le travail sur soi, et elles ont beaucoup à voir avec le fait d'avoir intuitivement confiance au bon fonctionnement des rouages de l'Univers dans votre vie, et non avec les autres qui vous entourent. Ce sont là ce que j'ai décrit auparavant sous le vocable de *fantômes* de votre expression. Ce sont des peurs sans fondement, et elles n'existent que pour rendre possible leur élimination.

La raison pour laquelle tout ceci est si complexe, c'est qu'il y a des attributs extrêmement interactifs entre les individus et les groupes. De toute évidence les groupes se chevauchent, et si votre vie n'a été qu'une suite ininterrompue de déplacements d'un endroit à l'autre, vous pourriez bien vous demander comment les groupes peuvent établir des rapports avec vous... mais ils y parviennent quand même. Partout où vous allez, il se trouve quelqu'un sur place pour vous aider d'une façon ou d'une autre, et vice versa. En plus de cette complexité, il y a la dimension additionnelle du temps de la Terre. Certaines entités y viennent pour passer toute leur vie avec vous. Certaines n'y viennent pour être avec vous que pour un court moment, et puis la mort survient. Certaines n'y viennent que dans le seul but de mourir! Dans tous les cas, il y a des leçons se rattachant à chaque arrivée et à chaque départ et, tel que déjà mentionné, il y a des leçons particulièrement puissantes reliées à certains événements dramatiques tels la mort, un traumatisme, la guerre et un désastre naturel. Ce facteur temps oblige des entités à attendre pour se réincarner, parfois l'équivalent de toute une vie, afin de pouvoir être très jeunes au moment où vous serez plus âgé. Après votre décès, il y a alors un autre groupe auquel ils peuvent se rattacher. Pouvez-vous en discerner toute la complexité? Ça peut fort bien se comparer à un jeu d'échec en trois dimensions comportant des milliers de pièces, chacune d'elles se voyant assigner un mouvement différent. Chaque être est en interaction avec beaucoup d'autres, et beaucoup d'êtres sont en interaction avec chaque individu.

C'est ce qui explique pourquoi, lorsque vous perdez un être cher ou un ami, vous n'avez pas la moindre idée s'il va revenir rapidement ou en fait attendre que la plupart des membres du groupe l'aient rejoint. En plus de tout cela, vous devez tenir compte de l'endroit où se trouve la Terre au plan physique. Vous avez tous fait partie à un moment ou l'autre des grandes civilisations de la planète. Vous vous êtes fréquemment retrouvés dans le même groupe, mais pas toujours. Règle générale, les membres d'un groupe tendent à demeurer ensemble afin de faciliter la leçon de vie à recevoir, mais vous rencontrerez tout de même des gens vivant aux antipodes que vous aurez l'impression de connaître, qui pourraient avoir été un *remplaçant* pour une autre entité qui est passée au stade suivant ou qui a *gradué*. Un remplaçant est une âme qui s'incarne à la place d'un membre du groupe qui a terminé son incarnation, afin d'apporter son aide pour le même karma qu'avait prévu d'accomplir celle qui ne peut plus revenir. Le remplaçant est un genre d'individu très différent et, aux yeux de la société, il donne souvent l'impression d'être une personne déséquilibrée. Il s'agit dans ce cas d'un humain qui joue le rôle exigé par le karma d'un autre, et ce au bénéfice des personnes autour de lui pour qui c'est nécessaire.

En ce qui a trait au phénomène de ce que vous appelez les

walk ins, il y a deux scénarios possibles: (1) Lorsque c'est opportun, il y a ceux qui *prennent le contrôle* du corps au cours d'une incarnation, parce qu'un humain déjà présent en a terminé avec son karma et peut partir. En pareil cas, pour l'Univers, il est préférable pour des motifs de synchronisation de faire un *échange d'âmes* à l'intérieur du même corps pour permettre à une autre âme de s'incarner sans passer par la naissance biologique. Ceci est très courant après un coma prolongé, ou après un rêve profondément marquant. (2) Il est également fréquent que la même entité se réincarne dans le même humain au cours de la même vie! Cela se produit souvent à la suite d'une expérience de mort imminente, ou de quelque traumatisme au cours duquel la mort humaine a apparemment été évitée de justesse, alors que la personne semble avoir été transformée à tout jamais par ce qu'elle a vécu. Ce sont là deux méthodes utilisées par l'Univers pour accélérer la synchronisation karmique d'un groupe.

Une question que vous ne manquerez pas de vous poser concerne le nombre d'humains au plan physique. Je vous ai dit que globalement leur nombre ne change jamais, mais il y en a beaucoup plus maintenant qu'auparavant; alors d'où peuvent-ils provenir? La réponse à cette question est encore plus complexe. Ils étaient incarnés ailleurs, et probablement dans un groupe stellaire. N'oubliez pas que le service que vous offrez à l'Univers est celui d'un guerrier de la lumière. Vous entrez et sortez constamment de l'incarnation... et je n'ai pas précisé qu'il s'agissait toujours de la Terre. Lorsque vous faites votre *graduation* ici, vous pouvez aller vous incarner ailleurs.

Pour conclure ma réponse à ta question, mon cher, sois conscient que ceux et celles qui t'entourent et qui jouent un rôle actif dans ta vie sont tout probablement de vieilles âmes qui ont cheminé à tes côtés depuis des milliers d'années. Cela te donne-t-il une perspective différente sur eux?

Question : Je sais que vous avez déjà répondu en partie à la question relative aux masses de gens qui meurent en ce moment sur la planète, mais pouvez-vous élaborer là-dessus? J'ai toujours certains problèmes avec ceci.

Réponse : Tu auras toujours une réaction face à la mort, même la mort juste, car elle représente la douleur et la souffrance terrestre, ainsi que les épreuves au plan biologique. Tu n'as pas à craindre de ne plus éprouver un jour ce genre d'empathie, car elle est nécessaire pour ton équilibre. Il est approprié et correct que tu ressentes de la peine pour ces âmes qui vivent des épreuves, et ce désir de vouloir empêcher leurs difficultés t'honore.

Il n'y a absolument rien que vous puissiez faire pour empêcher que de nombreux groupes d'humains périssent à cette époque. Cela a déjà débuté et ça va se poursuivre pendant des années. Il y a un grand nombre de morts survenant en ce moment sans que ça ne soit rapporté, alors même que vous lisez ces lignes, et cela fait partie du scénario d'ensemble pour la planète. Dans les séries précédentes, j'ai parlé de cela à plus d'une reprise. Je vous disais alors que plus de un pour cent de l'ensemble du globe était touché sur une certaine période de temps. Cela représente des groupes karmiques entiers, des groupes qui n'ont définitivement aucune chance de recevoir l'illumination ou d'avancer sur le sentier de l'éveil. L'ironie dans tout cela c'est que, dans l'ancienne énergie, ces groupes pouvaient demeurer là; maintenant, l'arrivée de la nouvelle énergie oblige leur départ. Il n'y a aucun mouvement d'avancement pour ces groupes, et aucun apprentissage. Cela est indiqué et leurs âmes sont impatientes d'aller de l'avant.

Ce sont là des groupes qui savaient que cela risquait de se produire lorsqu'ils sont venus s'incarner, et c'est avec une grande détermination qu'ils se sont consacrés à cette fin. Ces groupes particuliers pour lesquels tu ressens une certaine anxiété vont revenir tout de suite et seront des humains surdoués à l'aura de couleur indigo. Cette interruption de vie va considérablement aider la planète, et elle fait effectivement partie de la nouvelle occasion qui s'offre à vous et du processus de transmutation mentionné précédemment. Je suis bien conscient qu'il y a un paradoxe dans tout cela pour vous, car vous êtes des créatures d'amour, nées dans l'Esprit, et vous êtes faits pour suivre des principes humanitaires. Faites ce que vous pouvez pour eux, mais ne vous laissez pas envahir de désespoir face à leur situation critique, car elle a un but honorable, particulièrement en ce qui concerne les enfants. Observez toutes choses du point de vue de la sagesse universelle. Pleurez si ça vous fait du bien, mais arrivez-en, en fin de compte, à une compréhension mature de la façon dont les choses fonctionnent selon une plus vaste perspective d'ensemble.

Question : Y a-t-il quelque chose de nouveau que vous pourriez nous dire concernant les mécanismes reliés aux vies antérieures qui puisse nous aider maintenant ou dans l'avenir?

Réponse : Je vais donner un aperçu pour ceux et celles qui s'occupent d'élimination de karma de vies passées. Il y a un attribut humain qui est aussi un attribut de l'âme. Certains d'entre vous en sont venus à la conclusion qu'un humain a un cycle de temps prévu pour son passage sur Terre qui est soit rapide, soit lent, soit quelque part entre les deux. Vous mesurez cela en terme d'années. Vous y avez recours pour expliquer pourquoi une personne prend beaucoup de temps pour faire des changements, ou bien pourquoi elle les fait rapidement. Ce n'est pas la variable à laquelle vous pourriez vous attendre. Bien que votre méthode pour déterminer le cycle d'une personne soit presque correcte, ce que vous ignorez c'est que le cycle de temps sera également le même pour cette âme. Il sera le même pour cette âme chaque fois qu'elle viendra en incarnation. Il était le même dans sa dernière expression, et il sera le même dans la prochaine. Il s'agit d'un attribut de l'âme et celui-ci se rapporte au pattern vibratoire universel ainsi qu'à votre cycle de temps sur la

Terre. C'est là un attribut parmi plusieurs autres appartenant à l'âme qui sont transposés dans chacune de ses expressions, et ils sont permanents. Cet attribut n'est pas biologique, mais il a une origine universelle. Je ne peux expliquer cette variable de la fréquence appartenant à des entités de mon genre et de ton genre, car cela concerne une terminologie et des concepts qui ne vous sont pas compréhensibles pendant que vous êtes en incarnation.

La nouvelle information est qu'il y a aussi un pattern cyclique de vies qui correspond au cycle du temps. Si vous connaissez une personne dont le cycle du temps est ternaire, vous devriez alors pouvoir trouver des vies révélatrices du point de vue de leur importance karmique en comptant par groupes de trois vies dans le passé à partir de la vie courante. Les vies n'ont pas toute une très grande importance du point de vue karmique. En fait, la plupart n'en ont pas. C'est pourquoi beaucoup d'humains vivent des vies peu mouvementées sans bouleversement, misère, apprentissage, élimination de karma ou illumination manifestes. Bien des vies sont vécues comme des périodes de repos entre celles qui ont de l'importance. Souvenez-vous que le temps n'est pas important pour nous. Ce n'est là qu'un concept terrestre et, par conséquent, ce qui vous semble être un processus long et ardu se déroule entièrement dans l'instant présent pour nous. Votre âme a besoin de périodes de faibles difficultés karmiques entre celles qui sont plus exigeantes, tout comme il vous faut un équilibre dans les choses terrestres pour être en santé.

Ce que cela signifie pour vous, comme ouvriers de la lumière, c'est que vous pouvez cibler les vies révélatrices pour mieux les examiner. Si vous connaissez le cycle de temps d'une personne, servez-vous de ce même cycle pour trouver les vies importantes, celles qui sont maintenant responsables de la peur et du problème vécus. Il y a là aussi un secret sur le genre de leçons karmiques qui entrent en jeu. Les personnes ayant de longs cycles de temps (tel un cycle de 9 vies) auront tendance à avoir de plus lourds attributs karmiques à chacune de leur neuvième vie, et elles seront sujettes à avoir besoin d'aide pour les éliminer. Une personne ayant un cycle binaire se retrouvera avec un plus grand nombre d'attributs à toutes les deux vies, et sera mieux en mesure de les éliminer durant sa vie quotidienne. Dans le cas des cycles de vie plus longs, attendez-vous à trouver des tragédies et des spectres physiques, et plus de karma d'interaction humaine dans le cas des cycles plus rapides. Ce sont là des généralités, et comme pour tout ce qui touche le karma, il y a des exceptions fondées sur les groupes... mais règle générale cette information vous sera utile.

Question : Vous voulez dire que certains d'entre nous doivent faire face régulièrement à un karma plus difficile que les autres? Cela ne semble pas tellement équitable.

Réponse : Te rappelles-tu lorsque je te parlais de présuppositions entravant une réflexion claire et logique? C'est là un cas d'espèce. Qui t'a informé que chaque âme doive éliminer du karma à chaque incarnation? C'est loin d'être le cas! Tout comme il y a de la spécialisation dans le service, il y a également des attributs dans ton groupe de service. Vous êtes tous très, très différents de ce côté-ci du voile comparativement à ce que vous êtes dans la forme humaine. Peut-être pensiez-vous que toutes les entités de mon côté étaient des personnages en robes blanches avec des visages sans expression?

Tu serais très surpris de pouvoir observer notre diversité. Tout comme nos différences de couleurs que je t'ai décrites dans le passé, chacun de nous possède des noms, des formes, des services et des choses pour lesquelles nous sommes très doués. Tu connais ces choses, mais elles te sont cachées. Ne comprends-tu pas que ta biologie est modelée d'après un schéma plus vaste? Penses-tu que vous pourriez être dotés d'une telle variété de types de personnalités sur Terre pour simplement retourner ensuite à quelque monotone uniformité

générique une fois revenus de ce côté du voile? Cette
visualisation est très drôle!

Je t'aime avec tendresse, et je désire te donner plus
d'information au sujet du karma et de la manière dont il
entre en interaction avec les vies. Retiens bien ceci : ton âme
est une <u>spécialiste en leçon de vie</u>. Au niveau de l'âme,
certains ont tout ce qu'il faut pour faire face à un plus petit
nombre de leçons difficiles, et d'autres ont ce qu'il faut pour
passer à travers une myriade de plus petites leçons, exactement de la même façon que différents humains possèdent
différents attributs. De manière générale, ça fonctionne
comme suit : il y a trois groupes de base d'un point de vue
karmique – le groupe de 1 à 3, le groupe de 4 à 6, et le
groupe de 7 à 9 cycles de vies. Il n'y a pas de cycle plus élevé
que celui de neuf cycles. Si vous trouvez un humain dont le
cycle ne correspond pas à un de ces cycles périodiques, vous
pourriez alors avoir affaire à l'une de ces rares âmes spéciales
qui possèdent de multiples attributs, et qui peuvent faire
varier leur cycle si tel est leur désir.

Les âmes au cycle de 1 à 3 sont envoyées avec une empreinte karmique appropriée afin de permettre une rotation
rapide de nombreuses leçons petites mais puissantes. Ces
leçons plus fréquentes concernent les interactions avec les
autres âmes incarnées. Tu sais de quoi il s'agit, mon cher,
puisqu'il y en a tout autour de toi. Ce sont les âmes qui ont
besoin d'éliminer les attributs reliés à ce qui s'est produit avec
les personnes qui ont abusé d'elles, et avec celles dont elles
ont abusé. Elles ont de sérieux problèmes incessants dans leur
vie actuelle avec des parents ou des enfants, ou avec d'autres
proches ou avec des amis. Elles semblent être de perpétuelles
victimes, ou elles ont l'impression qu'il leur faut se débattre
ou se venger, ou passer leur temps à se défendre. C'est le
genre de karma que l'on retrouve dans le groupe au cycle de
1 à 3. Comme on peut le supposer, celles n'ayant qu'un cycle
reçoivent une dose légèrement différente de celles de 3 cycles.
Les personnes de ce groupe qui sont capables d'éliminer

l'empreinte karmique ont le plus de chances de se retrouver à aider les autres au niveau spirituel. Elles ont toutes besoin d'apprendre l'importante leçon de la tolérance, une leçon particulièrement difficile pour tous les humains.

Le groupe ayant un cycle de 4 à 6 est déployé plus uniformément dans tous les types de karma. Ces âmes doivent non seulement faire face à certaines des situations humaines, comme dans le groupe au cycle de 1 à 3, mais il leur est également donné certains événements plus difficiles sur lesquels réfléchir. Ces âmes doivent aussi passer à travers des leçons comportant plus de violence, généralement celle impliquant un humain contre un autre. Peut-être ont-elles brûlé quelqu'un à mort au nom de Dieu, ou pire encore, peut-être ont-elles appris à se servir de la négativité pour contrôler les autres. Ces personnes doivent souvent affronter une mort terrible aux mains d'autres humains. On retrouve de nombreux leaders dans cette catégorie, et de nombreuses personnes humanitaires. Leur principale leçon en est une de pardon... le pardon aux autres et à soi-même. Elles sont plus nombreuses dans cette catégorie que dans les autres.

Le groupe au cycle de 7 à 9 est celui dont le karma terrestre est le plus difficile. Ses membres figurent aussi fréquemment dans des positions de leadership de tous genres, mais ils décèdent souvent d'une mort violente, du fait d'accidents comme des chutes, des brûlures ou des noyades. Leurs leçons de vie consistent principalement à apprendre à surmonter la grande peur qu'elles portent en elles à la suite de ces événements passés. Cette peur est tellement grande qu'elle les fait souvent paraître comme des personnes déséquilibrées dans leur vie présente. Ce sont les personnes qui courent le plus grand risque de devenir malades sur le plan mental – ou d'être parfaitement équilibrées. La raison en est qu'elles sont chargées d'attributs si lourds qu'elles doivent habituellement prendre des mesures particulières pour exister même au niveau de normalité le plus élémentaire. La raison pour laquelle elles deviennent souvent des leaders est qu'elle cherchent le pouvoir comme méthode pour arriver à contrôler leur peur.

Je ne serais pas Kryeon si je ne vous rappelais pas ici ce qu'il en est au plan numérologique. Les totaux des groupes sont 4-1-7, et ces chiffres s'additionnent pour faire 3, le nombre de la manifestation et de l'action.

Tous les groupes présentent une caractéristique de peur, car c'est une inévitable réaction humaine au karma. J'ai souvent parlé des fantômes de peur venant de précédentes incarnations, et ce que je veux dire ici c'est la semence des peurs que vous portez tous, comme la peur que l'on ne tienne pas compte de vous ou qu'on vous abandonne, la peur de vous retrouver seuls, et celle d'échouer ou de ne pas répondre aux attentes des autres. Ce sont des peurs qui vous affectent tous.

Rappelez-vous le message urgent de mon travail ici : le nouveau pouvoir de votre implant neutre peut annuler presque toutes ces influences karmiques. Si vous n'avez pas reçu cette nouvelle information, alors cherchez-la sans tarder! C'est la bonne nouvelle consécutive à la nouvelle possibilité qui s'offre maintenant à la planète, et ceci concerne toute l'humanité. C'est ce que vous vous êtes mérités!

Question : Cela a-t-il un rapport avec les calculs de cycles de temps que les ouvriers modernes font en ce moment? À quelle base de calcul vous référez-vous?

Réponse : Le cycle de temps d'une entité est une information absolue, et cela ne peut faire l'objet de divergences à la suite de calculs faits par certains groupes. Ce qui varie cependant, ce sont les niveaux de significations associés avec les nombres qui appartiennent à la formule.

La principale formule que vous utilisez maintenant, découlant des méthodes du Népal, est simplement dérivée de la méthode donnée aux gens de la civilisation de la vallée de l'Indus il y a plus de 4 000 ans. Ce groupe est demeuré pendant seulement 600 ans, mais il a embrassé une croyance universelle qui a prévalu et qui s'est finalement répandue sur un très vaste territoire. Comme beaucoup d'autres civilisations bienveillantes, ces gens se sont exposés à être conquis par d'autres moins sages qu'eux et ils ont été décimés. Bien que leur doctrine soit demeurée en veilleuse pendant de nombreuses années, elle a connu une renaissance, non sans quelques changements, dans certaines régions dont le Népal, et elle portait en elle les germes du système dont vous vous servez maintenant. Essayez de travailler à rebours à partir de vos calculs modernes pour découvrir le point de départ. Ceci vous donnera une meilleure idée au niveau de l'interprétation, mais ça ne vous obligera pas forcément à changer votre processus actuel. Lorsque je dis de travailler à rebours, je veux dire par là que vous devez faire un examen approfondi des prémisses de la formule. Cet examen révélera en bout de ligne certains renseignements dissimulés sur la façon dont le processus était utilisé à l'origine, et sur de nouvelles manières de l'appliquer et de l'interpréter.

Si vous désirez en savoir plus à propos de l'illumination du groupe de la vallée de l'Indus, renseignez-vous sur la façon dont ils ont tracé les plans de leurs cités. Cette quête vous donnera un aperçu de l'humour cosmique dont je parle souvent... car cela a un rapport avec le travail de Kryeon.

Kryeon

SEPT

Lémurie et Atlantide

Vous avez reçu beaucoup de bonnes informations au sujet de la Lémurie et de l'Atlantide, mais l'information que j'ai à vous offrir peut vous donner une perspective différente. Je vous ai dit précédemment que je suis venu ici faire mon travail à trois autres reprises. Le temps est maintenant venu de révéler ce qu'il en est exactement. Le but de ma première visite était de mettre en place le système du réseau magnétique en vertu de l'autorisation donnée en ce sens par le groupe exerçant le contrôle sur de telles choses. Ce fut une époque merveilleuse, débordante d'une grande science et de travaux spectaculaires. La Terre était suffisamment vieille et stable, et elle était prête à recevoir le système.

Je disposai de beaucoup d'aide et il y en eut certains parmi vous qui ont apporté une assistance considérable pour faire fonctionner le système initial. Ce fut à cette époque que la caverne de la création fut installée, et que fut dressée la liste de toutes les entités qui allaient partager la planète, autant à la surface qu'en-dessous. Ce fut réellement un grand effort de planification, et tous les travaux furent exécutés dans l'amour et l'espérance. Il en est ainsi lors de chaque installation planétaire, mais votre planète était particulière du fait qu'elle allait être *la seule planète où régnerait le libre arbitre*. Aucune autre n'avait été ainsi.

Votre empreinte et vos implants sont conçus de telle façon que votre conscience demeure embrumée et simple, et que vous soyez incités à chercher activement la vérité. Cette même situation vous amène à penser à Dieu et à concevoir l'Univers comme un endroit parfait. Vous croyez que tout est planifié à l'avance, et vous avez de ce fait une tendance marquée à adhérer à la théorie de la prédestination. Rien de tel n'est exact. Il y a bon nombre d'interactions qui ne sont connues que lorsqu'elles surviennent. Je vous ai parlé des mécanismes régissant la leçon de vie que vous recevez sur Terre et aussi de la façon dont vous vous incarnez pour apprendre. Beaucoup d'entre vous apprennent; d'autres pas. L'effort à donner est le travail, et la prise de conscience en est le fruit, mais aucune entité n'en connaît le résultat à l'avance.

Comme c'est vous qui avez déterminé les leçons à recevoir, il y a un plan qui entre en jeu pour ce qui est de déterminer les personnes avec lesquelles vous êtes en contact... ce qui se produit lorsque vous êtes ici... qui vous êtes... où vous vivez... qui fait l'expérience de la mort terrestre... et quand. Il y a également un certain contrôle qui est exercé sur les grands événements touchant la Terre, puisque nous (*l'Univers*) comprenons comment la planète fonctionne intérieurement et extérieurement. La façon dont vous vous en tirez pendant que vous êtes ici dépend entièrement de vous, et personne ne le sait à l'avance.

Il y a aussi une bonne dose d'ajustements spontanés que nous (*l'Univers*) savons devoir se produire naturellement pour ce qui est de la Terre dans son ensemble, mais nous ne faisons rien pour les provoquer. Comme vous pouvez le voir, il y a eu une part considérable de planification et de travail qui a eu lieu en vue de préparer la *salle de classe* pour vos leçons; mais ne vous y trompez pas : **nous ne contrôlons pas** vos leçons. Toutefois, il va de soi que nous contrôlons la salle de classe. Vous souvenez-vous de ce que j'ai dit lorsque j'ai expliqué avec quel respect nous saluons le travail que vous avez effectué au cours du dernier demi-siècle? Ça n'avait pas été prédit, et cela a créé une grande vague d'enthousiasme. Mon retour était prévu, mais c'était pour faire un ajustement tout à fait différent. J'ai peine à contenir mes élans d'éloges, de célébration et d'amour lorsque je prends conscience que je suis revenu ici pour aligner dans un but de pouvoir plutôt que d'interruption. Une activité incessante se produit tout autour de vous en rapport avec ces changements. Des entités en provenance de partout dans l'Univers arrivent pour se mettre à votre service. Alors qu'auparavant vous étiez en train de sombrer dans l'obscurité, vous avez refait surface pour vous élancer avec une nouvelle force dans la lumière. Vous n'avez aucune idée de ce que cela signifie pour le plan universel. Vous n'avez aucune idée à quel point vous serez honorés lorsque cessera finalement votre leçon de vie sur Terre. Je ne peux vous envoyer aucune énergie qui soit assez puissante pour traduire correctement ce qu'il en est à ce sujet.

Lorsque fut terminée la mise en place du réseau magnétique et que les premiers humains purent recevoir leur empreinte d'âme, ce fut là une chose vraiment merveilleuse. Cela se passa il y a beaucoup plus longtemps qu'aucun d'entre vous ne se l'imagine, et il ne reste nulle part aucune trace de cette première civilisation. Un bon jour, quand la Terre, dans une de ses convulsions, restituera la preuve de son existence à la surface, il y aura longtemps que vous n'y serez plus comme humains incarnés.

Même si l'évolution de la vie sur Terre a donné naissance assez tôt à la biologie humanoïde, l'apport d'autres types biologiques humains de taux vibratoire élevé en provenance d'une autre planète fut nécessaire par la suite pour aider votre type. Il n'est pas important pour vous de comprendre ceci pour l'instant, si ce n'est que pour dire que votre biologie **humaine** actuelle n'est pas entièrement originaire de la Terre et que ces êtres bien-aimés ayant partagé leur semence de vie ont veillé sur vous depuis des temps immémoriaux avec amour et sollicitude. Leur semence était nécessaire pour que votre ADN réponde au stimulus universel, et pour enclencher la différenciation dans votre conscience entre les bêtes et les humains. Il s'agit du *chaînon manquant* que vous ne pourrez découvrir jusqu'à ce qu'il émerge finalement de lui-même.

Après l'établissement de votre civilisation, il était prévu que je revienne pour faire un ajustement, car tout comme vous ne pouvez maintenant savoir à l'avance comment vous allez vous débrouiller dans votre incarnation, nous n'avions aucun moyen de savoir à l'avance comment votre nouvelle biologie allait se comporter dans l'énergie créée par le système du réseau magnétique tel qu'il avait été originellement mis en place. Lorsqu'on fit à nouveau appel à mes services, c'était dans le but de mettre fin à la vie et de procéder aux réajustements. Cela peut vous sembler très dur, mais c'était ce qu'il convenait de faire et ce qui était prévu. Alors que s'est-il produit au juste (vous demandez-vous à juste titre)?

Le système du réseau magnétique laissait à cette époque beaucoup plus de tolérance à l'illumination que nous ne l'avions anticipé. Le système que vous avez maintenant est très bien équilibré pour le type de leçon que reçoit votre âme, et il en a été ainsi depuis des milliers d'années. Il a fallu deux ajustements majeurs pour qu'il soit enfin correct, et le premier qui eut lieu concernait l'interruption de la civilisation de la Lémurie et de l'Atlantide. Bien que ces peuples fussent alors séparés par de grandes distances sur Terre, et que leur ancienneté différait, la plupart des humains avaient quelque chose en commun : ils étaient très au fait de la science de l'illumination. Certains d'entre eux (les Atlantes) étaient proches d'une très haute communication vibratoire avec leur âme, mais sans vraiment comprendre ce que tout cela signifiait. Cela allait à l'encontre du but même de la leçon de vie, car ce qui était **appris** était des plus limités. Au lieu de cela, tout leur était **donné** (c'était absorbé de façon naturelle à travers un voile très ténu). Le voile était loin d'être en place comme il aurait dû l'être, et presque tous les humains avaient des réponses automatiques aux épreuves plutôt que d'avoir à les apprendre et à les appliquer. Nous avons toléré cette situation durant très longtemps dans l'espoir que les choses s'arrangent d'elles-mêmes, afin d'éviter de créer le karma additionnel qui serait plus tard associé avec l'interruption; mais ça ne s'est pas passé ainsi. Ce premier alignement du réseau magnétique a donné lieu à une bizarre combinaison d'illumination et de déséquilibre qui engendra une civilisation d'humains avec une dualité faible en certains domaines, et forte en d'autres. Ceci rendit possible la présence de l'esclavage à côté d'une science spirituelle avancée, et un sentiment de puissance sans que la source en soit connue. En outre, grâce à la science, l'élite humaine de l'époque parvint à prolonger considérablement sa durée de vie, et cela n'était pas productif ni approprié pour la façon dont la planète avait été conçue. Les membres de l'élite vivaient de longues vies, équivalentes à 5 ou 6 générations de celles de leurs esclaves qui se mirent à ressembler de moins en moins à des humains. L'élite ne partageait pas le savoir dont elle disposait. La destruction totale des masses continentales associées avec cette civilisation accompagna le réalignement que je fis, suivie d'une brève ère glaciaire cyclique afin de permettre à l'action des glaciers de faire disparaître tout vestige résiduel de l'événement. Nous avons ensuite laissé s'écouler un cycle aussi long qu'avait duré la civilisation, afin de rétablir l'équilibre de la planète.

Je demeurai ici durant tout ce temps, et nous avons de nouveau obtenu des semences de vie des autres planètes afin de vous créer une biologie qui vous convienne. Puis vers la fin de votre dernière ère glaciaire de courte durée, nous avons une fois encore déclenché un autre réalignement magnétique avec cette fois une tendance moins marquée vers une illumination et une réalisation personnelle au départ. En d'autres termes, la dualité (le voile) fut accentuée. Durant les années qui suivirent, on fit de nouveau appel à mes services sur la planète (pour ma troisième visite), puisqu'une petite correction s'avéra nécessaire afin d'ajuster vers une vibration légèrement supérieure. Car cette fois, il y avait une abondance de karma qui était créé, mais très peu de karma se trouvait réglé. La dualité était légèrement trop accentuée (il n'y avait absolument aucune conscience du voile). Ceci créa une civilisation qui était totalement dénuée de toute illumination, et une fois encore la Terre n'eut aucune chance de voir s'élever ses vibrations. Seules quelques très rares personnes étaient un tant soit peu conscientes au niveau spirituel. Cela ne contribuait nullement au but poursuivi. C'est alors qu'on me fit revenir pour effectuer l'ajustement final de l'alignement. Ce dernier alignement eut lieu il n'y a pas si longtemps, et c'est sous la forme d'un déluge mondial que votre histoire a conservé la trace de cet événement. La biologie humaine fut préservée et perpétuée jusqu'à l'époque actuelle, et même si une grande partie de la vie fut rayée de la surface, le déluge n'a pas recouvert toutes les terres comme on a tenté de vous le faire croire. C'est sous l'effet de ce dernier alignement que vous avez grandi, et il s'est maintenu jusqu'à maintenant alors qu'il est de nouveau changé et réaligné en vue de vous permettre d'assumer votre puissance et de progresser vers les étapes finales de votre graduation planétaire! Voilà, vous connaissez maintenant la chronologie des interventions du groupe Kryeon, et les raisons de mes quatre visites ici.

Mes très chers, si tout cela vous semble fantastique, il n'est pas important pour vous de tout comprendre. Il s'agit simplement de faits historiques. La seule chose qu'il **est** important pour vous de comprendre, c'est le sens de ma présence ici et **maintenant**. La situation de la Terre en ce moment est d'une importance considérable pour le fonctionnement universel des choses. Cette source de tout amour dont il m'arrive de temps à autre de parler représente le cœur de toutes choses. Rien ne peut jamais nous séparer de cette source. Tout ce qui a été fait dans le passé, et tout ce qui le sera dans le futur, l'est dans le but d'accroître cette énergie d'amour. Maintenant, et plus que jamais auparavant, vous avez le pouvoir, tandis que vous êtes sur Terre, d'avoir collectivement une influence positive pour la planète, pour les autres et pour vous-mêmes. Ce faisant, l'amour affluera en vous, et vos esprits recevront en récompense le plus grand don que les humains aient jamais reçu de nous... la paix venant de la source singulière d'amour, la paix de Dieu, de même que la tolérance et la sagesse issues d'innombrables années d'expérience!

Ce don est d'une grande importance, car il vous permettra de poursuivre le travail et de vivre dans un contexte qui vous est familier, mais avec un pouvoir et une paix accrus. Cet âge vous appartient; vous l'avez acheté et payé grâce à vos milliers d'années d'incarnation et de travail. Revendiquez-le. Vous avez les pleins pouvoirs pour ce faire.

Je vous aime tendrement.

Kryeon

Voir aux pages 97,149,157 et à l'annexe A (chap. 14) pour de l'information relative au «Temple du rajeunissement» de l'Atlantide.

HUIT

Questions à propos de notre passé

Question : Vous avez parlé d'un karma qui aurait été créé par la destruction de la Lémurie et de l'Atlantide. Quel sorte de karma subissons-nous à présent dans cette vie à la suite de ces destructions?

Réponse : Tous ceux parmi vous qui ont vécu durant cette époque ancienne (et cela concerne bon nombre d'entre vous) portent en eux le germe de la peur de **la mort attribuable à l'illumination**. Rappelez-vous que le karma est une leçon. Un lourd karma terrestre se manifeste souvent par des sentiments que l'on ne peut comprendre sur le moment, comme la peur de l'eau, des hauteurs, des lieux clos, du feu, etc. Ce sont des reliquats de traumatismes hérités des expériences de vies passées, et ils nous (*l'Univers*) sont utiles lorsque vous en arrivez à comprendre ce qui les cause, et à vaincre la peur. Il s'agit du processus de transmutation grâce auquel s'élève la fréquence vibratoire de la planète.

Tout karma est caché jusqu'au moment où il est exposé au grand jour, et on ne peut régler son karma que pendant l'incarnation dans le contexte de la dualité sur Terre. La destruction de la Lémurie et de l'Atlantide laissèrent en vous le souvenir d'une très forte relation de cause à effet entre l'illumination et la mort. Ce n'est que maintenant que cette *semence de peur* est ramenée à la surface pour être évacuée, car ce n'est que maintenant que vous rencontrez le genre de pouvoir qui pourrait être pour vous un sentiment familier... et beaucoup d'entre vous y réagissent avec peur. Laissez-moi vous donner un exemple de ce que vous pourriez éprouver en tant qu'ouvriers de la lumière : vous avez peut-être œuvré depuis des années pour la lumière, mais depuis le début de cette année une certaine léthargie s'est emparée de vous. La dépression vous gagne petit à petit et s'installe entre vos sessions de travail. Vous vous retrouvez soudain à court de désir ou désorienté, et il y a une lourdeur inexprimée accompagnant des situations qui ont le plus grand potentiel de réussite. La vue du nombre de personnes qui commencent à prendre conscience de la dualité éveille des craintes en vous. C'est là un sentiment étrange et familier, et vous vous attendez à ce que le couperet tombe et que la mort frappe. Vous continuez en sachant fort bien que vos actions sont justes et nécessaires, mais un malaise s'est installé au fond de vous. C'est un karma classique de peur, et ça représente le germe de peur de la destruction de la Lémurie et de l'Atlantide.

Mon conseil en pareil cas est le même que je vous donne depuis le début : entrez en contact avec vos guides pour qu'ils vous apportent immédiatement la paix en ce qui concerne cette situation. Faites appel à l'implant neutre (*cette énergie libératrice*), ou à tout le moins affrontez la peur et faites l'effort de passer à travers. Vous pouvez vivre une merveilleuse expérience de guérison en rapport avec cette peur et vous en libérer complètement. Il vous suffit d'y faire face sans détour et de demander en tout amour à vos guides de vous donner l'implant nécessaire pour vous en libérer. Comme je l'ai mentionné dans d'autres écrits, beaucoup d'entre vous se font attribuer de nouveaux guides en ce moment, des guides dont le seul objectif est de vous apporter la paix à propos de ce germe de peur dont vous avez récemment pris conscience. Ces nouveaux guides sont très spécialisés, car ils représentent un service très important qui s'occupe des leçons karmiques de réalisation de soi et de puissance. Si vous pouviez voir l'activité qui règne autour de la Terre, vous en seriez stupéfaits.

Question : Avec toute cette activité universelle, pourquoi nos scientifiques ne peuvent-ils rien voir de ce qui se produit. Est-ce que tout ça est trop au-delà de nos capacités sensorielles?

Réponse : Je ne vous donnerai jamais de l'information qui pourrait révéler la dualité au grand jour, ou soulever des questions qui donneraient à réfléchir à vos scientifiques et risqueraient ainsi de porter atteinte au nouveau stade d'apprentissage où vous êtes. Je peux cependant vous dire que des entités à l'échelon de maître laissent une trace résiduelle de leur passage en arrivant. Cherchez des traces inexplicables d'activité de rayons gamma de très haute intensité et de brève durée. (voir page 226A)

Question : Vous avez parlé de nos périodes cycliques de glaciation. Je suppose qu'il y en a eu un certain nombre au cours de l'histoire. Quelle en est la cause?

Réponse : Avant de pouvoir répondre à cette question, il me faut vous mettre en perspective la durée écoulée depuis le début de vos leçons. Votre Terre était vieille et mature lorsque votre civilisation fut implantée. L'ensemble de votre travail et de toutes vos civilisations est survenu au cours des 250 000 dernières années terrestres, et pourtant la Terre est beaucoup plus vieille que cela. Durant tout le temps de mes allées et venues, je n'ai observé qu'un seul cycle de glaciation; mais il y en a eu de nombreux autres.

Vos cycles de glaciation sont provoqués par le changement de l'orbite de la Terre autour du Soleil vers une nouvelle ellipse, un peu comme pour l'orbite de la petite planète extérieure que vous appelez Pluton. Je ne vous indiquerai pas la cause exacte du changement d'orbite, mais qu'il me suffise de dire que ce phénomène est cyclique et qu'il se produira de nouveau. Veuillez ne pas vous en inquiéter cependant, puisque cet événement ne se reproduira que dans un avenir fort lointain. C'est avec méthode que nous avons choisi les moments pour faire les ajustements.

Question : Vous avez parlé de la caverne de la création. Qu'est-ce que c'est... et où se trouve-t-elle?

Réponse : Ceci concerne la *comptabilité de l'énergie*, pour utiliser un terme humain. Il s'agit d'un endroit extrêmement sacré où vos véritables noms en tant qu'entités sont conservés pendant que vous êtes en incarnation. Ceci est nécessaire pour la dualité et il s'agit d'un lieu physique bien réel sur Terre. Cette caverne est soigneusement gardée, et s'il advenait que des humains la découvrent par hasard, leur vie serait interrompue tout comme ce qui est arrivé à l'humain qui a touché à l'Arche d'alliance. Cette fameuse arche fort ancienne était dotée d'une caractéristique tout à fait similaire, et contenait une énergie identique. C'était un temple mobile qui maintenait l'équilibre du pouvoir des entités des tribus dont elle accompagnait les déplacements. Les humains sont maintenant capables de transporter **l'ensemble** du pouvoir et de l'illumination de leur être, et tout ce qu'ils ont à faire c'est de le découvrir. Mais à cette lointaine époque, ils en étaient incapables, et l'équilibre était emmagasiné dans les temples et au niveau du réseau magnétique. Les histoires que l'on racontait anciennement au sujet de la magie et de la puissance qu'il y avait dans les temples renfermaient une bonne part de vérité. C'est pour cela que seuls les prêtres pouvaient y entrer, et bien qu'ils ne fussent guère plus illuminés que les autres, ils étaient protégés par leur maîtres guides (dont le service consistait justement à faire cela). L'intensité de l'énergie était trop grande pour que la plupart puissent la supporter. Cette situation a changé depuis longtemps, et il y a aujourd'hui moins de ce stockage de la puissance des êtres qu'à toute autre époque de l'histoire.

La caverne se trouve sous une partie tropicale de la Terre, mais à une profondeur extrême et hors de votre portée. Il n'y a aucun passage ou tunnel y conduisant, et il n'y a pas de caractéristiques en permettant l'accès aux humains. Il peut être intéressant pour toi (mon partenaire) de savoir que tu y as été amené à trois reprises depuis ta naissance dans cette incarnation. Il s'agit d'un endroit favori de vos guides pour y amener des humains lorsqu'ils sont prêts. De ce point de vue, il est accessible à la plupart des humains au plan astral, mais seulement durant les périodes où ils reçoivent des implants et des changements de guides... ou lorsqu'ils arrivent et repartent. À nouveau, cela concerne la comptabilité du pouvoir et des êtres. C'est le premier endroit que vous voyez lors de votre mort, et le premier que vous voyez lors de votre conception. Il flamboie d'une lumière blanche très brillante et il est également sous la surveillance étroite des êtres en blanc. Les expériences de mort imminente que vivent les humains sont en relation avec cette caverne, et concernent presque exclusivement le trajet pour s'y rendre et les sentiments que l'on éprouve à son contact. Le nom et les attributs universels de tous les êtres en incarnation sur Terre y sont conservés.

Je vous dis volontiers ces choses, avec la certitude absolue que cette caverne ne sera pas découverte. Son emplacement a été choisi pour votre sécurité. Il vous sera possible un jour d'en mesurer l'existence avec vos instruments scientifiques, mais vous ne pourrez jamais l'atteindre.

Question : Lorsque vous dites que «l'on a fait appel à vos services», cela tendrait à indiquer que vous répondez aux requêtes d'une puissance supérieure. Qui vous a fait venir ici, et d'où provenez-vous?

Réponse : Il n'y a pas de *puissance* supérieure à la source singulière, et elle se trouve en vous. Je réponds aux requêtes faites par un groupe qui surveille les planètes où des âmes sont incarnées. Je suis un technicien en service pour ce groupe, dont le nom peut être traduit approximativement par les *Frères de la Lumière*. De tels noms, comme je vous l'ai mentionné auparavant, sont sujets à toutes sortes d'interprétations, puisqu'il n'existe pas de noms absolus dans l'une ou l'autre des langues terrestres. Ce serait comme de tenter de nommer une couleur, et s'attendre que ce nom demeure exactement le même tout au long de l'histoire dans toutes les cultures et toutes les langues, peu importe qui en interprète les nuances.

Il n'existe aucune structure d'autorité. Nous sommes tous détenteurs de la même autorité et de la même sagesse. Il ne s'agit pas là d'un concept culturel terrestre et, de ce fait, jusqu'au moment où votre apprentissage sera terminé, je ne peux m'attendre à ce que vous puissiez savoir ou comprendre ceci. Toutefois, ça se passe un peu comme pour votre corps biologique. Vous n'avez pas conscience qu'il y ait un patron disant quoi faire aux parties de votre corps, mais vous êtes conscients qu'il y a une unité centrale qui voit à la bonne coordination de votre équilibre biologique. Aucune des parties de votre corps n'est tenue d'être d'accord, et aucune d'entre elles ne se rebelle. Toutes travaillent à l'unisson dans le but de maintenir la vie, et toutes les parties respectent les autres et fonctionnent avec elles. Votre conscience est la somme totale des parties de votre corps, et vous trouveriez ridicule de penser que votre cœur refuserait d'envoyer le sang à vos pieds lorsqu'ils en ont besoin, ou que votre foie dirait à votre cerveau qu'il va former un corps indépendant du reste.

Il n'y a aucun type d'interaction entre les humains qui puisse servir d'exemple pour décrire les interactions entre les entités de l'Univers. Toutes les interactions humaines de nature politique et émotionnelle furent créées pour votre apprentissage, et elles sont typiquement vôtres. Je suis du centre. Je viens du *cœur*, ou de la force créatrice centrale d'où émane la source de l'amour. Je n'appartiens à aucune partie précise de l'Univers, et on ne doit pas m'identifier avec quelque groupe que ce soit alors que mon seul but est d'être là pour vous servir.

Question : Vous avez parlé auparavant de votre *groupe de soutien*. S'agit-il là des guides, ou bien disposez-vous réellement d'un groupe qui travaille avec vous pour faire l'alignement du réseau magnétique? Où sont-ils?

Réponse : Voilà une des questions les plus drôles que tu m'aies jamais posées, mon cher partenaire! Dans un amour total, je te salue pour ta dualité! Tu ne te rappelles pas de ton propre commandement et tu n'est pas conscient de ton engagement de service avec moi. Telle est la merveille de ton sacrifice de l'incarnation, et nous t'aimons pour cela.

Mon groupe de soutien demeurera voilé pour vous tous, mais je peux te dire qu'il s'agit d'un fort contingent d'entités qui travaillent avec moi pour accomplir le réalignement graduel de votre système magnétique. En outre, c'est le travail de ce groupe que de transmettre de l'information aux entités qui arrivent de partout dans l'Univers relativement aux attributs de votre nouvelle énergie à cette époque. Mon groupe de soutien est situé dans l'orbite de Jupiter autour du soleil.

Question : Oserais-je vous demander de me dire qui sont les êtres d'ailleurs dans l'Univers qui nous ont aidés en fournissant la semence biologique?

Réponse : Ce n'est pas un secret, et cette information est connue depuis quelque temps. Ils sont vos proches voisins du groupe d'étoiles que vous appelez les *Sept sœurs*. Ils sont en fait vos ancêtres biologiques et ils font tout à fait partie de votre famille. Cette information demeurera controversée jusqu'à la fin. La raison en est que leur dualité est beaucoup plus faible que la vôtre, et leur planète est en apprentissage de troisième cycle, avec une bonne part d'illumination... des attributs vers lesquels nous croyons que votre planète se dirige.

Ce que cela signifie c'est qu'ils ont été en position de graduation depuis plus de 250 000 ans de vos années terrestres. Ils sont en apprentissage, un apprentissage qui concerne des choses autres que le karma, mais qui nécessite toujours une biologie de type humain. Ils passent par la naissance et la mort, tout comme sur votre planète, mais ils ont déjà franchi les épreuves. Ils existent presque uniquement pour fournir de l'aide au niveau des semences de vie, et il leur arrive de faire des interventions de nature technique et biologique, un processus que je n'expliquerai pas pour le moment.

Ils vous rendent souvent visite mais, comme pour moi, ils font preuve de retenue pour éviter de trop en révéler dans des domaines où vous ne vous êtes pas encore aventurés... pour que vous puissiez le faire par vous-mêmes dans votre propre temps linéaire, et ainsi en récolter les fruits.

Kryeon

NEUF

Découverte de soi

Si tout ce dont ce livre traitait c'était de la découverte de soi, alors il serait complet, car il s'agit là du sujet le plus important pour chacun d'entre vous. Ce dont il est question ce n'est pas de découvrir ce qu'il y a de *mieux* en vous, ou votre *valeur personnelle,* ni l'un ou l'autre des aspects intellectuels dont s'occupent vos assistants médicaux. Ce dont il est question, c'est de découvrir le pont entre le *soi* humain et le *soi* universel en vous, tel que décrit plus tôt dans la discussion sur la dualité. La découverte de ce pont va transformer votre vie entière, dont notamment la façon dont vous vous considérez et dont vous considérez les autres et la Terre. Cela vous donnera une perspective beaucoup plus sage sur ce que vous pourriez faire avec le reste de votre vie pour contribuer à élever la vibration de la planète. En bref, c'est ce qui compte le plus pour vous. C'est la principale directive en ce moment, et c'est un moyen rapide pour passer à travers le karma qui vous reste.

Beaucoup d'entre vous passent un temps considérable à essayer de comprendre comment les choses fonctionnent, ainsi que leur histoire et leur signification. Certains parmi vous consacrent d'énormes quantités d'énergie et d'immenses richesses à tenter d'élucider des phénomènes inexpliqués, ou le sens mystique d'objets et de structures laissés à votre intention pour susciter votre réflexion. C'est là votre approche intellectuelle humaine pour une présumée découverte de soi, sous le prétexte que si vous connaissez ces choses, vous vous connaîtrez alors vous-mêmes. Cela représente également cette partie de vous qui veut une vérification sur une base logique humaine des choses que vous ne comprenez pas, afin d'établir un meilleur rapport avec le tableau d'ensemble. Bien que ces méthodes vous aient bien servi dans les énergies passées, elles ont une valeur limitée dans la nouvelle énergie. Vous ne comprenez toujours pas comment votre cerveau fonctionne... mais vous ne pouvez guère nier sa viabilité simplement parce que vous ne pouvez l'expliquer; et bien sûr l'ironie dans tout cela c'est qu'il vous faut l'utiliser pour vous interroger à son sujet.

Le temps est maintenant venu pour vous de saisir l'essence et l'émotion relativement à qui vous êtes et de vraiment voir le plus possible *l'étincelle de Dieu* que vous êtes selon ce qu'il vous est permis de voir durant cette incarnation. Tel que mentionné précédemment, cela est plus facile maintenant et cette possibilité est offerte à tous les humains qui sont prêts, et pas seulement à quelques rares élus. À cause de cela, la question de la découverte de soi est chargée de puissance, d'excitation et de rêves réalisés. C'est là votre action de *prise en charge* qui est ressentie mais non analysée, et c'est le nouveau don qui s'offre à vous, dans l'attente de votre reconnaissance de son existence. Cependant, il faut du courage pour dépasser la peur que vous en avez.

Ça ne remplace pas la recherche intellectuelle, mais ça la rehausse grandement. Ce n'est qu'au cours des quelques dernières années que vos scientifiques se sont mis à suivre une méthode entièrement différente dans leurs réflexions, et cela vous serait utile de faire de même en ce qui concerne votre propre recherche intérieure. Dans le passé, l'hypothèse d'un apparent mystère scientifique devait être démontrée avant que les scientifiques ne puissent émettre d'autres hypothèses au sujet de quelque chose situé à l'intérieur de ce mystère, ou relié à celui-ci. Cela forçait tout le monde à cesser de réfléchir jusqu'à ce que le premier mystère soit élucidé. Vos scientifiques dont la réflexion est tournée vers l'avenir se sont rendu compte que cette habitude humaine de compartimenter la logique est imparfaite pour certains types

d'études (comme l'étude du comportement des petites particules de la matière). Maintenant, lorsqu'ils parviennent à un
point où les résultats présentent une apparente dichotomie à
la suite d'expériences menées avec grand soin, ils vont tout
simplement de l'avant sans attendre d'explication raisonnable,
sachant toutefois qu'une explication existe et qu'elle émergera
peut-être d'elle-même s'ils poursuivent leur examen de
l'énigme, et ce même s'ils ne savent pas ce qu'ils cherchent au
juste. Ils fondent leurs nouvelles recherches non pas sur le
fonctionnement de mécanismes connus, mais sur la probabi-
lité de répétition de comportements observés dans le passé et
de futurs comportements anticipés, même s'ils ne les
comprennent pas. Ça, c'est de la **confiance**.

C'est avec cette attitude, par conséquent, que je m'adresse
aux plus intellectuels d'entre vous et que je les mets au défi.
Si vous faites l'effort de faire l'exercice de *sentir* qui vous êtes,
et de demander verbalement à vos guides de vous prêter leur
assistance durant ce processus, vous émergerez de l'autre côté
avec une formidable sagesse sur la façon de procéder, et ce,
même avec l'aspect intellectuel. Je ne demanderais jamais à
aucun d'entre vous de sacrifier cette partie logique de vous
qui désire connaître la vérité. Ce que je vous demande de
faire, c'est d'apprendre comment faire voler le véhicule et de
sentir l'effet que ça donne de s'élever à des hauteurs
inimaginables. Vous pourrez ensuite atterrir et ouvrir le
moteur pour essayer de découvrir comment tout ça fonctionne.

Ce qui suit est une métaphore sous la forme d'une
parabole. Elle renferme de nombreuses facettes relatives à
votre condition humaine en ce qui concerne la vie elle-même,
et tout particulièrement la découverte de soi. Pour ceux et
celles parmi vous qui sont perspicaces, elle dépeint également
de quelle façon l'Univers fonctionne et comment il répond à
ce que vous faites. Si vous n'arrivez pas à comprendre
quelque chose dans tout cela, demandez-en alors la signification à vos guides. Ce qui suit est donné en tout amour.

Il était une fois un humain que nous appellerons Wo. Le sexe de Wo est sans importance pour cette histoire; mais puisque vous n'avez pas de mot adéquat pour désigner une personne de sexe neutre, nous l'appellerons Wo. Pour des fins de traduction, cependant, nous dirons que Wo est du genre masculin.

Comme tous les humains dans sa culture, Wo vit dans une maison, mais la seule chose qui intéressait réellement Wo était la chambre où il vivait, puisqu'elle était la sienne en propre. Sa chambre était fort belle et il avait la responsabilité de la conserver ainsi... ce dont il s'acquittait.

Wo menait une bonne vie; là où il vivait on ne manquait jamais de nourriture, car il y en avait en abondance. En plus, il n'avait jamais froid, car il avait toujours de quoi se couvrir. À mesure que Wo grandissait, il apprit de nombreuses choses à son sujet. Il apprit les choses qui lui donnaient le sentiment d'être heureux, et il trouva des choses à accrocher au mur afin de pouvoir les regarder, et qui le rendaient heureux. Wo apprit aussi les choses qui le rendaient triste et il apprit à accrocher ces choses au mur lorsqu'il souhaitait être triste. Wo apprit également les choses qui le mettaient en colère, et il trouva des choses qu'il pouvait traîner et placer sur le mur, et vers lesquelles il pouvait se tourner lorsqu'il choisissait d'être en colère.

Comme pour les autres humains, Wo avait de nombreuses peurs. Même s'il disposait de l'essentiel dans la vie, il avait peur des autres humains et de certaines situations. Il avait peur des humains et des situations qui pouvaient apporter du changement, car il se sentait en sûreté et stable de la façon dont les choses étaient, et il avait travaillé dur pour obtenir qu'elles soient ainsi. Wo craignait les situations qui avaient apparemment le contrôle sur sa chambre stable, et il craignait les humains qui contrôlaient ces situations.

Il apprit l'existence de Dieu des autres humains. Ils lui dirent qu'être un humain était une très petite chose, et Wo le crut. Après tout, il regarda autour de lui et vit des millions d'humains, mais un seul Dieu. On lui dit que Dieu était tout et qu'il n'était rien, mais que Dieu dans son amour infini répondrait aux prières de Wo s'il priait avec ferveur et s'il était intègre durant sa vie. Ainsi Wo, comme il était une personne spirituelle, demanda dans ses prières à Dieu que les humains et les situations qu'il craignait ne provoquent pas de changements, afin que sa chambre puisse demeurer inchangée et Dieu répondit à la demande de Wo.

Wo avait peur du passé, car ça lui rappelait des choses désagréables; il pria donc Dieu de faire disparaître ces choses de sa mémoire... et Dieu répondit à la demande de Wo. Wo avait également peur de l'avenir, car il y avait là un potentiel de changement, et c'était sombre, incertain et dissimulé à sa perception. Wo demanda donc à Dieu dans ses prières que l'avenir n'apporte pas de changements dans sa chambre... et Dieu répondit à sa demande.

Wo ne s'aventurait jamais très loin dans sa chambre car tout ce dont il avait besoin comme humain se trouvait dans un seul coin. Lorsque ses amis venaient lui rendre visite, c'est ce coin-là qu'il leur montrait... et il était satisfait que les choses soient ainsi.

Wo remarqua pour la première fois un mouvement dans l'autre coin lorsqu'il avait environ 26 ans. Il en fut profondément effrayé et il pria immédiatement pour que ça s'en aille, car cela laissait supposer qu'il n'était pas seul dans sa chambre. Ce n'était pas là une situation acceptable. Dieu répondit à la demande de Wo, et le mouvement cessa, et Wo n'en eut plus peur.

À l'âge de 34 ans cela recommença, et à nouveau Wo demanda que ça cesse, car il avait très peur. Le mouvement s'interrompit, mais pas avant que Wo ne voit une chose qui lui avait complètement échappée jusque-là dans le coin... une autre porte! Sur la porte, on pouvait voir d'étranges inscriptions, et Wo eut peur de leurs implications.

Wo demanda aux chefs religieux ce qu'ils pensaient de l'étrange porte et du mouvement, et ils l'avertirent de ne pas s'en approcher car, disaient-ils, c'était la porte de la mort, et il trouverait certainement la mort s'il se laissait entraîner trop loin par sa curiosité. Ils lui dirent aussi que les inscriptions sur la porte étaient l'œuvre du démon, et que plus jamais il ne devait les regarder de nouveau. Ils l'encouragèrent plutôt à prendre part à un rituel avec eux, et à faire don au groupe de son talent et de ses gains... et ils lui dirent qu'en retour tout se passerait bien pour lui.

Lorsque Wo parvint à 42 ans, le mouvement recommença une fois encore. Bien que Wo ne fusse plus aussi effrayé cette fois, il demanda encore que cela cesse... et cela s'arrêta. Dieu était bien bon de répondre si complètement et si rapidement à ses demandes. Wo sentit sa confiance lui revenir en voyant le résultat de ses prières.

Lorsque Wo eut 50 ans, il tomba malade et mourut, quoiqu'il n'en eut guère conscience lorsque cela se produisit. Il remarqua une fois encore le mouvement dans le coin, et une fois encore il pria pour que ça cesse; mais au lieu de cela, ça devint plus net et ça se rapprocha de lui. Pris de peur, Wo se leva de son lit et c'est alors qu'il se rendit compte que son corps terrestre y était demeuré sans bouger, et qu'il avait pris la forme d'un esprit. Comme le mouvement se rapprochait, Wo commença tant bien que mal à reconnaître de quoi il s'agissait. Il était curieux plutôt qu'effrayé, et son corps-esprit lui semblait de plus en plus naturel.

Wo pouvait maintenant voir que le mouvement était en fait celui de deux entités qui s'approchaient. À mesure qu'elles s'approchaient, il vit que les formes blanches luisaient comme s'il y avait une lumière en elles. Finalement, elles s'arrêtèrent devant lui et Wo fut ébahi par leur majesté... mais il n'avait pas peur.

Une des formes s'adressa à Wo et dit : «Viens mon cher, c'est le temps de partir». Sa voix était empreinte de douceur et de familiarité. Sans la moindre hésitation, Wo s'en alla avec ces deux entités. Il commençait à se souvenir combien tout cela lui était familier... alors qu'il regardait derrière lui et voyait sa carcasse qui semblait endormie sur le lit. Il était rempli d'un sentiment merveilleux, et ne pouvait pas se l'expliquer. Une des entités le prit par la main et le mena directement vers la porte avec les étranges inscriptions visibles dessus. La porte s'ouvrit et tous les trois la franchirent.

Il se retrouva dans un long corridor, avec des portes menant aux pièces de chaque côté. Wo se disait : «Cette maison est vraiment beaucoup plus grande que je ne me l'étais imaginée!» Wo remarqua la première porte avec des inscriptions plus étranges. Il s'adressa à l'une des deux formes blanches. «Qu'y a-t-il derrière cette première porte sur la droite?». Sans dire un mot, la forme blanche ouvrit la porte et fit signe à Wo d'entrer. Comme il entrait, Wo fut frappé de stupeur. Empilées du sol jusqu'au plafond se trouvaient des richesses dépassant tout ce dont il aurait pu rêver! Il y avait des lingots d'or, des perles et des diamants. Dans un seul coin, il y avait assez de rubis et de pierres précieuses pour tout un royaume. Il regarda ses compagnons auréolés de blanc et dit : «Quel est cet endroit?». Celui qui était le plus grand prit la parole et dit: «Ceci est ta pièce d'abondance, si tu désires y entrer. Elle t'appartient dès cet instant même et elle demeurera ici pour toi à l'avenir». Wo fut très surpris par cette information.

Comme ils revenaient dans le corridor, Wo demanda ce qu'il y avait dans la première pièce sur la gauche... où il voyait une autre porte avec une inscription dont il commençait, il ne savait trop comment, à comprendre le sens. En ouvrant la porte, la forme blanche dit : «Voici ta pièce de paix, si tu désires t'en servir». Wo entra dans la pièce suivi de ses amis, et ils se retrouvèrent au milieu d'un épais brouillard blanc. Le brouillard semblait être vivant, car il entoura immédiatement son corps, et Wo le respira. Un grand bien-être l'envahit, et il sut que plus jamais il n'aurait peur. Il sentit s'installer en lui une paix que jamais auparavant il n'avait connue. Il voulait demeurer là, mais ses compagnons lui firent signe de continuer, et ils se remirent à suivre le long couloir.

Encore une autre porte sur la gauche. «Quelle est cette pièce?» demanda Wo. «C'est un endroit où toi seul peux entrer», répondit la plus petite forme blanche. Wo entra dans la pièce et fut aussitôt rempli d'une lumière d'or. Il savait ce que c'était. C'était l'essence du soi de Wo, son illumination, sa connaissance du passé et de l'avenir. C'était la réserve recelant son esprit et son amour. Wo pleura de joie, et demeura sur place un long moment à absorber la vérité et la compréhension. Ses compagnons n'entrèrent pas et furent patients.

Finalement, Wo revint dans le corridor. Il était transformé. Il regarda ses compagnons et les reconnut. «Vous êtes les guides», lança Wo sur un ton neutre. «Non», dit le plus grand des deux, «nous sommes **tes** guides». En un parfait amour, ils poursuivirent. «Nous avons été ici depuis ta naissance pour une seule et unique raison : pour t'aimer et aider à te montrer la porte. Tu avais peur et tu nous as demandé de nous retirer, ce que nous avons fait. Nous sommes à ton service dans l'amour, et nous honorons l'incarnation de ton expression». Wo ne ressentit aucun blâme dans leurs paroles. Il se rendit compte qu'ils ne portaient pas de jugement sur lui, mais qu'ils le respectaient, et il sentit leur amour.

Wo regarda les portes et il était maintenant capable de lire ce qui était écrit! Comme on le conduisait plus avant dans le corridor, il vit des portes où il était inscrit GUÉRISON, CONTRAT, et une autre où se lisait le mot JOIE. Wo en vit encore plus qu'il ne l'avait souhaité, car au bout de la filée il y avait des portes avec les noms d'enfants qui n'étaient pas nés... et même une porte où il était inscrit LEADER MONDIAL. Wo commença à prendre conscience de ce qu'il avait manqué. Et comme s'ils connaissaient ses pensées, les guides dirent : «N'entretiens pas de reproches à l'égard de ton esprit, car cela est inconvenant et ne sert pas ta magnificence». Wo ne comprenait pas très bien. Il jeta un regard derrière lui dans le corridor par où il était d'abord entré et il vit l'inscription sur la porte, celle qui l'avait initialement effrayé. Un nom était écrit!... C'était **son** nom, son vrai nom... et il comprit alors parfaitement.

Wo connaissait la routine, car à présent il se souvenait de tout, et il n'était plus Wo. Il dit adieu à ses guides et les remercia de leur loyauté. Il demeura debout longtemps à les regarder et à les aimer. Puis il se retourna et se dirigea vers la lumière au bout du corridor. Il était déjà venu ici auparavant. Il savait ce qui l'attendait durant son bref voyage de trois jours jusqu'à la caverne de la création pour aller y récupérer son essence... et ensuite dans la salle de l'honneur et de la célébration, où ceux qui l'aimaient tendrement l'attendaient, y compris ceux qu'il avait aimés et perdus alors qu'il se trouvait sur Terre.

Il savait où il avait été et où il allait. Wo s'en retournait à la maison.

Kryeon.

(Pour une analyse de cette parabole, veuillez consulter l'annexe B - chap. 14).

DIX

Les channelings faits devant public

En mars 1992, Kryeon fit pour la première fois un channeling devant public et les résultats furent publiés dans le premier livre de Kryeon intitulé LA GRADUATION DES TEMPS. Par la suite, comme on peut se l'imaginer, d'innombrables autres channelings eurent lieu. Vers la fin de 1992, je pris la décision de former un *groupe de lumière* Kryeon. Celui-ci était destiné à servir de *salle de classe* pour le travail de channeling fait devant public, et nous avons donc trouvé une grande maison à Del Mar, en Californie, la ville où je vis... et une séance de méditation et de channeling s'y est déroulée lors de chaque nouvelle lune.

Je décidai de ne pas faire de publicité pour les réunions, ni d'inviter personne d'autre que les gens que je savais être en possession des livres ou qui étaient déjà venus y assister une fois (je notais leurs noms pour un publipostage mensuel). Je prévoyais ainsi pouvoir maintenir le nombre de gens à un niveau acceptable (moins de 40 personnes), et je demandai juste assez (10 $) pour couvrir les frais de location de la salle et les coûts du publipostage mensuel. Mon idée pour limiter le nombre de participants ne donna toutefois pas les résultats escomptés, et en novembre 1993 il nous fallut aller tenir la réunion dans une église pour avoir assez d'espace pour le nombre de participants qui avait augmenté à plus de 100 chaque mois. Nous avons mis un terme aux activités du groupe en mai 94. (Nous avons cependant organisé une autre réunion en décembre pour 350 personnes!)

Alors même que je suis en train de vous écrire ceci en

1994, je considère que c'est bien malgré moi que je suis *channel*. Tout ceci veut dire que ça me demande toujours un effort réfléchi que de considérer l'idée d'aller sans préparation devant un groupe. Même avec toute cette pratique, je suis encore nerveux. Kryeon me dit que cela ne changera peut-être jamais. Ça me force à demeurer vigilant et à continuer à me poser des questions sur la validité de ce que je fais. Si j'en venais à me sentir trop à l'aise, je pourrais commencer à mettre ma *touche* personnelle sur les choses dites, au lieu d'être complètement paniqué et de n'avoir aucune idée de ce que je vais raconter. Chaque fois que je décide d'organiser une réunion, je me demande une fois encore si je devrais le faire (croyez-le ou non). Cette constante vérification de l'importance de mon travail est une chose dont j'ai le sentiment que l'Univers attend de moi... afin de faire en sorte que je demeure honnête.

Une des choses étonnantes à propos de mon travail est qu'il est partagé par ma femme, Jan. Cela est étonnant à cause de tout ce que nous avions vécu ensemble auparavant, et le karma qui s'y rattache est maintenant évident... et il est revenu à son point de départ. Jan a toujours été passionnée par la métaphysique. Selon moi, elle est venue au monde avec une carte de tarot dans la bouche! Elle m'a épousé (alors que je n'y connaissais rien en métaphysique) il y a environ 10 ans, et maintenant elle dit qu'elle savait depuis le tout début ce qui allait arriver, et elle a eu la patience d'attendre que mon cheminement me mène où j'en suis. À présent elle est à l'aise de me laisser prendre les devants (dans le domaine de l'écriture), tout en soutenant mon travail. Durant nos séances de channeling devant public, Jan est toujours présente à mes côtés, faisant face aux gens avec moi. Elle dirige les méditations guidées, et elle ajoute de la profondeur avec sa musique. À ma connaissance, au moment où j'écris ceci, nous sommes actuellement l'une des rares équipes de channeling formées du mari et de l'épouse (il y en aura beaucoup plus, cependant).

Une des choses qui en ont résulté pour moi fut de me donner une compréhension bien personnelle de ce que c'était que d'être un époux incrédule. Je ne soutenais pas ses opinions, et même si je ne les ai jamais tournées en dérision, j'estimais que beaucoup de ces croyances étaient idiotes et dénuées de tout fondement scientifique. Tout cela a maintenant changé, non pas parce que j'ai soudain *accepté* – ou que tout d'un coup je suis aussi devenu idiot et dénué d'esprit scientifique – mais parce que j'ai peu à peu acquis la perspicacité et la sagesse nécessaires pour comprendre l'attitude présomptueuse de mes critiques. Kryeon nous encourage à être plus judicieux dans notre choix de méthode scientifique humaine, et je comprends maintenant à quel point elle est limitée. Nous nous complaisons dans notre *vérité* terrestre en ne croyant que ce dont nous avons fait l'expérience ou ce que nous pouvons prouver. Tout le reste n'existe pas, ou bien ne peut exister... ou alors est idiot. Cette attitude prévaut simplement parce que nous n'avons pas tout vu encore.

La place *idiote* qu'occupait anciennement Dieu à côté de l'astrologie et du tarot est plutôt plausible maintenant pour moi puisqu'on m'a montré la vue d'ensemble. Cependant, cette même pensée constitue encore un outrage pour la plupart des doctrines religieuses de la Terre. Probablement tout comme la dernière fois où l'astronomie fut reliée à Dieu, lorsque Galilée fut condamné à la prison pour cause d'hérésie en 1632 pour s'être opposé à l'Église, en se déclarant d'accord avec l'idée de Copernic voulant qu'en réalité la Terre tourne autour du soleil! À cette époque, les perceptions qui avaient cours sur Terre se fondaient uniquement sur des phénomènes observables (tout comme maintenant d'ailleurs), et l'Église était convaincue que la Terre était le centre de tout, chose qu'ils étaient même parvenus à étayer grâce à des citations bibliques. Avons-nous tant changé depuis 400 ans?

Lorsque la science terrestre moderne réussira finalement à découvrir à quel point notre biologie est sensible à la polarisation et au magnétisme, elle pourrait même commencer à observer quels effets subissent des embryons humains exposés accidentellement à différentes polarisations magnétiques, et à examiner comment les *types de gens* semblent se développer (ceux qui sont si abondamment documentés en psychologie humaine moderne aujourd'hui). Lorsqu'ils découvriront la corrélation existant entre les champs magnétiques et les *types de gens*, ils pourront même commencer à mesurer les effets pas si subtils que les corps célestes de notre propre système solaire exercent sur les polarités de la Terre... comme l'effet de notre lune par exemple. Cela révélera aussi certaines informations expliquant pourquoi notre champ magnétique a changé ou s'est inversé si fréquemment durant son histoire géologique.

Lorsque cela se produira enfin, il y aura alors la première étincelle de compréhension permettant de saisir pourquoi l'astrologie sérieuse fonctionne... et quels en sont réellement les mécanismes. Ce sera un fait révélateur sur la nature humaine que lorsque la science verra la possibilité que l'astrologie soit viable, elle deviendra tout d'un coup crédible... et ce, non pas parce que c'était un bon système possédant sa valeur intrinsèque, mais parce notre science *moderne* comprendra dorénavant comment elle fonctionnait. Lorsque le bien-fondé de l'astrologie sera finalement confirmé, je suis certain qu'il faudra obtenir un permis pour la pratiquer... et qu'il y aura des taxes à payer. Le fait qu'une taxe soit nécessaire pourrait être l'un des seuls moyens d'être sûr qu'il s'agit bien d'une science acceptée.

Nos groupes de lumière à Del Mar ont effectivement

servi à fournir par voie de channeling des informations dont je ferai ci-après la présentation. La partie inattendue de l'expérience est ce que j'ai appris au sujet de mon travail, et comment il est accepté. Au cours de la même séance de channeling un soir, nous avons eu des gens transformés à tout jamais... certains qui ont même été guéris, et certains qui sont partis et qui ne croyaient toujours en rien de tout cela. Je me demandais comment des humains pouvaient être mis face à la même expérience et s'en aller avec des perspectives si différentes sur ce qui s'était produit (ou ne s'était pas produit). Kryeon m'a demandé de ne pas accorder d'énergie à cela (plus facile à demander qu'à faire).

Lorsque je prends place sur mon siège pour l'une de ces soirées et que je commence à channeler de l'information, je sais que c'est réel. J'ai la chance de sentir l'amour de l'Esprit, et la compassion me submerge souvent. J'ai commencé il y a longtemps à fermer les yeux au cours de ces événements, puisque le fait de voir les humains comme Kryeon les voyait m'empêchait de me concentrer : tous jeunes et débordants de vitalité, et aimés d'un amour sans bornes. J'ai eu la possibilité de *vivre* les voyages dont Kryeon parle. Je sens souvent le souffle du vent, et je fais l'expérience des odeurs et de la température qui les accompagnent. Kryeon est effectivement l'amour de Dieu. Lorsqu'il parle du grand *JE SUIS*, je me mets à trembler, prenant alors conscience de qui est en train de me communiquer des groupes de pensées que je traduis de mon mieux. Lorsque je commence à demander, «Pourquoi moi?» Kryeon dit toujours : «Parce que tu as accepté de le faire. À présent, sois calme et fais confiance... et laisse-moi prendre place à tes pieds et t'aimer.»

Tous les channelings qui suivent ont été soigneusement transcrits à partir des enregistrements sonores. Quelquefois, j'ai modifié la syntaxe lors de la transcription afin de rendre la lecture du livre plus facile. Autrement, ce que vous lisez correspond exactement à ce qui a été entendu. Tandis que vous lisez, faites comme si vous étiez dans la salle avec les autres. Il est souvent arrivé qu'un coucher de soleil avait lieu durant la séance de channeling, faisant passer l'éclairage dans la pièce de la pleine lumière du jour à la lumière d'une chandelle. La ville de Del Mar est située dans une magnifique région côtière, et nous nous sentions toujours proches de la nature. On me dit que certains d'entre vous pourront *sentir* l'amour qui était transmis durant ces instants, si vous le demandez et croyez que cela peut se produire. Ces channelings étaient destinés à être lus; en fait, la raison d'être des groupes de lumière était en grande partie de rendre possible la réception de l'information pour ce livre. L'information est offerte à tous, pas seulement aux personnes présentes lors de la séance de channeling.

... Maintenant, joignez-vous à notre groupe de lumière.

Les fantômes du karma

Channeling du 22 mars 1993

Groupe de lumière
de Del Mar, Californie

Salutations! Je suis Kryeon du service magnétique. Je parle à mon partenaire en ce moment : je suis toujours à ta disposition, tout comme je suis en tout temps à la disposition de n'importe quel humain.

Je parle à un groupe d'élite ce soir. Comme je l'ai souvent affirmé, je suis à votre service... et il y a une grande ironie dans cette pièce, car je me tiens à vos pieds et vous aime avec tendresse. Vous êtes les guerriers de la lumière; vous êtes ceux qui ont choisi de venir ici et de faire partie de la Terre, de mourir comme il se doit, et de revenir... à maintes et maintes reprises afin que la vibration de la Terre puisse s'élever grâce à cette action de votre pur amour.

Et une fois de plus, je vous dis que je suis ici en réponse à ce que vous avez accompli. Ce qu'il y a d'ironique et de comique dans cette pièce c'est que celui qui est dans le coin là-bas connaît celui qui se trouve dans le coin ici et vice versa. Vous vous connaissez intimement les uns les autres, et vous êtes de glorieux morceaux de Dieu... tout comme moi (*même ceux et celles qui lisent ceci en ce moment vous connaissent*). Mais vous recevez votre leçon de vie sur cette planète et ces choses vous sont complètement cachées et voilées. C'est en raison de vos actions que je suis ici dans cette nouvelle énergie... pour vous donner des explications et vous libérer de certains attributs de la vie... et pour permettre que règne la paix là où il n'y en avait pas auparavant. Ceci vous vous l'êtes librement mérité.

Les insignes de couleur que vous portez sont nombreuses et de grande valeur. Ceux qui, comme moi, vous regardent dans un parfait amour, vous voient dans toute votre gloire. Vous êtes tous reconnus pour qui vous êtes réellement : ceux qui ont choisi le sentier difficile, ceux qui ont choisi de recevoir une leçon de vie sur la planète du libre choix, car toutes les planètes ne sont pas ainsi. Vos couleurs en disent long sur qui vous êtes. Vous n'avez pas conscience que moi, Kryeon, je suis à vos pieds, prêt à servir, et que vous êtes ceux qui sont exaltés. Sachez que nous vous aimons tous, et que nous connaissons chacun d'entre vous par son nom.

Même si tout cela vous est caché durant votre incarnation, il y a un grand *éclair de compréhension* qui se produit pour vous en tant qu'êtres humains lorsque vous vous réveillez chaque matin. Entre le sommeil profond et le plein éveil, une impression de souvenir se présente souvent à vous, une impression que vous ne pouvez expliquer. Il y a un instant où vous vous souvenez de qui vous êtes réellement... tous les jours sans exception pendant que vous existez sur cette planète. Votre *moi fantôme* se fait réveiller par un *rêve* que vous avez fait durant la nuit, un rêve dont il vaut la peine de se rappeler, quelque chose qui était paisible et merveilleux, mais dont vous n'arrivez pas vraiment à ramener un souvenir net à l'esprit. Ceci arrive à tous les humains. Peut-être en avez-vous fait l'expérience et vous êtes-vous demandé ce que c'était.

Ceux parmi nous qui sont en service, comme moi, sont nombreux comparativement à ceux qui sont en incarnation comme vous. Si vous comptiez le nombre d'humains dans cette pièce, il vous faudrait multiplier ce nombre par huit pour avoir une bonne idée de tous ceux qui sont *réellement* ici en ce moment... mais les deux ou trois entités que vous connaissez le mieux ont été avec vous depuis votre naissance, et elles sont venues avec vous lorsque vous êtes arrivés... sachant votre nom. Elles vous ont été assignées, par vous, et elles se tiennent prêtes à créer avec vous lorsque vous serez prêts. J'en dirai plus à ce sujet dans quelques instants.

Permettez-moi de vous dire comment tout cela fonctionne,

mes très chers; car bien que vous ayez une pleine connaissance de ce dont je vais vous parler, cela demeure encore voilé et caché pour beaucoup d'entre vous. Pour commencer, je veux que vous sachiez exactement qui vous parle en ce moment. Ce n'est pas l'humain qui est assis devant vous; vous entendez la traduction dans votre langage des paroles de l'Esprit. Je suis Kryeon. Je n'ai jamais été en incarnation. Je suis venu en réponse à votre travail. Je représente l'Esprit dans son ensemble, ceux qui ont été ici, ceux qui ne l'ont pas été... et ceux qui le seront. Je représente le pouvoir de l'amour qui vient du Soleil à l'intérieur du Soleil. Je suis l'amour, tout comme vous l'êtes lorsque vous n'êtes pas ici. Vous me connaissez, et je vous connais. Je vois très clairement vos contrats et vos sentiers, et j'aime chacun de vous par son nom. Vous vous trouvez devant moi, ayant divers degrés d'illumination et de compréhension, mais sachant qu'il y a quelque chose ici pour chacun de vous. Je vous apporte à tous de bonnes nouvelles. Une fois encore, c'est à dessein que vous venez ici à cette réunion, et l'Univers honore votre intention. Certains parmi vous sont venus par curiosité, et certains sont venus par pur besoin; certains sont même ici en désespoir de cause. Vous êtes aimés d'un amour sans bornes. Ce que nous avons pour vous est presque au-delà de votre compréhension.

Chacun de vous, en vertu d'une entente et d'un contrat, est venu ici de nombreuses fois. Au fil des incarnations, en naissant sur cette planète, en y mourant, et en y revenant, vous créez une énergie que nous appelons le karma. Le karma est joué et vécu à maintes et maintes reprises, et il devient un ensemble d'instructions, ou un *livre de règles du jeu* établissant comment votre prochaine incarnation se présentera. Les attributs qui sont maintenant les vôtres en tant qu'humains en incarnation sont une réponse directe aux choses qui se sont produites dans le passé. Je vous dis ces choses parce qu'il est nécessaire pour vous de savoir que ce *moteur* du karma est le plus important attribut expliquant pourquoi vous êtes ici... car il s'agit ici de l'école où vous avez été placés, afin que vous puissiez vous dégager de ces attributs, issus des expressions passées.

Chaque attribut d'énergie du karma est comme une intimidante bulle noire, créée exprès pour vous afin que vous puissiez passer à travers ou entrer en elle. Nous (*de ce côté-ci du voile*) appelons ces bulles noires des *fantômes*, car elles peuvent venir à vous empreintes de peur et de terreur, ou encore d'anxiété. Mais il est facile de les rendre inopérantes et de les *crever*, et elles disparaîtront comme les machinations de peu d'importance qu'elle sont réellement. À l'intérieur de chacune d'elles se trouve un cadeau qui brille avec éclat, et qui se révèle de lui-même par un simple examen... et pour revendiquer ce cadeau il suffit de pénétrer directement dans la bulle et de faire face au fantôme. Le cadeau est d'avoir réussi la leçon, ou le karma, et de voir cette bulle se dissiper et disparaître à jamais des leçons de votre vie. Dans le cours du processus de dissipation, l'énergie qui avait été emmagasinée à cette fin est libérée. Le résultat final est la liberté pour vous et une transmutation du négatif en positif pour la planète, ce qui par conséquent en élève la vibration. Pouvez-vous voir que la planète n'est rien sans vous? Elle n'est que l'arène qui vous est fournie pour votre travail karmique, et maintenant votre arène est en voie d'être transformée pour permettre la puissance.

Laissez-moi apporter un complément d'explications à propos de ces peurs fantômes. Elles réagissent toutes en réponse directe à la façon dont vous avez vécu vos expressions passées... selon que vous étiez un homme ou une femme, que vous étiez agressif ou passif, selon ce que vous avez fait alors que vous étiez ici, la manière dont vous êtes mort, et l'interaction avec les autres humains incarnés autour de vous. Mes très chers, voici une vérité à enchâsser dans votre cœur : l'Univers ne porte pas de jugement sur quoi que ce soit que vous ayez fait. Il ne porte pas de jugement sur ce que vous êtes en train de faire, car vous êtes des étincelles de

Dieu incarnées sur Terre pour apprendre, et vous êtes responsables de vous-mêmes et du système de karma qui agit en
toute justesse. Cependant, tout ce que vous faites entraîne des
conséquences. Cela n'a rien à voir avec le principe de cause
et d'effet, ou avec la culpabilité et la punition. Il n'y a rien de
tel dans le moteur karmique de votre vie, car l'Univers est
littéral et voit les choses que vous faites soit comme des
leçons apprises, soit comme des mises en situation destinées
à vous faire apprendre de nouvelles leçons, les deux générant
une énergie d'un type ou l'autre.

Laissez-moi vous expliquer, en tout amour, de quelle façon
vous devriez considérer ces fantômes de peur qui vous
concernent plus particulièrement. Même au cours de cette
incarnation, de votre expression en cette vie, beaucoup parmi
vous éprouvent de l'anxiété à propos de choses qui se sont
produites, mais qui ne peuvent être expliquées d'un point de
vue rationnel. Il y a de nombreuses peurs représentées ici : la
peur d'être seul, la peur d'être abandonné, la peur de ne pas
être en bonne santé, la peur de l'échec, la peur de votre
propre mort – toutes ces peurs sont des fantômes... ah ah...
particulièrement la dernière. La peur de la mort est si
solidement implantée en vous tous qu'il est très difficile de
passer à travers cette peur. Il est approprié qu'il en soit ainsi,
car si vous pouviez voir ce fantôme dans toute sa faiblesse,
vous passeriez certainement à travers... et cela ne servirait pas
le but de votre présence ici.

Certaines des autres peurs que vous avez sont également
très réelles pour vous. Que devriez-vous faire avec l'anxiété
que vous ressentez en ce qui a trait aux personnes qui dans
votre vie semblent vous avoir fait du tort? Que faire avec la
colère que vous ressentez envers d'autres humains, et
particulièrement envers ceux avec qui vous entretenez des
liens? Vous transportez partout ce *bagage* avec vous, et
celui-ci vous pousse à vous comporter de certaines manières,
ce qui, rétrospectivement, semble indiquer qu'en réalité il
vous contrôle. «Que devrais-je faire avec cela?» vous direz-

vous. Cette peur est en fait l'une des plus faciles à éliminer! Laissez-moi vous expliquer comment.

Je désire vous donner une idée générale de ce qui se passe réellement en ce qui concerne ces anxiétés liées à vos rapports avec les autres, afin de vous transmettre la sagesse d'une merveilleuse perception de votre fantôme. Évoquez en votre esprit les humains qui suscitent votre anxiété; faites-vous en une image réelle devant vous. Prenez ceux qui vous ont causé du tort dans le passé : amenez-les à vous, regardez-les, et puis aimez-les pour ce qu'ils sont réellement. Pardonnez-leur et observez ce qui se produit. Il n'est pas nécessaire qu'ils soient devant vous en personne, mais l'énergie de la leçon karmique le sera. La première chose qui surviendra est que la bulle noire disparaîtra. Vous pouvez revendiquer le cadeau qui s'y trouve, et le karma sera alors libéré... disparu à tout jamais. La seconde chose qui se produira est que, l'énergie karmique s'étant dissipée, ces individus n'auront plus d'effet sur vous. La troisième chose est plus difficile à expliquer, mais avec l'élimination de l'attribut karmique, ces autres *joueurs* du théâtre de la vie vont effectivement modifier leurs interactions avec vous à partir de ce moment-là. Avez-vous eu une influence sur eux? Absolument. Comment peuvent-ils savoir ce qui s'est produit? Croyez-moi, la partie d'eux-mêmes qui leur est cachée le saura sur-le-champ.

Imaginez ceci : qu'est-ce que ça représenterait pour vous comme parent de vous vêtir d'un déguisement effrayant et d'apparaître devant votre enfant, et de l'effrayer délibérément à de nombreuses reprises... en tout amour, avec l'intention de rendre votre enfant plus fort? Et aussi de ne jamais révéler votre présence derrière le déguisement! Cela affecterait l'enfant durant toute sa vie, et l'enfant aurait une *peur fantôme*. Ce serait certainement là quelque chose de très difficile! En fait, la plupart d'entre vous ne feraient jamais pareille chose, car vous ne seriez pas capable de supporter le sacrifice de voir votre enfant souffrir et être terrorisé de peur.

Pourtant, ceux qui sur Terre vous ont fait le plus de tort,

qui ont été pour vous la source de chagrin, d'anxiété ou de douleur dans vos rapports humains, ont consenti à le faire par pur amour, à la suite d'un contrat passé avec vous avant votre venue. Ils sont des frères et des sœurs en Esprit avec vous-même en ce moment, et jamais ils ne révéleront la nature de cette entente pendant qu'ils sont ici. Lorsque vous mourrez, vous les verrez et les aimerez, car le rôle qu'ils ont joué était vraiment très convaincant! Ils vous ont suffisamment aimé pour jouer le rôle négatif et vous rendre ainsi plus fort. Comprenez **maintenant** tout l'amour que ça leur a demandé pour faire cela, et aimez-les **maintenant** pour cela. Vous êtes aussi sans aucun doute l'ennemi de quelqu'un d'autre, une cible de négativité pour la leçon de quelqu'un d'autre... jouant dans un rôle inversé. Comment vous sentirez-vous lorsque cette personne vous pardonnera complètement? Cela aura-t-il un effet sur vous? Comment réagirez-vous? La vérité est que vous sentirez certainement l'événement; vous prendrez conscience tout au fond de vous de votre réussite... sachant que vous avez accompli la tâche pour le bien de l'autre, et vous vous sentirez assurément différent envers cette personne à partir de ce moment-là, même si vous ne la revoyez plus jamais.

Utilisez l'amour comme votre source de puissance lorsque vous faites ces choses. Aimez ceux qui vous haïssent. Apprenez à tolérer l'intolérable. Soyez pacifique lorsque la paix ne semble pas être à portée de la main. Toutes ces choses sont possibles! C'est la clé du moteur du karma. Ces choses que vous avez créées sont faciles à désamorcer. Il n'y a que vous qui puissiez bien vous occuper de chacune d'entre elles. Les épreuves sont créées afin de pouvoir être surmontées. Vous êtes l'auteur de vos propres épreuves; par conséquent, dites-vous bien ceci : il n'y a aucune épreuve qui soit au-delà de vos connaissances ou de votre capacité de passer à travers. L'Univers ne vous donnera jamais un problème qui soit insoluble. Cela ne vous serait d'aucune utilité, pas plus qu'à l'Esprit d'ailleurs. C'est une promesse que l'Esprit vous fait.

Amenez vos autres peurs devant vous et entrez dedans. Regardez les bulles de karma éclater, et revendiquez le cadeau qui s'y trouve. Avec une joie totale, amenez-les dans votre réalité et faites-les disparaître de votre vie comme les fantômes qu'elles sont. Faites ceci une par une, à dessein et avec intégrité... et sagesse. Ce que je dis en ce moment à propos de ces choses, par l'entremise de mon partenaire, est vrai. Sachez qu'il traduit exactement mes pensées alors même que je suis ici pour entendre les paroles qu'il emploie et savoir qu'elles sont justes... car si tel n'était pas le cas, j'arrêterais immédiatement mon partenaire et vous le dirais.

Mes très chers, c'est avec un formidable amour que je parle maintenant de la plus grande peur qui imprègne au moins la moitié des personnes ici présentes (*et un grand nombre de celles qui lisent maintenant ce livre*). C'est une peur qui est bien dissimulée, et dont la plupart des gens n'ont pas conscience, mais qui est en bonne partie à l'origine de l'anxiété qui apparaît dans votre vie. J'en ai déjà parlé, en tant que Kryeon, à quelques personnes, mais le temps est maintenant venu d'amener ceci au premier plan. Cependant, avant de poursuivre, j'aimerais vous faire prendre part à un voyage.

Beaucoup parmi vous ressentiront une affinité avec ce voyage; et tout comme je vous y convie maintenant, j'amène mon partenaire avec moi. Je lui demande de ne pas ressentir l'anxiété liée à cette expérience, puisque ces voyages sont vraiment très réels pour lui. Il doit vivre ce voyage afin d'être témoin de ce qui lui sera montré. La traduction d'un voyage est possible par la voie de l'expérience vécue, et non par voie de groupes de pensées. Le Kryeon perçoit le temps comme étant entièrement dans l'instant présent et, par conséquent, ces choses se produisent *maintenant*. Votre perception linéaire du temps sur Terre vous a été donnée, mais la réalité du temps est fort différente de ce à quoi vous êtes habitués. Je suis en mesure de donner ces expériences à mon partenaire dans la réalité, car je vais réellement le mettre face à l'événement alors qu'il se produit.

Je vous emmène maintenant à une époque antérieure à l'ère glaciaire. Je vous emmène dans une grande cité de haut niveau spirituel, et je vous demande de voir l'édifice dans lequel vous êtes sur le point d'entrer. Beaucoup d'entre vous éprouveront les sensations et sentiront les odeurs se rattachant à cet endroit familier. Il s'agit d'une grande structure à double pointe; avec une pointe en direction de la terre et l'autre vers le ciel, alors que la pièce où tout se passe est située au milieu entre les pointes. La structure est supportée par des piliers attachés au milieu. Même aujourd' hui la structure est familière pour beaucoup parmi vous, tandis que vous la visualisez grâce à la description qu'en fournit mon partenaire. C'est un lieu sacré pour le travail.

C'est le Temple du renouveau, ou du rajeunissement.* Car c'est là que des humains choisis pour cela suivent un cycle réparateur d'une durée de trois ans, un processus qui les conservera en vie et équilibré bien au-delà du nombre d'années que vous connaissez actuellement dans votre culture. Il s'agit d'un temple, car il est reconnu que l'équilibre d'un humain dépend de la vénération, du respect et de l'honneur à l'égard des aspects autant spirituel et mental que physique. Cette culture comprenait cela. Elle avait également la maîtrise des nombres, de la biologie et de la physique entourant les nombres. C'était la seule culture sur Terre qui arrivait sans peine à les réunir pour créer les mécanismes nécessaires à la prolongation de la vie et à la santé.

Je vous emmène personnellement à cet endroit afin que vous puissiez à nouveau être témoins du processus. En pénétrant dans la pièce sphérique, vous pouvez voir l'architecture et les motifs qui s'y trouvent. Il y a une vénération particulière pour la structure de l'échelle torsadée, car vous pouvez voir sur le mur les motifs pour l'élément du quatre,

---

* *Voir aux pages 63, 149, 157 et l'Annexe A (chap. 14) pour d'autres informations sur le Temple du rajeunissement de l'Atlantide.*

répétés sans arrêt dans la série de trois... ce qui montre le respect témoigné pour le travail intérieur.

Il y a deux tables dans cette pièce. Il y a beaucoup de personnes rassemblées autour d'une des tables, mettant leurs mains sur quelque chose qui ne sera pas révélé pour le moment, car ce n'est pas approprié. La *cible* humaine est étendue sur l'autre table dans la pièce, et une femme jouant le rôle d'assistante est penchée au-dessus de cette personne. Vous remarquez également que les deux tables tournent. En outre, au sein de la pièce sphérique, il y a une rotation à l'intérieur d'une rotation, car c'est le mouvement qui sert de catalyseur pour le magnétisme qui fait la polarisation. Dans la pointe située sous la pièce se trouvent des mécanismes semblables à ceux que renferme la pointe du dessus. Ils fonctionnent de pair pour faciliter la bonne marche du moteur assurant l'équilibre du tout. Prêtez attention, mes très chers, car même dans cette description élémentaire, des secrets sont révélés dont vous n'êtes pas encore conscients, mais que vous pouvez glaner à partir de ce que vous entendez (*ou lisez*), allié à vos souvenirs intuitifs de votre passé. Gardez à l'esprit l'image de ce temple, et sentez-en toute l'importance.

Le temple représente une époque durant laquelle beaucoup parmi vous ont œuvré, à l'endroit que vous avez appelé l'Atlantide. Je vous y emmène pour raviver vos souvenirs, afin de vous aider à comprendre la peur que je vais maintenant vous révéler. Pour votre illumination à cet endroit et à cette époque, pour vos efforts de guérison dans ce temple... et pour toute la compréhension que vous aviez acquise sur la façon dont les choses fonctionnaient dans l'Univers, ainsi que pour les vies de longue durée qui en résultaient, il semblerait qu'en retour vous ayez été honorés par la mort. Car ce fut peu de temps après le moment observé dans ce voyage que vous avez tous péri. Cela s'est produit sans que vous ne compreniez ce qui arrivait, mais l'événement était justifié, et il faisait partie d'un tableau d'ensemble beaucoup plus vaste.

Vous portez en vous les séquelles de la peur entourant cet événement. Vous seriez en droit de dire : «Je ne m'en rappelle pas du tout; qu'est-ce que j'ai à craindre de cela?». Il s'agit là de la peur la plus fondamentale des enseignants et des humains éclairés sur Terre aujourd'hui. Il s'agit, de fait, de la peur de l'illumination. C'est la peur d'être guéri, et d'être un guérisseur dans la nouvelle énergie que j'apporte. C'est une peur qui est si profondément ancrée en vous que certains en tombent malades à l'approche de l'illumination et de la connaissance qui vous revient de droit. Et comme vous commencez à revendiquez le prix qui est offert dans la nouvelle énergie, votre corps le rejette parce qu'il ne sait pas qu'il n'y a plus aucun danger maintenant à revendiquer le prix. Il y eut auparavant une époque où votre corps a ressenti cet éveil, et où il fut apparemment récompensé par la mort.

Je parle de la nouvelle énergie. Je parle de la raison pour laquelle je suis ici, et j'explique pourquoi les nouvelles entités à votre service sont ici. Car il n'y eut qu'une seule autre époque où nous avons tous été ici... et, selon toute apparence, vous avez été *punis* peu après; vous vous en souvenez claire-ment au niveau cellulaire. Je suis maintenant devant vous pour vous révéler qu'il n'y aura aucune punition de ce genre cette fois. Il s'agit d'une époque paisible, glorieuse, et remplie de possibilités. Vous avez maintenant le pouvoir de passer à travers cette peur de base, de la même manière que j'ai décrite pour les autres fantômes. Faites face à ces peurs avec moi maintenant, il n'y a aucune raison pour laquelle vous ne pourriez le faire.

Je parle de la nouvelle énergie, et je dis que je suis arrivé à votre instigation, car vous avez permis que cela soit. Vous avez fait le changement. La Terre est maintenant prête pour quelque chose que nous n'attendions pas, et vous êtes les joueurs. Il y en a tant parmi vous qui ont demandé à être ici maintenant, dressant vos contrats pendant que vous étiez de l'autre côté du voile de l'incarnation, sachant fort bien que cette situation avait la chance de se produire de cette manière. Vous en faites partie comme vous l'avez demandé! Alors que vous êtes assis devant moi maintenant (*ou que vous lisez ces mots*), ces paroles vont pénétrer dans votre esprit et y demeurer. Elles vont y rester, et vous garderez le souvenir de ces communications alors que vous progresserez lentement vers le choix de les accepter ou de ne pas les accepter. Si vous choisissez de bouger dans le sens de l'énergie, nous honorerons votre intention, et nous ferons en sorte que les choses bougent avec vous dans votre culture afin de permettre votre croissance et l'essor de votre pouvoir. Soyez bien conscients, cependant, que si vous acceptez d'aller de l'avant, vous y serez amenés que vous soyez prêts ou non à y aller. Ne consentez pas à bouger à moins d'être certains de le vouloir.

Vous avez en vous la capacité de **créer** avec vos guides... en exprimant verbalement, à haute voix, tout ce que vous désirez. Vos pièces d'abondance, de paix et d'essence intérieure sont prêtes et vous attendent. Vous pouvez y entrer en tout temps, si vous voulez bien enclencher le processus en verbalisant avec vos guides la co-création des choses dont vous avez besoin. Vous pouvez être en des lieux de paix où vous n'auriez jamais pensé pouvoir être auparavant. Les choses qui risquaient de réveiller vos vieilles anxiétés seront complètement désengagées. Vous serez alors libres des bulles noires karmiques que vous portez comme bagage en vous incarnant. Tout ce que vous avez à faire, c'est de demander. Cela est nouveau, et ça vous est offert dans l'amour.

Je vous entoure maintenant avec tout l'amour que nous avons pour vous, et nous souhaitons que vous le ressentiez. Nous souhaitons que vous sachiez intuitivement par la voie du langage qui n'est pas parlé, mais qui est dirigé vers votre troisième œil au moment même où vous recevez ce message... que tout ce qui est présenté dans cette communication est vrai. Nous souhaitons que vous vous en rappeliez. Cette époque est vraiment la vôtre.

Avant de poursuivre, je désire exprimer à nouveau l'amour

que cette entité éprouve pour votre entité. Et je désire vous dire qu'il peut être ressenti à travers vos guides en ce moment, si vous le souhaitez. Lorsque vous étiez enfants et que vous étiez bercés par votre mère, vous sentiez ce que c'était que d'être enserrés par les bras chaleureux et compréhensifs de l'amour. Vous n'aviez aucun souci, car vous étiez nourris et habillés, et vous n'aviez pas froid. Vous vous en souvenez tous. C'est ainsi que les choses se passent maintenant, car nous (*l'Esprit*) sommes Dieu le Père et la Mère. Nous vous connaissons par votre nom, et il est inutile de vous faire du souci... vous n'avez pas à avoir froid et vous serez nourris. Vous aurez la santé et la paix, si vous acceptez simplement de les créer avec nous.

Pour terminer, je vous donne une parabole. Vous pouvez y lire ce que vous sentirez être correct pour votre croissance en ce moment. Il était une fois deux fermiers. Ces deux fermiers possédaient chacun une culture qu'ils étaient capables de cultiver par eux-mêmes, sans l'aide des autres. Mais cela prenait tout leur temps et ils travaillaient dur pour faire la récolte. Les deux fermiers étaient des hommes pieux et honoraient la terre comme il se doit. Cela engendra un bon partenariat avec la Terre, et ils étaient récompensés par de bonnes récoltes chaque année; ils étaient capables de subvenir à leurs besoins et à ceux de leur famille. Une partie de leur récolte était pour usage personnel, et une partie était vendue au marché pour fournir la nourriture et l'abondance aux autres. Ils vivaient de bonnes et honorables vies.

Un jour un humain apparut dans chacun de leurs champs, prétendant avoir un message de Dieu. Les deux fermiers se montrèrent intéressés, et ils écoutèrent attentivement le message qu'il avait. Le messager leur dit qu'ils étaient tendrement aimés et que, grâce à leur dur labeur, ils s'étaient mérités le pouvoir de décupler le volume de leurs récoltes! C'était leur don, et ils avaient maintenant en eux le pouvoir de le faire. Pour activer leur nouveau pouvoir, les fermiers n'avait qu'à éliminer la vieille culture qui poussait dans leurs champs. Ils devaient l'enfouir complètement dans la terre en labourant ces champs, jusqu'à qu'il n'en reste plus rien debout. De plus, ils devaient chercher dans les racines pour trouver des parasites ou des champignons, et rejeter toute impureté qu'ils y auraient trouvé. Une fois cela fait, ils devaient immédiatement semer de nouveau. En prévision du pouvoir qu'ils allaient avoir, le messager leur dit que Dieu était en train de modifier les saisons, amenant plus de soleil et de pluie lorsque nécessaire, et les protégeant de la sécheresse... réarrangeant véritablement les divers aspects reliés à l'agriculture tels qu'ils les connaissaient, afin de permettre l'utilisation de leur nouveau don.

Or la période annuelle de moisson pour les cultures déjà semées était presque arrivée. Les deux fermiers avaient de grandes cultures à maturité qui étaient prêtes à être coupées et vendues au marché, assurant ainsi leur subsistance pour toute l'année à venir, et leur permettant d'acheter les semences pour la culture de la prochaine saison. Les deux fermiers hésitaient à détruire leurs cultures à maturité et à perdre leur sécurité pour la saison future. Après tout, quel mal y aurait-il à la récolter, utilisant ensuite plus tard leur pouvoir? Cette culture, même si elle était vieille, était quasiment prête, et faire de nouvelles semailles maintenant ne donnerait rien de bon à ce temps-ci de l'année. N'importe quel fermier savait pertinemment qu'aucune semence ne pousserait maintenant.

Le premier fermier demanda l'avis de sa famille au sujet du message. Après avoir bien réfléchi à ce qu'il avait entendu du messager, lui et sa famille décidèrent que Dieu ne pouvait leur faire du tort, et il détruisit donc sa récolte mûre de la manière spécifiée, et il l'enfouit totalement dans la terre par un profond labour. Il fit un examen pour trouver toutes les impuretés, les rejetant soigneusement et, de nouveau, il ensemença sans délai ses champs.

Le deuxième fermier ne voulut pas croire le messager, et il se prépara à faire les moissons comme d'habitude.

Peu de temps après, les pluies arrivèrent. Ceci bouleversa les deux fermiers car la pluie n'était jamais tombée à cette période de l'année auparavant. Elle arrosa les semences de la culture du premier fermier, et inonda la moisson sur pied du second. Puis le vent se leva, alors que jamais auparavant il n'y avait eu de vent. La culture du premier fermier commençait tout juste à pousser à cause de la pluie, et elle ne pouvait donc offrir de prise au vent. Ce qui restait de la culture détrempée du second fermier était debout, exposé aux vents qui déracinèrent le reste facilement.

Et c'est ainsi que la culture du premier fermier poussa en quantité et à une hauteur qu'il n'avait jamais rêvé imaginer, et il fut ravi de son nouveau pouvoir de créer une moisson abondante... exactement comme le messager l'avait prédit. Le deuxième fermier perdit sa vieille récolte, et il dut attendre un moment où il pourrait s'ajuster avec les nouvelles saisons, et il planta à nouveau ses graines, éprouvant de l'incertitude et de l'anxiété au sujet des nouveaux changements saisonniers encore mal connus.

Mes très chers, quel est ce vieux bagage que vous amenez dans la nouvelle énergie qui vous empêchera d'utiliser votre pouvoir? Tendez les bras au milieu de votre peur et détachez le cadeau... et allez de l'avant avec votre vie. C'est le temps.

Ainsi en est-il

Kryeon

Pour une analyse de cette parabole, veuillez vous référer au chapitre 14.

Manifestation – Co-création

Channeling du 19 juin 1993

Groupe de lumière de Del Mar

Salutations! Je suis Kryeon du service magnétique. C'est vraiment plus facile, n'est-ce pas mon partenaire, que lorsque c'était la première fois? Car faire appel à moi, c'est faire appel à l'Esprit, et c'est là le privilège de chacun ici. Pour toi, mon partenaire, pour ton rôle d'assistant de Kryeon, je te rends honneur en cet instant.

C'est à dessein que chacun de vous est présent ici ce soir, et le message que vous entendrez est le premier de ce genre. Pour ceux et celles qui lisent ceci en ce moment, c'est la première fois qu'un tel message a été livré, car le temps en est maintenant venu. Par ce discours et la communication de cette information, par cette logique et cette réalité, vous allez entendre la vérité révélée.

Sache ceci mon ami, mon cher ami : il y a une magie dans l'air pour ceux et celles qui sont assis ici ce soir. J'expliquerai plus en détails de quoi il s'agit à la fin de cette séance. Je connais chacun de vous, car je représente l'Esprit. Sachez qui vous parle en ce moment, et ressentez ce qu'il y a de sacré en cela! Car **tout** ceci procède de l'Esprit, et pas seulement une partie. Cela provient du Soleil central. Cela émane de la source de tout amour et de toute lumière... et vous vous sentirez honorés (dans le sens littéral du terme), car nous sommes ici en train de nous incliner devant vous. C'est un thème habituel qui revient souvent dans les messages de Kryeon que de vous faire savoir que c'est vous qui êtes les êtres exaltés. Nous répéterons ceci à autant de reprises qu'il le faudra pour que vous sachiez qu'il en est ainsi, et que c'est la vérité. Car vous êtes une portion de Dieu, tout comme moi, mais vous vous êtes portés volontaires pour être en incarnation. Vous vous êtes offerts volontairement pour venir et mourir d'une mort terrestre, avec la souffrance qui accompagne ce processus, dans le but d'élever la vibration de cette planète.

C'est pour ces choses que nous vous honorons et que nous vous aimons. C'est pour ces raisons qu'il vous arrive d'avoir des souvenirs qui remontent durant votre sommeil... vos voyages à la caverne de la création, et certains moments, déclenchés même par des événements auxquels vous partici-pez maintenant dans cette pièce, ramènent en vous le souvenir de qui vous êtes réellement. Cela est approprié, et c'est le but visé. Car même si vous êtes en incarnation, nous vous encourageons à savoir qui vous êtes lorsque vous n'êtes pas ici... et que la fin de votre séjour sur cette planète sera l'occasion d'une joyeuse célébration avec tous ceux que vous avez connus à travers les siècles. Quelque chose de spécial est en train de se produire ce soir alors même que je vous parle. J'en dirai plus à ce propos dans un court moment.

Je voudrais vous parler de votre nouveau pouvoir créateur. Je désire vous dire qui vous êtes, et ce que vous pouvez faire maintenant. Toutefois, avant de faire ceci, je souhaite vous offrir personnellement mon amour. Je veux que vous sentiez les bras de l'Esprit autour de vous. J'aimerais que vous vous détendiez durant ceci, et face à toute l'information à venir. Pour ceux et celles parmi vous qui seront *déroutés* par ceci, je vous demande d'être tolérants, de recevoir et de ne pas lever vos défenses contre ce qui est présenté ici par mon parte-naire.

Pour qu'il me soit possible de vous parler de votre nouveau pouvoir – car le moment est venu de le faire – je dois vous fournir de l'information sur l'histoire. Je vais donc vous raconter plusieurs histoires pour montrer comment les choses étaient, et durant ce processus je vous emmènerai dans deux voyages pour vous permettre de voir comment les choses étaient... afin de dissiper toute confusion possible. Puis je vous dirai comment les choses *sont*.

Sachez ceci : un autre thème sur lequel je reviens souvent, qui sera verbalisé aussi souvent que je serai assis devant vous, et aussi souvent que le lecteur choisira de lire les paroles de Kryeon – L'ÉNERGIE EST NOUVELLE MAINTENANT. Ce n'est en rien comparable à ce que vous avez vécu auparavant en tant qu'humains. Cela n'amène pas seulement le pouvoir dans son sillage, mais également le changement. Cela amène une accélération. Ceux d'entre vous qui sont assis ici ce soir savent de quoi je parle. Ce n'est qu'au cours des 50 ou 60 dernières années que vous vous êtes relevés jusqu'au grade de diplômé, et que vous avez transformé cette planète!

C'est à cause de votre travail, et du changement vibratoire résultant, que nous (*les éléments de l'Esprit*) sommes maintenant réunis ensemble. Nous arrivons chaque jour en plus grand nombre. Ceux qui, comme moi, sont en service pour vous viennent animés d'un grand amour et d'une grande excitation. La plupart de ceux parmi vous qui lisent ou entendent ceci savent que les choses sont en train de changer. Vous pouvez le sentir (bien évidemment). Il y a une accélération d'événements karmiques personnels. Vous traversez le karma beaucoup plus rapidement qu'avant, tout particulièrement avec ceux et celles autour de vous que vous savez être (par contrat) vos partenaires karmiques. Ceux parmi vous qui ont entendu parler de co-création se rendent compte qu'elle se produit presque instantanément. Ceux parmi vous qui comprennent ce qu'est l'intention, et qui savent comment l'Univers fonctionne avec vous, reconnaissent les relations de cause à effet qu'ils ont maintenant. Alors qu'auparavant vous étiez capables de soulever un petit coin du voile et de saisir rapidement les choses dont vous aviez besoin, maintenant vous vous tenez avec un pied fermement planté de chaque côté (de ce voile)... même si vous êtes en apprentissage et le demeurerez aussi longtemps que vous êtes ici. Vous disposez maintenant de talents issus du don de ces pouvoirs nouvellement mérités. Quels sont-ils? Comment pouvez-vous les utili-

ser? Comment pouvez-vous sentir l'amour qu'ils apportent?
Comment pouvez-vous co-créer pour vous-mêmes, et manifester les choses dont vous avez besoin? Ne soyez pas dans
l'ignorance à l'égard de ces questions. Ce message sera clair.

Avant de vous le communiquer, cependant, je désire vous
rappeler ce qu'était l'ancienne énergie. En tant qu'êtres
humains sur cette planète, vous n'avez jamais été capables de
porter en vous votre propre essence. Cette *portion de Dieu*
que VOUS ÊTES lorsque vous n'êtes pas ici est demeuré par
le passé un morceau séparé, relégué au fil des temps dans des
lieux distincts. Lorsque les tribus des Israélites vivaient dans
l'errance, votre essence était transportée dans l'arche
d'alliance. Vous êtes-vous jamais demandé ce qu'il y avait au
juste là-dedans? ... C'était VOUS. Je parle de vous comme
VOUS l'êtes aujourd'hui, car vous n'avez pas toujours été la
personne qui est assise ici maintenant ou qui est en train de
lire ces paroles. **Vous êtes vos propres ancêtres,** et beaucoup
d'entre vous ont pris une part active dans l'histoire que vous
êtes sur le point de lire... laissant des messages à votre
intention. C'est une grande ironie que vous soyez en train de
les déterrer maintenant, exposant ainsi au grand jour vos
propres paroles et vos propres actions!

Si vous aviez eu la possibilité d'examiner le corps de celui
qui, selon ce qu'on rapporte, a touché à l'arche d'alliance – et
qui est mort pour son infraction – vous auriez découvert qu'il
a été électrocuté. Car l'essence de votre esprit, qui était
emmagasinée pour vous dans ces lieux sacrés lorsque c'était
l'ancienne énergie qui dominait, était chargée d'électricité.
Elle possédait une polarité, et elle était de nature magnétique. Cela n'est certainement pas une surprise pour vous
maintenant, puisque cette information provient de Kryeon.

Dans l'ancienne énergie, l'Esprit apparaissait devant vous
et, avec des paroles comme celles que vous entendez et lisez
maintenant, il dispensait des conseils et vous disait de quel
côté aller... il vous expliquait ce qui s'en venait et vous disait
quoi faire. Et vous obéissiez à vos chefs qui avaient entendu

ces voix, puisque c'est ainsi que les choses se passaient. Car sans la capacité de porter en vous toute votre essence, vous étiez dans le noir... cheminant à travers les leçons de vie, accomplissant peu à peu le karma, mais en demeurant toujours les portions humaines de Dieu dont j'ai parlé à plusieurs reprises. Mettons les choses au clair ici : Moïse s'est agenouillé devant l'Esprit, il ne s'est pas mis à genoux devant un buisson ardent; il s'est agenouillé devant le messager de l'Esprit. Dans des channelings et des écrits antérieurs, je vous ai dit quelle apparence nous avions, car nous sommes des entités dont la taille équivaut environ à celle d'une de vos maisons... tournoyant avec de magnifiques couleurs, beaucoup d'entre elles étant iridescentes. C'était ce que Moïse a vu comme un buisson ardent ainsi qu'il l'a décrit. Comment aurait-il pu percevoir autrement l'Esprit? Mais il a bien entendu des paroles dans un langage parfaitement humain de l'époque, comme vous en entendez et lisez maintenant – des paroles émises dans l'air et entendues avec des oreilles humaines – et ce fut effectivement une expérience sacrée. Moïse enleva ses chaussures, un peu comme vous l'avez fait ici ce soir pour des motifs similaires. Et lorsque Moïse revint et exécuta les instructions reçues, quelque chose d'autre se produisit que vous devriez savoir, car il est temps que vous le sachiez pour dissiper toute confusion possible. Lorsque Moïse mena les Israélites hors de l'Égypte, comme l'Esprit lui avait dit de le faire, il leur fit traverser la Mer Rouge (qui était alors connue sous le nom de *Mer de Roseaux*). Et si vous aviez été là, vous auriez vu les hautes falaises bordant chaque côté de cette grande masse d'eau... ce n'était pas une mer où vous vous seriez facilement engagés à pied. Moïse se mit alors à la recherche d'un point de repère bien connu, une langue de terre qui franchissait cette mer, et les Israélites la franchirent librement et de leur plein gré. Ce fut ce pont de terre qui s'effondra sous le poids des troupes et des machines du pharaon, les noyant et les engloutissant dans les eaux. Je vous dis ces choses maintenant pour des raisons de crédibilité, afin que vous puissiez mesurer la réalité de mes paroles – car c'est ainsi que le choses se passèrent. Dans la prochaine décennie de la Terre, vous aurez la possibilité de découvrir par vous-mêmes les vestiges du pont de terre. Il est là accessible à l'observation... et vous vous souviendrez de mes paroles prononcées au cours de cette communication.

Telles étaient les voies suivies par les anciennes énergies, et l'Esprit serait réellement apparu pour vous aider. Lorsque votre essence n'était pas transportée d'un endroit à l'autre, elle était conservée dans la salle sacrée du temple. C'est là que se trouvait votre véritable essence que vous ne pouviez pas encore porter en vous, car vous ne vous étiez pas encore mérités l'illumination que vous avez atteinte aujourd'hui. Ces temples étaient des lieux magnifiques où seuls quelques-uns étaient autorisés à entrer – là où votre moi supérieur était préservé. Sachez ceci : lorsque le temple sera rebâti, on y retrouvera à nouveau l'essence et l'énergie sacrées, mais ce sera différent. Ce ne sera pas à vous, ce sera à nous tous! Voilà ce qui changera sur Terre. Tel est le plan, et le contrat, car la Terre deviendra alors le *phare* dans l'Univers pour les voyageurs comme moi, les incitant à venir... et à rester. Cela est dans votre avenir si vous le souhaitez... mais ce n'est pas l'objet du message sur le point de vous être présenté.

Dans l'ancienne énergie vous étiez guidés par l'Esprit d'une façon très simple et très directe – verbalement, par l'entremise de messagers envoyés à vos chefs. C'était réel. La nouvelle énergie est tellement différente pour vous, parce que vous portez toujours le bagage de l'ancienne, et que vous avez de la difficulté à comprendre et à réaliser l'immensité de ce qui s'offre personnellement à vous en ce moment. Car les outils de la co-création se trouvent dans la nouvelle énergie. Ce qui a changé, c'est qu'il n'y a plus d'arche et plus de temples. Pour l'instant, l'essence incarnant qui vous êtes, cette partie de vous qui devait auparavant être transportée et emmagasinée, se trouve maintenant en vous. Et tout ce qu'il faut maintenant c'est d'établir la connexion entre votre corps humain recevant sa leçon de vie, et cette nouvelle essence disponible que vous portez en vous. Ce sont là les *outils* dont nous parlons. Ce sont vos outils dont vous vous servirez pour co-créer.

Il y a quatre choses que vous devriez savoir à propos de la co-création. Si vous désirez vous servir de ce nouveau pouvoir de co-création, vous devez apprendre le fonctionnement de ces quatre mécanismes.

Intention : Pour que vous parveniez à co-créer, et permettre à l'électricité qui est Esprit d'affluer dans votre corps humain (pour que votre pleine essence spirituelle se mette à circuler dans votre essence physique), vous devez d'abord exprimer à l'Univers votre intention qu'il en soit ainsi. Pour ce faire, il vous faut reconnaître le karma autour de vous. Vous devez soit traverser ce karma, ou bien demander l'implant, car il est très important d'annuler le karma et d'être le corps de lumière pour que le pouvoir co-créateur puisse se manifester. C'est pourquoi le premier livre de Kryeon, tel que traduit par mon partenaire, concernait l'implant neutre... afin de vous laisser voir les possibilités qui s'offrent à vous pour neutraliser tout votre karma. C'est la Première étape si critique. Sachez cependant qu'après avoir verbalement transmis l'intention par l'entremise de vos guides, et après qu'elle ait été reconnue par l'Univers, vous n'avez pas à attendre. (L'Univers est littéral, et il honore votre intention comme si des années de travail s'étaient écoulées pour la former). Votre intention met en mouvement les mécanismes qui annuleront votre karma, et concrétiseront des situations qui auraient pu autrement perdurer dans l'arrière-plan de votre vie. Elle apporte également un changement de guides.

Mais pendant que tout cela se passe, vous pouvez commencer immédiatement à co-créer... parce qu'avant tout c'est l'intention qui compte. Elle est absolue. Vous ne pouvez annuler votre intention.. Soyez très prudents avant de la verbaliser, car des choses vous arriveront, et se produiront pour vous, en tout amour et justesse lorsque vous le demanderez. Soyez conscients de ce qu'est l'intention (et de la façon dont il faut l'exprimer). C'est un moment de calme lorsque vous parlez à l'Esprit, un moment sacré de votre choix lorsque vous dites à l'Esprit : «Je souhaite utiliser mon pouvoir et co-créer. Mon intention est de devenir un être de lumière. Mon intention est d'utiliser le don de la nouvelle énergie comme il se doit.» C'est tout ce que ça prend. (*L'expression être de lumière est le nom que Kryeon donne à ceux et celles qui ont exprimé une intention, annulé leur karma, et laissé jaillir le plein potentiel de leur essence spirituelle en l'intégrant dans le corps physique*).

Réalité : C'est la deuxième chose à connaître parmi les quatre. C'est la plus difficile. Il vous arrive constamment comme humains d'avoir à déposer le poids de votre corps dans une chaise, et pourtant jamais vous ne vous demandez si la chaise pourra porter votre poids. Voilà toute la réalité de la chaise pour votre esprit humain. Votre chaise est un outil. Elle vous supporte pendant que vous êtes assis. Le pouvoir de co-création de la nouvelle énergie est un outil. Il vous supporte alors que vous vivez. Et à moins que vous ne l'abordiez avec la même perception de réalité que la chaise, rien ne se produira.

Laissez-moi vous donner un exemple de ce qu'est la réalité, alors que je vous emmène dans un voyage au gré de l'imagination. Notre destination n'est pas il y a 3 200 ans, comme à l'époque de Moïse et de la Mer Rouge; ce voyage nous amène à seulement 200 ans dans le passé. Je vous invite, en imagination, à visiter avec moi la côte est de votre propre pays (les États-Unis). Lorsque vous avez affaire à l'Esprit et à Kryeon, vous avez affaire à une entité éternelle pour qui le temps linéaire comme vous le percevez n'existe pas. Car je vois toutes choses comme se produisant dans le moment présent, et je vois ce voyage imaginaire comme se produisant maintenant. Visualisez-vous en train de vous joindre à une réunion des aînés d'une petite ville de votre côte est, lorsque votre pays et votre culture étaient très jeunes, et que votre religion était très, très intense. Apportez avec vous, si vous le voulez bien, un de vos petits appareils de calcul fonctionnant à l'électricité, du genre de ceux qui tiennent dans le creux de la main. Présentez-le aux gens assistant à la réunion. Souriez-leur en tout amour, et observez en imagination leur réaction, car vous leur avez apporté quelque chose de MAGIQUE... et voyez la réaction de peur qui s'empare d'eux! S'il ne s'agissait pas d'un voyage imaginaire, et si ce n'était du fait que vous pouvez interrompre à tout moment ce voyage... ce pourrait fort bien être une tragédie pour vous, car ils diraient de vous que vous êtes le diable. Ils diraient que vous venez du monde des ténèbres, et ils vous détruiraient... tout cela parce que vous leur avez amené votre petit appareil. Vous le voyez, cet appareil, ou outil, ne faisait pas partie de leur réalité. Leur culture l'a rejeté, car ils n'étaient pas prêts pour cela. Dans leur esprit, c'était un objet MAGIQUE, et pour eux, ce qui est magique est diabolique. Vous pouvez sentir la peur entourant tout cela pour eux, et leur refus de croire que ça pourrait représenter quelque *réalité* que ce soit.

Examinons l'objet que vous avez amené. Dans votre culture, cet objet coûte moins cher que les repas d'une seule journée. C'est un objet n'ayant que relativement peu d'importance. La perte de cet objet, si elle survenait, n'aurait que peu de conséquences. Est-ce quelque chose de MAGIQUE? Bien sûr que non. Est-ce qu'on sait de quoi il s'agit? On le sait. Est-ce un objet banal? Ça l'est. Si vous ameniez cet appareil lors d'une réunion dans votre culture, que se passerait-il? La réponse : rien. Car c'est un objet accepté; ça fait partie de la réalité d'aujourd'hui. Vous êtes toujours humains... cela se passait il y a tout juste 200 ans; où réside la différence? Aahhh! Comprenez-vous maintenant que ce qui était de la MAGIE hier est devenu la réalité d'aujourd'hui?

Par conséquent, la deuxième chose à comprendre dans notre série de quatre consiste pour vous à accepter les nouveaux outils pouvant vous sembler être MAGIQUES... comme étant la RÉALITÉ. Voyez-les comme la chaise. Attendez-vous à des résultats lorsque vous les utilisez, et sachez qu'il vous suffit de le demander pour qu'ils soient vôtres, puisqu'ils vous **appartiennent**. Ces outils ne sont pas issus de l'imagination de quelqu'un. Mais si vous abordez ces choses avec curiosité et incrédulité, ils ne fonctionneront pas, et vous serez frustrés... et ces choses ne vous seront d'aucune utilité ainsi qu'elles étaient destinées à l'être.

Verbalisation : La troisième chose concerne le mécanisme de la manifestation; c'est aussi un sujet qui revient fréquemment. Il s'agit de la verbalisation. Vous avez fait le message de ce qu'est votre INTENTION, et l'univers l'a reçu. Vous voyez la réalité des outils qui s'offrent à vous et vous allez maintenant exprimer à l'Univers, par l'entremise de vos guides, l'utilisation que vous comptez en faire, afin que vous, en tant qu'être humain en apprentissage, puissiez les entendre par vous-mêmes. Ne prenez pas ces détails à la légère, mes très chers, car la verbalisation a un but précis. Si vous n'avez pas déjà entendu quel en est le mécanisme, je vais maintenant vous le décrire. Il est important que vos propres oreilles entendent ce qui est présenté par votre propre bouche. Vos paroles sortent dans l'air et reviennent dans votre propre esprit, un esprit humain, qui entend ce que vous demandez. Et durant ce processus, il établit un lien avec ce que l'Esprit veut égale-ment entendre de vous. Et vous avez donc le corps physique et le corps astral qui entendent simultanément le même message, et vous obtenez alors le mélange des deux esprits (physique et astral).

Je vous ai parlé de l'amour et de la lumière. Je vous ai dit qu'ils sont la même chose. Je vous ai personnellement amenés, dans cette salle même à faire un voyage dans la partie la plus secrète de l'atome. Je vous ai montré comment cet invisible pouvoir de l'amour définit en fait les arcs (orbites) des atomes, les empêchant de se toucher, les maintenant à distance les uns des autres... vous montrant que *l'énergie* dont l'amour est fait est présente au niveau cellulaire, au niveau atomique, et aussi au niveau astronomique. Nous nous sommes référés à l'amour comme ayant de la substance, et comme étant dense. Alors même que vous sentez en ce moment les bras de l'Univers autour de vous, vous savez que tel est bien le cas, car c'est une énergie fluide.

Lorsque vous exprimez vos intentions de vive voix, c'est à ce moment-là que le fluide circule entre ce qui est votre essence en tant que portion de Dieu, et votre essence en tant qu'humain en incarnation. C'est un élément crucial! La verbalisation de ce que vous voulez et de ce dont vous avez besoin doit être faite à haute voix. Dans l'ancienne énergie, vous pouviez vous contenter de formuler des pensées, et elles pouvaient se manifester, en ces jours où vous pouviez soulever temporairement le voile et attraper ce que vous pouviez, jusqu'à ce qu'il se referme. Il vous suffisait alors de penser à ces choses, car la pensée est aussi de l'énergie. À présent, pour utiliser votre pouvoir absolu, il vous faut également les exprimer de vive voix.

Auto-création : La quatrième et dernière chose est un autre attribut crucial de la conscience. Vous devez apprendre comment cela fonctionne. Vous pouvez co-créer tout ce que vous désirez de manière tout à fait appropriée. Si vous avez éliminé tout karma, et si vous êtes illuminés, vous **ne pourrez pas** créer des événements qui soient mauvais pour vous ou pour les autres autour de vous. Si ce n'est pas votre cas et que vous essayez de toute façon, vous ne pourrez pas créer. Lorsque vous co-créez, **créez uniquement pour vous**. Permettez-moi d'expliquer ce concept difficile à saisir. L'élévation de la vibration de la planète est ce que vous faites personnellement. Il est vrai qu'il existe du karma de groupe, une action de groupe et un pouvoir de groupe. Il est vrai que lorsque vous êtes assemblés ici en face de l'Esprit, vous êtes un groupe; mais lorsque vous utilisez votre pouvoir, vous l'utilisez personnellement. Le motif de votre présence ici ne concerne que vous, n'ayant d'effet que pour vous personnellement. **N'impliquez pas d'autres humains dans vos créations, ou alors vous ne pourrez employer votre pouvoir.** «Mais», pourriez-vous dire, «comment peut-il en être ainsi lorsque je désire créer la paix dans une relation, ou de bonnes choses pour mes enfants?» Je vais vous donner un exemple de la façon dont cela fonctionne.

Imaginez que vous vous trouvez dans une fosse tapissée de goudron en compagnie de nombreux autres êtres humains, tous couverts de goudron... et vous êtes sale de la tête au pied, incapable de vous déplacer rapidement d'un endroit à l'autre tant le goudron est visqueux. Tel est votre état imaginaire. Subitement, vous découvrez un outil *magique* donné par Dieu qui nettoie votre corps et le garde propre même lorsque vous êtes dans le goudron! Votre apparence serait vite remarquée par les autres, car vous seriez différent... blanc et propre tandis que les autres autour de vous sont toujours dans le goudron. Vous vous êtes donc co-créé de la propreté. À présent, pensez-vous que les autres autour de vous vont vous ignorer alors que vous circulez librement au milieu d'eux sans que le goudron ne vous touche ou ne colle à vos pieds?... alors qu'ils voient le goudron toucher votre corps et ne jamais vous salir? Ah ahh... observez bien! <u>Ils</u> sont sur le point de changer! La première chose qui se produira est que où que vous alliez, il y aura toujours de l'espace autour de vous, car ils vous ouvriront le passage. La deuxième chose qui se produira est qu'ils vous demanderont comment une telle chose est possible. Et lorsqu'ils trouveront *l'outil secret de Dieu*, chacun d'eux se mettra alors à l'utiliser pour lui-même et il y en aura plus qui seront *propres*, chaque personne créant pour elle-même personnellement. Au bout d'un certain temps, un simple coup d'œil au groupe vous permettra de voir que la moitié des gens sont maintenant *propres*. Arrêtez-vous un instant pour réfléchir à ce qui s'est réellement passé. Vous n'avez demandé à aucun d'entre eux

d'être propre, et néanmoins le résultat est exactement le même, une création pour tous!
(** Pour une analyse de cette parabole, veuillez vous référer à l'Annexe B, chap. 14*)

Il en est ainsi lorsque vous vous retrouvez dans une situation que vous savez inappropriée avec une autre personne... une personne remplie d'attributs karmiques négatifs et de noirceur... et que tout ce que vous désirez c'est de créer la paix autour de tout cela. Alors créez-la pour vous-mêmes et surveillez ce qui arrive à la personne se trouvant près de vous! Car lorsque vous recevez la paix en regard de cette situation, vous aurez éliminé le karma (*qui ouvrait la voie à la négativité*) et l'interaction ne sera plus justifiée. Souvenez-vous bien de ceci chers amis : s'il y a quoi que ce soit que vous trouvez difficile, ou qui vous dérange dans vos rapports avec les autres, votre karma personnel est responsable de cette situation dans une proportion de 50% au moins. Lorsque votre partie personnelle du karma est liquidée, il manquera la moitié du motif karmique, et le contrat karmique ainsi que la convention de jouer le karma seront désactivés et annulés. Par conséquent, la personne se trouvant à vos côtés changera. Il en est également ainsi lorsque vous priez pour vos enfants. Priez et créez pour vous-mêmes, et observez ce qui leur arrive, car il y aura une réaction instantanée chez ceux et celles qui vous entourent lorsque vous changerez.

Quelles sont les choses appropriées à demander? Sachez ceci : vous pouvez demander de l'abondance pour vous-mêmes. Dans votre culture, vous pouvez demander une source de revenus. Vous pouvez demander la paix, dans des cas où il pourrait sembler qu'il n'y en a pas. Vous pouvez demander un objectif à poursuivre. Vous pouvez demander à ce que la tolérance vous guide dans des situations et face à des choses qui ont activé vos *boutons* karmiques magiques auparavant, et qui vous ont mis en colère... et vous obtiendrez des résultats. Ces co-créations sont toutes appropriées, mais lorsque vous faites cela, il y a un attribut mécanique à connaître : ne demandez pas de détails précis. Si vous avez besoin de résultats monétaires, ne demandez pas à l'esprit de faire en sorte que quelqu'un vous paie ce qu'il vous doit. Dites à l'Esprit ce qui est considéré comme nécessaire dans votre culture pour être dans l'abondance afin de pouvoir exister : puis laissez le soin à l'Univers de trouver les bons moyens. Ne faites pas de suppositions en ce qui concerne les moyens mis en œuvre pour obtenir les résultats que vous désirez, car faire cela reviendrait à limiter l'Esprit. Rappelez-vous que nous (*l'Esprit*) comprenons le sens littéral des choses, et que nous tentons de satisfaire à la réalité des requêtes présentées. Vous avez donc maintenant une description claire des quatre mécanismes de la co-création. Vous pouvez indiquer quels sont vos buts, mais ne dites pas à l'Esprit comment s'y prendre pour les réaliser.

Ça peut sembler étrange, dans une culture où l'on vous a enseigné à vous sublimer, de vous considérer comme une portion de Dieu. Ça peut sembler bizarre, dans une culture où vous êtes considérés comme un parmi tant d'autres, que l'Esprit vous demande de co-créer uniquement pour vous. Mais les mécanismes sont merveilleux, et le pouvoir est immense, car vous serez considéré comme quelqu'un de spécial. Et ceux qui vous entourent laisseront tomber leurs interactions karmiques, car les vôtres seront rendues inopérantes... réduites au silence et disparues. Voyez-vous quelle forme l'interaction peut prendre?

Mon partenaire souhaiterait maintenant mettre un terme à cette séance, mais Kryeon désire ajouter quelques mots. Vous voyez qu'il y a de la magie ici! Permettez-moi de vous parler de quelque chose qui est en train de se produire qui va mettre votre croyance à rude épreuve. Au cours des minutes que vous avez passées ici, vous avez été enveloppés par l'Esprit... et l'amour de l'Esprit est tel que si vous demandez une pomme, vous ne recevrez jamais un serpent. La force protectrice et bienveillante de l'Esprit est impressionnante, et vous avez tous reçu un cadeau dans cet espace d'éternité. Le premier présent, dont vous aurez vraiment l'impression qu'il est magique, est qu'aucun de vous n'a vieilli au cours des 30 dernières minutes. Lorsque vous vous présentez devant l'Esprit, et que vous faites le vide de toutes vos pensées et de tous vos problèmes du jour – et lorsque vous élevez les mains pour indiquer que vous recevez, afin d'être les précurseurs, les guerriers de la lumière en cette époque – l'Esprit vous récompense en retour. De la magie! Les outils de la nouvelle énergie peuvent vous sembler être magiques, mais certains parmi vous ont été guéris ce soir même! Guéris de l'intolérance... il y a des infirmités dans cette salle qui sont maintenant disparues, et qui ne feront plus jamais leur apparition dans des corps qui étaient auparavant faibles. Mon partenaire a reçu une vision qu'il a partagée avec quelques rares personnes... selon laquelle de grandes guérisons se produiront, lesquelles sembleront relever de la magie. Revendiquez ceci comme étant votre réalité et il en sera ainsi!

Voilà ce que nous avons pour vous, alors que nous sommes ici pour vous servir et vous aimer. Cet endroit est véritablement un lieu sacré! Il y a une raison pour laquelle vous enlevez vos chaussures. C'est la même raison pour laquelle on demanda à Moïse d'enlever ses sandales devant le buisson ardent. C'est pour que l'Esprit puisse vous laver les pieds! Et la voix calme de l'Esprit qui vous parle maintenant à travers mon partenaire est la voix éternelle qui parla à Abraham, Moïse et Noé, et qui s'exprima à travers le grand maître Jésus... et qui était présente dans les tendres paroles de Paramahansa Yogananda. C'est l'Esprit. Il est immuable, Il est affectueux, et Il est en vous!

C'est un moment spécial où plusieurs parmi vous comprendront ce qui s'est produit, et plusieurs parmi vous recevront des preuves tangibles de ce fait lorsqu'ils partiront.

Et ainsi en est-il.   **Kryeon**

« Ne pensez pas comme un humain »

Channeling du 19 juillet 1993

**Groupe de lumière
de Del Mar,**

Salutations! JE SUIS Kryeon. N'aie pas peur de cette nouvelle sensation, mon partenaire, alors que je viens avec une plus grande intensité qu'auparavant. Je vous dis à tous, vous qui êtes réunis en ce lieu (*et qui lisez ceci*) qu'il s'agit là d'un doux moment, car je sais qui vous êtes et vous savez qui je suis. C'est un thème revenant fréquemment dans les messages de Kryeon que de vous dire que vous êtes tendrement aimés, et de le croire sincèrement lorsque nous disons que vous êtes les guerriers de la lumière, et dans une cérémonie en préparation à ce moment, nous vous honorons. Parce que vous êtes en cet endroit (*et que vous lisez ceci*) en ce moment, nous vous honorons... pour avoir pris la peine de venir vous asseoir devant l'Esprit, alors qu'en fait c'est l'Esprit qui est assis devant vous! Alors même que je suis en train de vous parler, j'amène avec moi des légions d'entités qui sont *entrées par la porte* et qui vous aiment. Ne vous méprenez pas au sujet de qui elles sont, car elles sont ici pour vous servir et vous aider, et elles viennent vers vous dans un esprit d'amour. Elles viennent pour que l'Esprit puisse prendre place à vos pieds et vous informer des attributs de la nouvelle énergie. Elles viennent afin de pouvoir s'asseoir à vos pieds et vous dire comment vous en servir, comment vous pouvez être guéris, comment votre vie peut être prolongée, comment avoir la paix. N'aie pas peur de la nouvelle sensation, mon partenaire.

Il y a un cône de concentration entourant cette salle, et toutes les entités humaines présentes (*ou lisant ceci*) peuvent le sentir si elles le choisissent. Et tandis que vous êtes ici en cet endroit de concentration, que nous appelons amour, vous pouvez, grâce à votre troisième œil, capter le *troisième langage*. Même s'il vous arrivait de vous détendre en ce moment et de ne plus entendre un seul mot à partir de ce point, vous pourriez en prendre connaissance plus tard, car c'est un fait acquis que ces messages seront transcrits. Nous souhaitons vous parler maintenant dans le langage que vous comprenez le mieux. Il y aura beaucoup qui circulera entre l'Esprit et vous ce soir si vous le permettez... ce qui inclut beaucoup plus que la langue parlée ici maintenant. Fais le vide en ton esprit, mon partenaire, car ce qui va suivre est important. Que la douceur de l'Esprit emplisse cet endroit.

Les personnes assemblées ici (*et celles lisant ceci*) sont l'objet d'un amour sans bornes... dépassant votre compréhension. Car vous avez choisi, mes très chers, le chemin difficile, et nous vous honorons pour ce fait, ici ce soir, par ces messages et cette information, une information qui vous sera utile. Nous demandons que vous soyez clairs à propos de ce qui est dit ici. Parlons maintenant de l'énergie – ce qu'elle était, ce qu'elle est maintenant – et des avertissements sur la façon de s'en servir.

L'ancienne énergie : Pour faire suite à l'information présentée en cette même salle le mois dernier (le 19 juin), nous allons réexaminer pour vous ce qu'était l'énergie il n'y a pas si longtemps. Vous êtes dans le système de temps linéaire, un pas en avant de l'autre, et c'est ainsi que l'énergie était également. Vous rappelez-vous lorsque vous étiez enfants, et que vous n'aviez pas la responsabilité de la maison? Lorsque vos parents partaient de la maison, ils avaient sans doute laissé quelqu'un avec vous pour surveiller la maison... ou peut-être n'étaient-ils pas partis du tout, mais de toute façon vous n'aviez pas la responsabilité. Ainsi en était-il encore tout récemment dans l'ancienne énergie, jusqu'à il y a tout juste quelques-unes de vos années terrestres. Voyez-vous, vous ne disposiez pas de la pleine essence de votre être à cette époque. Même si vous étiez des morceaux de Dieu vivant sur Terre, les règles stipulaient que, durant l'incarnation, vous ne pouviez avoir votre pleine essence, et le niveau d'illumination dictait également cela.

Channeling : À cette époque, lorsque vous étiez assis devant une personne faisant du channeling, celle-ci devait quitter son corps humain afin de permettre à l'entité de prendre sa place et de parler. Cela était difficile pour l'humain, car ça le faisait vieillir prématurément. Il était aussi très vite épuisé... et pourtant l'humain qui se prêtait à cette méthode de channeling le faisait avec juste raison, car cela faisait partie de son contrat que de le faire. Des entités pouvaient entrer dans son corps et vous parler à partir de l'autre côté du voile, et ensuite ils partaient et l'humain pouvait réintégrer son corps. C'était la seule façon possible de le faire.

Communications avec l'Esprit : Votre responsabilité n'était pas engagée dans vos communications avec l'Esprit. Ça se passait un peu comme avec des enfants. L'Esprit venait à vous d'une manière linéaire et vous informait de ce qui devait être, et de ce qui allait se passer. L'Esprit venait vous donner des règles à observer et à suivre... et vous y obéissiez.

Co-création : Il ne vous était pas permis de co-créer. Les miracles étaient préparés à l'avance; et même si ces actions étaient des réponses à vos prières, l'Esprit les avait conçues à l'avance. Vous étiez informés qu'ils allaient se produire, afin que vous puissiez vous structurer et savoir comment vous sentir au cours de l'événement, et comment avoir la bonne attitude pour les accepter. Ensuite l'Esprit les créait à votre intention (une bonne partie de cette préparation se faisait sans que le niveau de pensée humaine n'en ait conscience).

Un peu comme l'enfant qu'on laisse à la maison, on ne s'attendait pas à ce que vous fassiez quoi que ce soit pour vous-mêmes. Mais l'Esprit était là, et vous Le reconnaissiez.

C'est ainsi que ça se passait dans l'ancienne énergie, et vous avez à maintes reprises lu des choses là-dessus. En outre, ce n'est qu'au cours des 50 dernières années qu'il a été permis que cette énergie change peu à peu... et quel changement ce fut! Au moment même où nous vous parlons, les légions qui m'accompagnent sont ici à vos côtés. Cela est nouveau! Elles sont ici pour soutenir la nouvelle énergie et votre nouveau pouvoir, un pouvoir que vous vous êtes mérité!

Quelle est la nouvelle énergie? C'est assurément la partie la plus difficile à expliquer. Le seul motif de la visite de Kryeon, et tout le temps que je consacre ici, vise à rendre possible le réajustement du réseau magnétique afin de permettre l'utilisation de votre pouvoir nouvellement mérité. J'expliquerai plus en détails de quoi il s'agit à mesure que ce message se poursuivra.

Mes très chers, cette explication peut être complexe. C'est la tâche de Kryeon, et le contrat de mon partenaire, de tenter de la simplifier au cours du temps qui reste. Votre empreinte comporte une restriction qui ne vous permet même pas de comprendre le temps simple tel qu'il est réellement. Vous avez une autre restriction vous empêchant de comprendre comment quelque chose pourrait n'avoir ni commencement, ni fin. Par conséquent, comment pourriez-vous jamais être capables de comprendre votre propre dualité... le fait que vous êtes divisés en deux parties? Il y a une partie de vous qui ne réside pas en vous en ce moment. Il y a une partie de vous que nous appelons le *moi supérieur*, qui est conservée ailleurs. Il en était également ainsi dans l'ancienne énergie, sauf que ces essences étaient conservées dans de curieux endroits. Vous vous souviendrez sans doute que je vous ai dit dans le passé dans quels endroits elles étaient, puisqu'elles se trouvaient dans les temples sacrés. Maintenant elles sont conservées à l'intérieur même du système du réseau magnétique.

À présent, dans la nouvelle énergie, à mesure que vous réclamez l'essence qui est *vous-mêmes*, et que vous combinez votre dualité à partir de l'endroit où elle est actuellement conservée pour la transférer dans votre propre personne physique, vous l'extrayez, en fait, du réseau magnétique. L'énergie de votre propre essence, qui est votre moi supérieur, est représentée sous forme de lumière liquide affluant dans votre corps à mesure que vous assumez votre pouvoir – à mesure que la permission vous est accordée de le faire – et vous puisez l'énergie du réseau magnétique. Est-ce une si grande surprise que je sois ici pour prêter mon assistance à ce processus? Il s'agit là d'un concept difficile à comprendre pour vous, de croire qu'il y a une partie de vous qui, en réalité, ne se trouve pas en vous – mais il en est bien ainsi. Plus vous vous permettez d'avoir et de créer de l'illumination pour vous-mêmes, plus vous en extrayez du réseau magnétique.

Il est important que vous soyez au courant de ce qui est en train de se produire dans le réseau magnétique : il y a une polarité ici dont vous pourriez ne pas être conscients. Il y a une importante zone de stockage dans cette partie du continent que vous appelez les *quatre coins* (là où se croisent les frontières des quatres états du sud-ouest, Utah, Colorado, Nouveau-Mexique et de Arizona NdÉ), qui est en fait de polarité féminine. Elle y est puisée avec une intensité supérieure à celle de la polarité masculine, qui se trouve de l'autre côté de la planète dans une région orientale. Les humains vivant dans la région des quatre coins ressentent intensément cette traction d'énergie, puisqu'elle représente un déséquilibre temporaire tandis que vous puisez dans ce réservoir l'énergie nécessaire à votre nouvelle illumination et votre nouveau pouvoir. Il vous est maintenant permis de remplir votre propre essence humaine à partir de votre moi supérieur... pour laisser la lumière s'écouler en vous et devenir un *être de lumière*. Est-il surprenant que les gens vivant à cet endroit du réseau en ressentent de l'inconfort? Car il est en continuel changement. Les femmes de cette région le ressentent plus que les hommes. Les hommes vivant sous le réseau de polarité masculine de l'autre côté de la planète le ressentent plus que les femmes. Et c'est ainsi qu'il vous est possible dans cette nouvelle énergie de puiser des forces à partir de ces régions, puisque c'est exactement ce qu'il vous est maintenant permis de faire. Dans les domaines de la manifestation et de la guérison, c'est aussi exactement ce qu'il vous est maintenant permis de faire.

La nouvelle énergie : Par conséquent, dans la nouvelle énergie, l'enfant est parti. Vous êtes remplis de la responsabilité qu'il vous revient maintenant d'assumer. Pouvez-vous vous souvenir de la première fois où vos parents vous ont confié la responsabilité de la maison... pour ensuite s'en aller? Les choses ont soudain pris un caractère sérieux qui n'était pas là auparavant. Il y avait tout d'un coup un sentiment de responsabilité qui n'était pas là avant. Comme enfant, vous n'aviez pas conscience de ce qui était en train de se passer alors que vous assumiez votre nouveau pouvoir... mais vous le sentiez. Voilà la clé, mes très chers : en raison de la restriction de votre empreinte, je ne peux expliquer ce qui arrive dans le simple but de satisfaire le désir de votre cerveau qui a très envie d'en connaître la logique, mais il vous est permis de le sentir. Lorsque vous sentez ce qui arrive, vous pouvez demander à en obtenir plus, et cela se produira. Tôt ou tard ce sera facile à reconnaître.

Channeling : À présent le channeling est différent... à l'image de ce que vous entendez venant de celui qui est assis devant vous en ce moment, vigilant et vérifiant l'information à mesure qu'elle émerge, et rendant de ce fait plus claire l'information ainsi communiquée par voie de channeling. L'Esprit peut vous rendre personnellement visite en raison de cela... et vous aimer personnellement. Dans le passé, n'étiez-vous pas conscients de l'amour que l'Esprit avait pour vous? Il est douteux que vous le fussiez. L'amour peut maintenant circuler dans les deux sens. Aimez-vous l'Esprit? Vous pouvez ouvertement le reconnaître dans vos pensées en cet instant même, car l'Esprit vous aime à coup sûr. Faites que ce soit une communication dans les deux sens, car c'est à vous que revient maintenant la responsabilité de faire en sorte qu'il en soit ainsi.

Communications avec l'Esprit : Dans vos communications avec l'Esprit, les choses sont très différentes... et ceci aidera à expliquer ce qui se passe. Écoutez attentivement, mes très chers, car ceci est important. Désormais, la communication n'est plus linéaire. Voici comment ça se passe : lorsque vous vous levez le matin, vous faites-vous à l'avance une liste où il est écrit : «mettre les pieds par terre... aller dans l'autre pièce... tourner à droite ou à gauche?» Inscrivez-vous sur la liste de mettre vos vêtements? Non. Vous vous servez de votre propre pouvoir intuitif humain pour faire ces choses... prenant les décisions au moment précis où elles sont nécessaires. Vous tournez à droite ou à gauche, et faites le choix de passer d'un endroit à l'autre; vous n'avez pas besoin d'aide pour cela. Notez bien ceci : c'est de cette façon que l'Esprit travaillera avec vous dorénavant, car vous êtes une portion coopérative de Dieu. À mesure que les choses arrivent dans votre vie, des réponses vous sont données par l'entremise de votre moi supérieur, au fur et à mesure que vous en avez besoin et non pas à l'avance. Cela vous met-il mal à l'aise?... Oui. Vous devez *sentir* ce que cela signifie afin de vous y habituer, et de l'honorer. Prenez-en la responsabilité (*habituez-vous à l'idée d'obtenir des réponses au moment où vous en avez besoin – comme un adulte, et non pas de l'information à l'avance comme pour un enfant*).

Co-création : En ce qui concerne votre co-création, vous avez maintenant le pouvoir (tel que décrit le mois passé) de créer pour vous-mêmes. Alors que vous en étiez auparavant incapables, vous pouvez maintenant manifester dans votre vie les choses dont vous avez besoin : de l'abondance, la guérison, des miracles et de la *magie*, et tout cela pendant que vous êtes ici. Certains parmi vous doutent de ceci tandis que ces paroles sont prononcées (*ou lues*); tel est l'effet de votre empreinte. Ouvrez votre cœur à ce concept, car c'est le vôtre.

L'implant : Tandis que vous êtes ici, permettez-moi de parler de l'implant, car même certains des membres de ce groupe posent des questions à ce sujet. Voici quelles ont été ces questions : Comment peut-on savoir que l'on a reçu un implant? Comment peut-on demander à recevoir un implant? Quand l'obtient-on? En ai-je un maintenant? En voici les réponses :

Tout est dans **l'intention**. Mes très chers, lorsque vous avez demandé à avoir un implant, cette énergie libératrice, vous ne pouvez plus reculer... car voyez-vous, vous l'avez déjà dès cet instant. Bien qu'il puisse y avoir une période de transition pendant que sa mise en place se fait, l'intention à elle seule suffit pour son arrivée. Vous ne pouvez donc poser la question «Est-ce que je l'ai?» Cependant, ce que je vais maintenant vous dire, et ce qui va suivre vous aidera à comprendre quoi en faire. Les symptômes de son arrivée demeurent les mêmes : des rêves marquants, ainsi que des périodes de tristesse et de dépression. Mais comme mon partenaire l'a mentionné plus tôt ce soir, vous êtes tous très différents. Chacun de vous a un cycle de temps différent; chacun de vous est venu d'un endroit différent. Beaucoup de ceux qui lisent ceci viennent d'une culture différente. Ce qui est le plus important cependant, c'est que certains d'entre vous ont de terribles attributs karmiques, et certains n'en ont presque pas. L'implant est *ce qui annule* tout karma. C'est la raison pour laquelle vous êtes ici, pour élever la vibration de la planète par le biais de votre *traversée du karma* afin de faire le travail qui s'impose. Rien n'élève plus rapidement la vibration de la planète que de demander à recevoir l'implant neutre, car le karma est annulé aussi sûrement que si vous l'aviez traversé personnellement. Les personnes à qui il reste un lourd karma vont avoir un moment plus difficile durant la période de transition que celles qui n'en ont presque plus. Certains parmi vous vont recevoir l'implant et n'auront pas conscience de l'avoir reçu! Et certains vont passer à travers une période de deuil.

Certains d'entre vous perdront des attributs karmiques négatifs pendant qu'ils recevront leur implant et, à vrai dire, ils vont vous manquer! Il y a du drame, et vous y êtes habitués (même si ça vous nuit). Comment le sait-on lorsqu'on a reçu un implant? Vous allez voir le karma disparaître entre vous et les autres êtres humains avec qui vous êtes en relation. Voyez de quelle façon ils vous traitent. Avez-vous connaissance de problèmes avec d'autres humains dans votre famille? Êtes-vous conscients du karma dans vos relations avec les autres? Lorsque vous demandez à recevoir l'implant neutre, ces attributs karmiques commencent à être abolis. Lorsqu'ils sont éliminés, il y a une perte, et les personnes avec qui se jouait ce karma le ressentiront elles aussi, tout autant que vous, même si elles n'auront pas conscience de ce qui s'est produit. Voilà la clé... et voilà comment vous saurez que l'implant est en place.

Vous vous demanderez peut-être : une fois que j'ai l'implant neutre, qu'est-ce qui se passe ensuite? Ceci est une nouvelle information : vous avez supposé, et cela est tout à fait humain, que vos changements de guides ne survenaient qu'une seule fois. Sachez ceci : à mesure que vous puisez de votre propre essence à partir du réseau magnétique et que vous devenez des êtres de lumière, vos guides changeront périodiquement tout au long de votre vie. Cela ne sera pas toujours désagréable; bien des fois ce sera une expérience joyeuse. Cela fait partie de votre croissance. C'est en partie pourquoi nous (l'Esprit) sommes ici. C'est une des raisons pour lesquelles il faut que nous soyons si nombreux à votre service. Pour chacun de vous, il y a une armée d'entités qui se tiennent prêtes à vous servir et qui attendent que vous fassiez la découverte de votre illumination, quel que soit le degré auquel vous souhaiterez la recevoir.

Je vais maintenant vous donner les éléments de base, ou l'ABC de la nouvelle énergie et de son utilisation. Ce faisant, je vous offrirai un exemple... et une parabole. Le premier point sur la liste est une chose dont vous pourrez dès à présent vous souvenir à cause de l'aspect humoristique que ça peut comporter pour vous : Ne pensez pas comme un humain.

Ne pensez pas comme un humain : Comment une telle chose est-elle possible, vous demandez-vous sans doute, puisque vous <u>êtes</u> un humain? Est-ce trop vous demander que de penser comme un Esprit? Peut-être. Vais-je trop loin, cependant, en vous enjoignant d'examiner vos pensées humaines? Peut-être pas. Pensez à ceci : vous êtes sur la route, voyageant rapidement. Votre voyage doit vous mener de l'autre côté de la vallée, et comme il se doit vous avez demandé à l'Esprit de co-créer ce voyage avec vous. Vous savez intuitivement que c'était la chose indiquée et correcte à créer pour vous-mêmes; et vous l'avez donc créée. Vous êtes sur la route, mais il y a un problème : il y avait auparavant un pont sur la route menant de l'autre côté de la vallée, mais il n'est plus là depuis quelque temps maintenant. Néanmoins, vous continuez à avancer sur la route en étant parfaitement conscient que le pont n'est plus là.

Ne pensez pas comme un humain. Que penserait un humain en pareil cas? Les humains font des suppositions. Le pont n'est pas là; par conséquent, ils se disent : «Je vais mourir! Le pont ne peut être reconstruit assez rapidement... Il n'y en avait pas lorsque je suis passé au même endroit la nuit dernière!» Ce à quoi les humains s'attendent, c'est que le pont soit comme il était avant, fait par d'autres humains avec de l'acier et du béton, et qu'il soit au même endroit. «Mon véhicule pourrait bien ne pas passer s'il n'y a pas de pont.» Vous faites la supposition que votre véhicule ne peut pas voler. **Ne pensez pas comme un humain!** Pensez comme l'Esprit. Il y a beaucoup de choses qui se passent dont vous n'êtes pas conscient lorsque l'Esprit co-crée **avec** vous.

Ne faites pas d'ajustements en cours de route sous l'emprise de la peur; telle est la seconde directive. Voyez-vous, si vous pensez comme un humain, vous aurez peur. «Qu'est-ce que cela veut dire?» demanderez-vous peut-être. Voici de quoi il s'agit : vous êtes sur la planète du libre choix, et cela implique qu'il n'y a pas de prédestination; vous pouvez agir comme bon vous semble. Toutefois, chaque fois que vous faites quelque chose d'inopportun – qui n'est pas dans le domaine de votre co-création avec l'Esprit – vous créez du karma. Par conséquent, si vous avez peur, et pensez comme un humain, que pourriez-vous faire? Vous pourriez tourner à gauche ou à droite dans votre voyage à toute vitesse vers le pont que vous croyez disparu. Vous pouvez même choisir de stopper net là. Soyez conscient que si vous faites cela, vous allez à nouveau générer du karma! Ah, mais vous vous direz peut-être : «J'ai l'implant neutre.» L'Esprit dit alors : «Maintenant vous avez encore du karma.» Vous venez tout juste de le créer. Voyez-vous comment tout cela fonctionne? Ne faites pas d'ajustements sous le coup de la peur tandis que vous êtes en train de co-créer. **Ne pensez pas comme un humain.**

Prenez la responsabilité du voyage : Écoutez attentivement, car c'est l'attribut important, le troisième de la série. Voici de quoi il s'agit : si vous pensez comme un humain et si vous avez peur comme un humain, vous n'aurez pas confiance, et vous blâmerez l'Esprit pour ce qui peut vous sembler être une situation négative. «Me voici sur la route, en train de foncer vers ma mort! Esprit, tu me déçois! Esprit, tu m'as trahi! Je vais sûrement plonger tout droit dans le ravin!» Si vous prenez la responsabilité du voyage, alors l'Esprit ne peut rien *vous* faire. Vous êtes l'Esprit! Vous êtes en train de co-créer sur la route, pensant de la même façon que l'Esprit pense... et vous n'avez pas peur, sachant que là où se trouvait le pont, il y aura quelque chose pour le remplacer, sans chercher à supposer ce que cela pourrait être.

Alors que vous filez à vive allure vers la vallée, vous voyez soudain en avant de vous exactement ce que vous pensiez voir: le pont n'est effectivement toujours pas là. Il ne pouvait être reconstruit par des humains en une seule journée. Ah, mais qu'est-ce que vous voyez également par là? Il y a d'autres humains sur la route vous faisant signe dans une courbe de vous diriger vers un secteur que vous n'aviez jamais vu auparavant... où il y a un nouveau pont!... un pont qu'il a fallu une année entière pour construire! Un pont qui était en construction longtemps avant de l'avoir demandé ou d'en avoir besoin! Il est plus large que l'ancien. Il possède des lumières pour l'éclairer la nuit, et il vous permet de traverser de l'autre côté encore plus vite que celui qui était là avant. Sa construction s'est entièrement déroulée loin des regards durant tout ce temps, et ce n'est que maintenant qu'il est visible... lorsque vous en avez le plus besoin.

Si vous comprenez le sens de cette parabole, vous comprendrez ce que l'Esprit vous réserve dans cette nouvelle énergie. Avec l'Esprit, le temps n'est pas linéaire! Mes très chers, nous construisons les réponses avant même d'entendre vos questions! Nous co-créons avant que vous ne les posiez. Il nous est tout à fait possible de faire cela, puisque notre temps n'est pas comme le vôtre. Je vous le répète encore, ne confondez pas ceci avec de la prédestination. Vous êtes sur la planète du libre choix, mais nous avons l'avantage de savoir *à l'avance* ce dont vous aurez besoin dans votre temps linéaire. Les choses sont déjà mises en place en ce moment pour ce que vous co-créerez et manifesterez demain... pour faire des guérisons, pour l'abondance qui sera bientôt vôtre, pour les associations avec d'autres qui sont sur le point de se faire. Les préparatifs sont maintenant commencés pour des créations parmi vous qui n'ont même pas encore été conçues par vous.

Un Voyage : Je voudrais maintenant vous emmener faire un voyage imaginaire, et c'est avec cela que nous allons clore cette séance. Je désire vous emmener dans un endroit chaud, il y a de cela plusieurs milliers d'années terrestres. C'est l'automne dans cette région chaude... tout près de la Méditerranée, dans les terres près de la ville que vous appelez Gaza. Là, nous y trouvons un homme étendu face contre terre, rampant dans la poussière. Il est devant un messager de l'Esprit. Le messager flamboie avec éclat... comme un feu. L'humain est celui que vous appelez Abraham, et grâce aux écrits des Anciens, vous devriez pouvoir le reconnaître. L'Esprit parle à Abraham, mais celui-ci prétend ne pas l'entendre. Lorsque l'Esprit s'en va, Abraham se lève et se remet à vaquer à ses occupations, comme s'il n'avait rien entendu, espérant que l'Esprit ne reviendra pas. Le lendemain, l'Esprit rend à nouveau visite à Abraham, et il se retrouve une fois encore prostré dans la poussière. Car voyez-vous, en ces temps et cet endroit de la Terre dans la très ancienne énergie, l'Esprit apparaissait sous une forme très différente aux humains, à cause de cela, les humains en avaient peur, mais c'était alors approprié. Cette fois-là, Abraham écouta et il entendit le message, et la peur s'installa en son cœur. L'Esprit dit qu'il devait prendre son fils bien-aimé Isaac, celui qui était né par miracle de la semence dormante de sa demi-sœur Sarah... son fils élu, son fils-miracle. L'Esprit lui dit d'amener le garçon à un endroit élevé et de le sacrifier sous forme d'offrande brûlée.

Abraham est mortifié, mais il a peur de l'Esprit; vous voyez que l'Esprit est une réalité pour Abraham. Il a vu de nombreux miracles et il sait qu'il doit obéir. N'est-il pas ironique que je vous emmène en un voyage vers l'ancienne énergie pour illustrer la nouvelle? Vous allez pouvoir constater les similitudes de confiance et de réactions humaines entre les deux.

Abraham a le cœur lourd, mais il rassemble deux jeunes serviteurs et se met en route vers le lieu élevé qu'ils appelaient alors *Moriah*. Il fallut plusieurs jours pour atteindre le pied du mont Moriah. Durant tout ce temps l'esprit d'Abraham était agité de pensées et de peurs... «Mon fils-miracle préféré, né de la semence dormante de ma demi-sœur Sarah, a été emmené ici dans l'unique but d'être sacrifié.» Et il se mit à pleurer.

L'ascension, d'une durée de trois jours, du mont Moriah n'était pas difficile physiquement, mais lent en raison de l'âge d'Abraham qui avait alors plus de 100 ans, ce qui équivaut maintenant à 60 ans pour un humain de votre culture. Abraham ouvrait la marche afin que les autres ne voient pas ses larmes, car la piste en était mouillée. Il se parlait à lui-même en silence, tout en se tordant les mains d'angoisse : «Dieu, pourquoi m'as-tu trahi?... Pourquoi mon fils-miracle, né de ma bien-aimée Sarah?... Comment cela peut-il être possible?» Et l'Esprit dit à Abraham : «Abraham, tu es tendrement aimé... Abraham, ne pense pas comme un humain... Abraham, ne crains pas ce qui est à venir.» Même si Abraham avait peur de l'Esprit, il aimait aussi l'Esprit et lui faisait confiance. Et il fut donc fort pendant un moment, de sorte que le lendemain il se sentit beaucoup mieux, laissant les plus jeunes ouvrir la voie pour gravir la montagne.

Le troisième jour fut le plus difficile, car Abraham avait de nouveau eu le temps de penser à ce qui se passait, et de s'imaginer en train de prendre la vie de son fils. Il songea à plonger dans le vide vers sa mort, mais il savait que l'Esprit ne le permettrait pas... ou qu'au pire, il lui sauverait la vie afin de l'obliger à revenir à cet endroit avec le cœur tout aussi lourd, pour apprendre à nouveau la même leçon. C'est à ce moment-là qu'Abraham détesta le plus sa vie, et souhaita mettre fin à ses jours. Il avait renoncé à respecter son contrat, et l'Esprit le savait. Et l'Esprit dit : «Abraham, mon très cher, ne pense pas comme un humain. Accomplis ce que tu as à faire dans la joie.»

Abraham arriva à l'endroit où l'Esprit lui avait dit de se rendre, mais il avait tellement honte de ce qu'il allait faire qu'il demanda à ses assistants d'aller l'attendre hors de vue du lieu de l'offrande. Encore une fois, l'esprit d'Abraham était tellement rempli de peur qu'il ne pouvait soutenir la vision de la lame s'enfonçant dans la poitrine de son fils. Il s'assura donc que seulement lui et Dieu observeraient la scène. Devant l'autel, son fils, qui avait neuf ans, demanda où devait se dérouler le sacrifice, et avec un parfait contrôle Abraham l'informa que c'était lui qui allait être sacrifié. Isaac monta de son plein gré sur l'autel, obéissant en cela à son père qu'il aimait et en qui il avait confiance.

Et ainsi qu'on le raconte, au tout dernier moment, alors que le couteau était levé et que les paroles de la cérémonie étaient prononcées, l'Esprit survint devant Abraham et dit : «Abraham, tu es honoré pour ta foi; ta lignée sera grande, et ta confiance en l'Esprit sera racontée tout au long des siècles à venir.» Et alors un bélier fut amené pour le vrai sacrifice, épargnant ainsi la vie d'Isaac.

Si Abraham avait pu comprendre le véritable rôle de l'Esprit, il n'aurait jamais laissé sa nature humaine avoir prise sur lui. Une fois encore je vous dis que l'Esprit ne vous donnera pas un serpent lorsque vous voulez créer une pomme. Ce n'est pas dans la conscience de l'Esprit que de jouer un tour à un humain, ou de le décevoir, ou de le trahir. Nous vous soutenons en tout amour. Cela n'a jamais changé au fil des âges, mais votre capacité de le comprendre a changé, elle. Vous avez maintenant le plein pouvoir de faire quelque chose que jamais l'Univers n'aurait cru possible : de créer tandis que vous êtes incarnés, d'avoir connaissance de l'amour de l'Esprit tandis que vous recevez votre leçon de vie, tout en conservant votre empreinte. Vous disposez à présent de tellement plus que ce dont disposait Abraham, mais vous devez apprendre à l'utiliser.

Mes très chers, l'exhortation qui vous est adressée en tout amour est de faire confiance à l'Esprit ainsi que vous le feriez pour vous-mêmes. Ne vous lancez pas dans des suppositions et ne vous laissez pas mener par la peur lorsque vous co-créez avec nous. Libérez-vous de votre nature humaine et croyez en des solutions qu'il vous est impossible de connaître, car cela relève de notre part du contrat. Ceci est un endroit agréable ce soir, une place où beaucoup a pu être communiqué de bien des façons différentes. Soyez en paix au sujet des prochains pas à faire dans votre cheminement, et servez-vous de votre pouvoir à cette fin.

Et ainsi en est-il.

Kryeon

Attributs de santé et de guérison

Channeling du 17 août 1993

Groupe de lumière
de Del Mar

Salutations! Je suis Kryeon du service magnétique. Je réponds à la demande de mon partenaire ce soir (d'être lent et posé... et d'attendre qu'il ait fini de parler avant de poursuivre). Mais il y a beaucoup d'effervescence dans l'air ici! Et il y a de la douceur en cet endroit! C'est la présence des humains ici qui en est la cause. Je ne serais pas Kryeon si je ne vous disais une fois encore que je viens à vous et que **je suis assis à vos pieds**... car je vous aime avec tendresse. C'est le fantôme de vos leçons de vie qui vous permet d'en douter et c'est à cause de ce même fantôme que vous êtes portés à croire que je suis plus grand que vous. Car vous êtes exaltés, et cela je l'ai souvent répété; et vous portez les insignes de la couleur de l'incarnation lorsque vous n'êtes pas ici. Cela veut dire qu'au moment de votre départ de cette planète, vous porterez une autre bande, comme pour les arbres de votre Terre, indiquant qu'une fois encore vous êtes passés par ici. Et grâce à vos couleurs, tous dans l'Univers sauront que vous êtes les guerriers de la lumière. Vous êtes les entités exceptionnelles qui ont accepté de venir et de mourir à répétition, sacrifiant ces moments pour l'Esprit. C'est une histoire que vous entendrez aussi souvent que vous viendrez devant moi, car il s'agit d'une histoire importante... encore plus que vous ne l'imaginez... et je vais donc poursuivre lentement.

Vous êtes invités ce soir *(et lors de cette lecture)* à être remplis. Ne vous préoccupez pas de noter les informations transmises, car j'ai donné pour instructions à mon partenaire de transcrire tout ce qui est dit et de mettre cela à la disposition de tous. Vous pouvez être remplis de l'Esprit, voyez-vous; JE SUIS Kryeon; je représente l'Esprit en son entier. Je représente la vérité. Je représente la même vérité qui était celle d'Abraham. Je représente la même vérité que possédait Élisée. Tout au long des siècles, elle n'a pas changé. Je vous parle avec la même voix que l'Esprit utilisait il y a fort longtemps, et je suis ici pour vous maintenant, représentant le même amour qui s'est présenté depuis des temps immémoriaux. Je vous aime tendrement, et je vous invite à *sentir* le troisième langage, qui se présente à vous en cet instant même. Je vous invite à être remplis par l'Esprit... à savoir que vous êtes complets, à reconnaître que vous avez un *moi supérieur*, et à être en paix avec tout ce que vous savez. Je viens à vous à cette époque à la fois en personne et dans les pages que vous lisez **en ce moment même**. Car bien que ces paroles soient prononcées par mon partenaire, et traduites pour vous *maintenant* dans cette pièce, la séquence temporelle pour ceux et celles d'entre vous qui sont en train de lire ceci pour la première fois est aussi votre *maintenant*. Lequel est le véritable *maintenant*? Comprenez-vous l'intemporalité de Kryeon et de l'Esprit?

Je n'ai jamais été un humain. Je n'ai jamais marché, pour ainsi dire, *dans vos chaussures*. Je connais pourtant vos limites psychologiques, car c'est ma spécialité. Je connais la nature humaine, car c'est aussi ma spécialité. Je sais ce que vous ressentez et ce que vous pensez, car nous avons fréquemment ajusté cela pour votre *leçon*. C'est une spécialité que nous avons, tout comme vous avez pour spécialité d'être en incarnation.

Je voudrais que vous sachiez la chose suivante. Pour tous les guérisseurs présents dans ce groupe (*et lisant ces paroles*), ce qui va suivre ne vise nullement à vous entraîner à effectuer quelque changement que ce soit dans ce que vous faites. Si votre travail donne des résultats, alors il n'y a rien à rajouter! Ce qui va suivre a pour but d'améliorer ce que vous faites. Si vous effectuez quel que changement que ce soit, ce seront des changements positifs. Ce seront des changements éclairés. Ils donneront de meilleurs résultats! Rien dans l'information qui vous sera communiquée ne sera de nature à juger qui que ce soit (ou à fausser un bon processus).

Voici une chose que vous devriez réaliser et comprendre : **La vérité demeure la vérité, peu importe ce que vous choisissez de croire.** Cela signifie que la vérité d'Abraham, et la vérité d'Élisée, est demeurée la même vérité tout au long des siècles. Par conséquent, la seule variable dans cette scène, c'est **vous.** Vous êtes l'aspect relatif. La vérité demeure immuable. La raison pour laquelle je vous dis ceci deviendra plus claire à mesure que ce message vous sera transmis.

J'aimerais savourer un moment l'amour que j'ai pour vous, car j'ai amené avec moi ceux qui seront aux côtés de vos guides et qui leur parleront avec amour de qui vous êtes. Il y a de l'effervescence ici chaque fois que Kryeon a la possibilité de s'asseoir devant des gens comme vous, ou chaque fois que ces messages sont lus par des gens comme vous. (*Rappelez-vous que vous êtes dans le moment présent tout autant que ceux et celles qui étaient présents à cette séance de channeling.*) Il y a une grande douceur dans cette salle.

Maladie et déséquilibre : Je désire vous parler de maladie et de déséquilibre. Sachez ceci... c'est quelque chose de très important qui doit être dit à ceux et celles qui doutent encore de ce qu'ils sont en train de voir : L'Esprit **ne vous donne pas** de maladie ni de déséquilibre! L'Esprit ne vous juge pas en tant qu'humain incarné pour recevoir sa leçon de vie. L'Esprit n'est pas là pour vous donner des punitions négatives; rien de tel n'existe. Nous voulons que vous sachiez d'où provient la maladie. Plusieurs parmi vous connaissent déjà cette réponse, car elle a déjà été donnée et communiquée auparavant. La maladie émane directement de VOUS; vous l'avez vous-mêmes choisie. Voyez-vous, avant même de venir vous incarner, vous avez accepté de la créer ou de permettre qu'elle soit. Elle est fondée sur un jugement logique et sur le karma d'une vie

antérieure. **Vous en êtes donc entièrement responsable.**
L'Esprit ne *vous* a rien fait. Elle est intrinsèquement vôtre,
tout comme vos bras et vos jambes le sont. Vous l'avez
demandée à l'avance, et maintenant elle est là. Il peut vous
sembler étrange que – d'une position différente alors que
vous n'étiez pas ici – vous ayez demandé à avoir quelque
chose d'apparemment si négatif, de si effrayant, quelque
chose qui soit la cause de tant de peurs. Cela n'est-il pas en
totale harmonie avec les leçons du karma? (telles qu'énoncées
dans un channeling de mars 1993), qui sont également effrayantes et à l'origine de tant de peurs? Car tout cela est lié
ensemble. La cause des infirmités de votre biologie est
simplement le karma. C'est le langage du corps de votre
nature humaine en apprentissage.

Laissez-moi vous parler maintenant de quelques-uns des
attributs du corps humain dont vous n'êtes peut-être pas
conscients.

Polarité : Je désire d'abord vous parler de la polarité des
organes. Mes très chers, lorsque vous allez dans vos centres
médicaux *modernes*, nulle part n'y retrouvez-vous quelqu'un
qui mesure la polarité de vos organes et votre équilibre
magnétique. Vous n'y retrouverez jamais quelqu'un qui se
charge de l'ajuster. Pourtant, cette polarité des organes et cet
équilibre sont essentiels pour votre santé! (Comment se fait-il
que vos scientifiques négligent cet aspect alors qu'ils peuvent
mesurer l'activité électrique de vos muscles et de votre
cerveau?... et alors qu'ils peuvent dresser la carte du système
nerveux de votre corps et observer le fonctionnement des
synapses dans vos processus biologiques de pensée? Tout cela
est pourtant de nature magnétique!)

Je vous ai déjà parlé lors d'une précédente séance de
channeling du *cocon magnétique* où vous vous trouvez, et dont
je suis responsable. Je vous ai dit que sans ce dernier vous ne
pourriez vivre, car il a été conçu et créé pour votre biologie.
Je vous ai dit que les voyageurs interplanétaires doivent

l'amener avec eux, à défaut de quoi ils iraient vers une mort certaine; et pourtant, cela n'est pas encore reconnu ni compris. La polarité de votre corps humain sert de point de contact avec la polarité de la Terre. Si vous êtes parfaitement équilibrés, et si les polarités sont correctes, alors vous ne laisserez pas la maladie s'installer. La *clé* n'entrera pas dans la serrure (*comme il en est fait mention dans le chapitre portant sur la guérison dans le premier livre de Kryeon intitulé* LA GRADUATION DES TEMPS). C'est donc à vous qu'il incomberait de découvrir ce qu'il en est à propos de cette polarité! Chaque organe possède sa propre polarité, qui est en interaction avec celle de l'organe voisin. Il s'agit d'une question complexe ici, car il y a deux sortes de polarité : celle qui est absolue et celle qui est relative. La polarité absolue est comme un dipôle, c'est-à-dire que l'alignement positif et l'alignement négatif demeurent inchangés peu importe l'inclinaison physique de l'humain. Deux des principaux organes ont une polarité relative : la peau humaine et le cerveau. Tous les organes polarisés réagissent à la polarité de la planète, et ceux dont la polarité est relative réagissent également à l'inclinaison physique de l'humain.

La polarité peut être mesurée pour des fins de santé. La façon de procéder n'est pas un mystère. Vous savez comment faire depuis plus de 15 ans de vos années terrestres. On la mesure par le bout des doigts... ce qui ne constitue nullement une surprise pour bon nombre de ceux assemblés ici. L'appareil nécessaire pour mesurer ceci est actuellement disponible dans le pays de votre planète que vous appelez l'Allemagne. Je pourrais faire une digression ici, et vous en dire plus à propos de l'Allemagne. Permettez-moi de dire simplement ce-ci, une chose que beaucoup parmi vous soupçonnent déjà : l'Allemagne est un des endroits de cette planète qui possède certaines des plus fortes similitudes et qui a des attributs en commun avec l'époque d'avant la glaciation, et l'endroit que vous appelez l'Atlantide. L'Atlantide, vous vous en souvenez peut-être, disposait de certaines des connaissances scientifiques channelées du plus haut niveau que l'humanité ait jamais connues... qui existaient parallèlement à l'esclavage.

Les personnes en Allemagne qui disposent de cet appareil de mesure de la polarité sont encouragées, si elles lisent ces mots, à faire connaître l'existence de cet appareil et à laisser la science médicale moderne en faire l'essai. C'est le temps de le faire.

Une partie de cette information peut sembler ridicule ou peu scientifique à beaucoup d'entre vous. La vérité demeure la vérité, peu importe ce que vous choisissez de croire. (Il n'y a pas si longtemps, vous ne croyiez pas encore à l'existence des germes?... Se laver les mains avant de faire une chirurgie était considéré comme ridicule. La vérité en matière de santé demeure inchangée. Seule votre acceptation de cette vérité a fait en sorte que de ridicule qu'elle semblait, elle soit devenue réelle.)

Mouvement : Voici un complément d'information sur la polarité humaine alors, que nous poursuivons. La prochaine action cruciale pour votre compréhension est le **mouvement**. Lorsque survient une naissance chez vos animaux terrestres, beaucoup parmi vous l'observent avec respect et admiration, car les animaux disposent d'un instinct et d'une intuition qui semblent défier ce qu'ils sont. Ils savent quels sont leurs prédateurs. À peine sortis de l'utérus, ils savent où se cacher. Ils savent où trouver leur nourriture, tout cela sans avoir apparemment à l'apprendre... comme s'ils s'en *souvenaient*, pourrait-on dire. (Certains animaux sont également dotés de la capacité de s'orienter selon le magnétisme, ce qui constitue un mariage direct entre la biologie et le champ magnétique terrestre... au niveau moléculaire.)

Écoutez bien ceci mes très chers : OBSERVEZ LES ENFANTS! L'Esprit voudrait vous inciter à observer vos propres enfants humains. Lorsqu'ils viennent tout juste de naître, ils disposent de certains traits instinctifs et intuitifs qu'ils ont amené d'un précédent savoir spirituel. Les emprein-

tes et la culture qui les entourent ne se sont pas encore développés pour leur montrer quoi que ce soit d'autre (c'est-à-dire
qu'ils ne connaissent encore rien de mieux). Une des premières choses que les enfants veulent faire dès qu'ils sont assez
mobiles pour y arriver, avant même de pouvoir marcher, c'est
de tourner sur eux-mêmes. Ceci n'arrive pas par hasard.
Observez-les. Pourquoi font-ils cela? C'est parce qu'ils savent
intuitivement que c'est bon pour l'équilibre de la polarisation
de leurs organes. Lorsqu'ils sont assez mobiles pour se tenir
debout et courir, que font-ils? Ils se tiennent par la main et
font une ronde! (Observez dans quelle direction ils tournent!)

Certaines de ces choses peuvent sembler puériles ou
idiotes et peu scientifiques, mais elles sont vraies. Le
mouvement est crucial pour l'équilibre. Le sens du mouvement a un but. Je vais vous en parler, et ensuite, je vais
décrire pourquoi ça fonctionne à l'intention de ceux qui sont
sceptiques en lisant ceci... car il est temps pour vous de
connaître ces choses. Si vous tournez sur vous-mêmes vers la
gauche (dans le sens contraire des aiguilles d'une montre),
lorsque vous êtes plus haut que l'équateur, ou en haut du
parallèle zéro, cela a l'effet d'une légère stimulation de votre
polarité. Ce qui veut dire que l'effet de ce *tournoiement* est
léger. C'est bon pour la santé et ça maintient l'équilibre.
Toujours au-dessus du parallèle zéro, un mouvement vers la
droite (dans le sens des aiguilles d'une montre) favorise la
guérison, car beaucoup plus d'énergie est ainsi développée en
tournant vers la droite. Ce que je suis en train de vous dire
est l'inverse pour ceux qui sont en-dessous - c'est-à-dire plus
bas que l'équateur de votre point de vue, tel que vous voyez
votre Terre sur vos cartes – et donc sous le parallèle zéro.
«Pourquoi est-ce ainsi?» vous demanderez-vous. Je vais vous
l'expliquer... lentement. (Il y a là de l'humour cosmique, étant
donné que mon partenaire agit de façon méthodique, et qu'il
veut que les groupes de pensées viennent par séries logiques
dans un ordre séquentiel... sinon la confusion s'empare de lui
et il essaie de parler trop vite, de crainte que l'information ne

soit perdue et ne soit pas répétée. Une réaction certes comique du point de vue l'Esprit.)

Vous avez une polarité. Elle est mesurable. Une partie est sous la forme d'un simple dipôle, c'est-à-dire, avec un plus et un moins, comme pour un aimant. Je vous ai dit que votre corps a cette essence de polarité, qui est même mesurable et visible par votre aura. Votre aura est la somme et la différence de la polarité, et son aspect change avec l'équilibre et la santé de l'individu. Je vous ai dit que le champ magnétique terrestre est le *cocon* dont vous êtes magnétiquement entourés... dont vous profitez, qui module votre état d'être, et qui vous permet d'être en bonne santé et d'évoluer vers l'illumination. Répondez à ceci : que se passe-t-il sur votre planète lorsque vous prenez une barre de fer magnétisée, et que vous la déplacez à maintes et maintes reprises en un mouvement constant à l'intérieur des lignes d'influence d'un autre champ magnétique de plus grande intensité? Vous ne connaissez que trop bien la réponse, car tous les jours vous avez recours à ce phénomène... ou l'inverse de celui-ci. Car cela crée de l'énergie que vous appelez un courant électrique. Et comme vous vous en servez à tous les jours, vous ne pouvez en nier l'existence. Vous êtes des êtres polarisés, tournant au sein des lignes d'influence du champ magnétique terrestre, dont vous devez également admettre l'existence et le fait qu'il est mesurable. Il y a une énergie qui est créée lorsque vous tournez sur vous-mêmes. Il y a du courant et de l'équilibre. Cela fonctionne au-dessus et en-dessous du parallèle zéro, pas forcément à cause de la rotation de la planète, mais parce qu'en haut du parallèle zéro il y a une influence de polarité positive qui est générée par l'immense dipôle, et en bas il y a une influence de polarité négative. Voilà la raison pour laquelle ça fonctionne. Le mouvement sert de catalyseur pour créer l'équilibre! Combien de fois êtes-vous allés dans vos centres médicaux – ceux de votre science moderne – et quand vous ont-ils demandé de tourner sur vous-mêmes? Il y a un savoir ici! Il s'agit d'une information pratique. C'est le temps de vous le communiquer. (*Le mouvement, à lui seul, ne fonctionnera pas s'il n'y a pas une intention qui l'accompagne. Veuillez vous référer au paragraphe «Nouveaux médicaments» ci-dessous pour de plus amples explications*).

Le dessus et le dessous : Ce qui suit est pour vous, les guérisseurs; je vais vous parler de quelque chose qui vous aidera dans votre travail. Prenez d'abord pour acquis que l'être humain est polarisé. Lorsque vous choisissez de faire l'imposition des mains sur un humain, ou si vous décidez de vous servir de vos mains, mais en ne touchant pas à la personne, faites-le d'une façon qui tienne compte de l'existence de la polarité dipolaire. Autrement dit, placez vos mains de chaque côté de la personne, une en-dessus et une en-dessous – ou par en avant et par en arrière. Considérez-vous comme étant vous-mêmes polarisé, faisant passer de l'énergie à travers la personne à guérir. Vous allez pouvoir constater que quelle que soit la méthode utilisée à cet égard, elle aura un meilleur effet. Ceci peut également vous obliger à reconcevoir la table utilisée pour dispenser vos soins. Il est important que les personnes soient étendues de telle façon que vous puissiez les toucher à la fois par en avant et par en arrière, sans que leur poids ne porte sur vos mains. Ou encore, par le dessus et le dessous!

Nouveaux médicaments : Vous allez voir apparaître sur le marché des médicaments et des appareils qui sont très particuliers. Laissez-moi vous donner de l'information à leur sujet. Les médicaments du Nouvel âge seront ceux qui contiendront la vie, soit une substance encore vivante ou une substance qui l'a été. Voilà où entre en jeu la nouvelle *tendance* de la guérison. L'intention est la chose la plus importante, et c'est le catalyseur de nombreuses choses. Il ne s'agit pas là d'une nouvelle information, puisque vous l'aviez déjà reçue auparavant par voie de channeling. Alors même que vous tournez sur vous-mêmes, il vous faut avoir une intention pour créer l'équilibre ou la guérison. À présent, je vous dis que VOUS DEVEZ ACCUEILLIR les nouveaux médicaments pendant que vous les prenez. Il doit y avoir une intention. Il doit y avoir une responsabilité. Aucun des nouveaux médicaments véritablement fabriqués à l'aide d'une science tridimensionnelle ne fonctionnera sans l'expression d'une intention. Vous devez les accueillir et les aimer. Si vous avez une attitude d'indifférence à leur égard, s'ils vous inspirent des craintes, espérant qu'ils vont donner des résultats malgré tout – les laissant entrer dans votre organisme, les laissant agir alors que vous devriez prendre une part active – ils demeureront simplement en veilleuse et inactifs. Vous devez les prendre avec un plaisir évident (pour qu'ils donnent le moindre résultat). Certaines des choses dont je vais vous parler ici auront l'air ridicules et peu scientifiques. La vérité demeure la vérité, peu importe ce que vous choisissez de croire.

Nouveaux appareils : Il y aura sur le marché de nouveaux appareils qu'il vous faudra également accueillir, puisqu'ils ne fonctionneront pas à moins que vous n'ayez l'intention de coopérer pleinement avec eux. Il s'agit d'une nouvelle sorte de science, dans laquelle l'être humain doit être interactif, un terme que beaucoup parmi vous comprennent déjà.

Guérisseurs en général : Je désire maintenant vous parler de quelques-uns des attributs des guérisseurs de cette planète. Ceci inclura nombre de ceux qui sont assis maintenant devant Kryeon, ainsi que certains parmi ceux qui lisent ceci dans leur propre *moment présent*. Un vrai guérisseur, un guérisseur qui obtient régulièrement des résultats et qui a fait de cet art le travail de sa vie, est porteur d'un des karmas les plus lourds de la planète. Un vrai guérisseur a un cycle de longue durée qui ne change pas aisément. Beaucoup d'entre vous se trouvent également en pleine rétention. La rétention signifie que vous conservez beaucoup de ce qui *déborde* dans votre travail de guérison. Vous en êtes affectés de maintes façons. Certains prennent du poids. D'autres en viennent à éprouver de l'anxiété, à se faire du souci pour la planète. Beaucoup parmi vous, ceux qui sont de vrais guérisseurs, vivent avec le fantôme de l'anxiété en s'imaginant qu'il ne reste plus assez de temps! Il semble y avoir tant de gens à guérir, et si peu de temps pour le faire. Beaucoup d'entre vous ont peur de perdre leur pouvoir. Ce sont tous là des attributs que possèdent les véritables guérisseurs... partout sur la planète. Ce sont ceux que ne dérange pas le fait de recevoir un appel au beau milieu de leur sommeil de la part d'humains en besoin, ceux qui vont rapidement s'habiller de bon cœur pour aller se consacrer à leur *tâche*.

C'est leur lourd karma qui a créé ces attributs. Vous tentez tous de compenser pour quelque chose qui a été créé précédemment pour vous. De tous les humains qui sont sur cette planète, vous avez reçu le plus grand don dispensé par la nouvelle énergie. Le don qui vous est accordé est merveilleux lorsque vous demandez à recevoir l'implant neutre, ou même lorsque vous faites appel à un nouveau guide! Le don que vous recevez alors est le fait de pouvoir maintenant côtoyer des êtres sombres, des gens troublés, des humains parmi les plus déséquilibrés, et de toucher l'un ou l'autre d'entre eux sans jamais à nouveau faire de rétention. Plus jamais n'aurez-vous alors à vous inquiéter du risque d'absorber leurs attributs déséquilibrés, même s'il y avait contact physique. C'est le nouveau don que transmet l'implant neutre. C'est aussi le nouveau don que vous confère le fait de changer de guide. Cela fait partie de votre nouveau pouvoir. Il y en aura certains parmi vous qui refuseront d'admettre ceci, et qui se feront du souci jusque dans leur tombe. Ceux et celles qui l'acceptent sauront de quoi je parle.

Je dois également vous dire ceci : je vous ai précédemment donné l'information voulant que les personnes possédant le karma le plus lourd éprouveront le plus de difficultés avec le changement de guide. Il vous faut donc vous attendre à des moments difficiles. Si vous choisissez cette voie, l'honneur qui vous échoira n'en sera que plus grand! Imaginez-vous de pouvoir guérir sans anxiété ni souci! Imaginez la personne parfaitement équilibrée... que vous êtes! Est-ce en raison de l'humour cosmique que les plus grands guérisseurs de la planète héritent d'un des plus lourds karmas qui soit? Il y a de bonnes raisons pour cela, car vous faites le travail le plus difficile.

La pertinence de la guérison : Maintenant, tel que demandé par mon partenaire, je vais vous parler de la pertinence de la guérison. Elle comporte deux aspects. Je désire vous parler de la pertinence de l'auto-guérison, et de la guérison des autres.

Mon partenaire a posé cette question à de fréquentes occasions : «Pourquoi est-ce que je me trouve devant ces gens qui désirent être guéris, et que je prie pour eux et leur fais l'imposition des mains, et que malgré tout il n'y a aucun résultat?» Souvenez-vous de ceci : la maladie *appartient* à chaque humain. Votre corps a permis qu'elle survienne. Vous en êtes donc responsables... et vous êtes également responsables de son départ. Vous allez donc lui permettre de s'en aller. Sur une base personnelle, il est plus facile de se guérir que de guérir les autres, car vous avez le plein contrôle et vous êtes entièrement responsables. La guérison peut être instantanée et totale. Elle peut aussi être instantanée et partielle. Toutes ces choses sont pertinentes, tout dépendant de votre voie karmique à ce moment-là, et du moment de la guérison.

Dans la nouvelle énergie, le fait de demander à recevoir l'implant neutre (*pour vous-mêmes*) et celui de faire appel aux nouveaux guides peuvent favoriser une guérison rapide. Certains d'entre vous auront des revirements (*des guérisons remarquables*) qui mystifieront la science. Certains parmi vous auront des miracles! C'est là que résident la magie et les miracles; c'est dans l'auto-guérison. Voilà les choses qui seront transcrites et documentées pour que d'autres puissent les voir... et les autres voudront aussi parvenir au même résultat. Avec l'auto-guérison, vous avez le contrôle de votre propre karma! Une fois exposé au grand jour, il n'est plus possible qu'il puisse encore être un fantôme. Vous le saurez lorsque ça se produira. En mettant le karma à nu et en le traversant, cela guérira votre corps, ramènera l'équilibre en vous, et créera une situation où la *clé* n'entrera plus dans la *serrure* – je parle ici dans le cas d'une maladie qui cherche à s'installer en vous.

La chose est complexe, mais voici en gros les règles s'appliquant à la guérison des autres. Mes très chers, N'ARRÊTEZ JAMAIS D'ESSAYER! Lorsque des gens viennent à vous en pleurant de douleur, ou affligés d'une maladie même mortelle, ou en proie à une affliction apparemment légère comme de l'anxiété ou de l'hypertension, faites de votre mieux et utilisez votre méthode habituelle de guérison sur eux. Comprenez qu'ils sont polarisés. Servez-vous de vos nouveaux médicaments et de vos appareils. Enseignez-leur ce qu'est l'intention, et faites de votre mieux en prenant les mesures qui s'imposent pour leur guérison. Voici ce qui se produira. Grâce à votre intervention, et en mettant pour eux en évidence le karma qu'ils ont, ils pourront voir la lumière que vous apportez. Il pourra leur être révélé, et il est possible qu'ils se guérissent eux-mêmes si la chose est appropriée. Toutefois, leur contrat karmique aura toujours le dessus! Vous n'êtes pas responsables de leur contrat! Votre responsabilité se borne à les éclairer quand ils sont dans l'obscurité et dans un état de déséquilibre. S'ils choisissent de se relever, de se mettre à courir en rond et à danser dans la lumière, c'est leur choix. Tout ce dont vous êtes responsables, c'est de les éclairer. Allumez-leur la *lumière* et faites de votre mieux. Ne prenez pas sur vous la responsabilité de leur guérison ou de leur incapacité à y parvenir! Prenez plaisir à faire votre intervention et passez à autre chose.

Mais permettez-moi de vous exhorter à ne pas baisser les

bras! Il peut n'y avoir qu'une seule journée de différence entre l'humain potentiel qui va mourir et l'humain potentiel qui va recevoir l'illumination et vivre. Qui sait! Il ou elle lira peut-être un livre ce soir (une autre blague cosmique pour mon partenaire)! Quand l'humain est prêt, la guérison survient. Une partie de votre travail de guérison peut consister simplement à préparer cette personne en vue de sa guérison par quelqu'un d'autre. Mes très chers, je n'ai pas à vous dire ceci, mais je le mentionne de toute façon afin que mon information soit complète en ces pages. Il ne devrait jamais y avoir de compétition entre les guérisseurs! Que les egos soient sublimés. Allez de l'avant en tant que groupe. Employez vos diverses méthodes, bien qu'elles puissent différer de celles employées par les autres, sachant que l'un de vous peut préparer une personne afin que les efforts d'un autre soient couronnés de succès. Tels sont les mécanismes de guérison. Lorsqu'il arrive à un guérisseur de consacrer des efforts répétés à soigner une personne, et que malgré tout elle meure, il doit comprendre que c'est dans l'ordre des choses du point de vue de l'Univers. Il était peut-être prévu que cette chère personne meure à ce moment précis dans le seul but de profiter de l'opportunité de pouvoir revenir fraîche et renouvelée... et ce, rapidement! Est-ce une si mauvaise chose? (En raison de vos préjugés culturels humains face à la mort, vous ne comprenez ou n'acceptez pas toujours l'intérêt supérieur tel que le conçoit l'Univers.) Essayez de trouver la paix en vous face à ce que l'Esprit juge nécessaire.

(Pouvez-vous discerner la distinction subtile qu'il y a entre la guérison personnelle et la guérison pour les autres? Vos efforts peuvent effectivement provoquer l'auto-guérison chez les autres. Puisqu'ils sont totalement responsables de leur propre guérison, en réalité vous ne les guérissez pas du tout. Votre rôle se borne simplement à les mettre en contact au moyen de vos méthodes de guérison et d'équilibration avec la vérité de leur propre processus individuel. C'est pourquoi l'attribut de *l'intention* est si crucial.)

Un voyage revisité : Et à présent, permettez-moi pour terminer, de vous emmener faire un voyage imaginaire. Le fait que nous ayons déjà effectué ce voyage auparavant démontre tout le bien qu'il y a dans la nouvelle énergie. J'avais prévenu mon partenaire que nous ferions cela. Je désire maintenant vous ramener à l'endroit que nous avons visité il y a cinq mois. Mais cette fois-ci, je suis autorisé à vous parler de ce qui s'y passe. Mes très chers, je ne pouvais vous parler de ces choses il y a cinq mois! Ce n'était pas opportun... et maintenant ça l'est. Pouvez-vous voir ce qui s'est produit entre-temps? Pouvez-vous sentir le pouvoir s'accroître? Y a-t-il un sentiment d'urgence qui vous habite? Ressentez-vous l'accélération? Vous le devriez. Ah! quelle douceur emplit cet endroit!

Je vous emmène au Temple du rajeunissement*... à une époque antérieure à la glaciation, une époque dont certains parmi vous ne souhaitent pas faire l'expérience à nouveau, une époque pendant laquelle certains d'entre vous sont morts. Pourtant, les connaissances scientifiques avaient atteint un sommet à cette époque. Comme il est ironique qu'elle *refasse surface* aujourd'hui, car vous disposez maintenant d'un savoir scientifique comparable, à la différence que cette fois-ci vous n'avez plus peur de mourir. Dépassez cette peur, car ce n'est qu'un fantôme! Accompagnez-moi une fois encore pour la visite de ce magnifique Temple du rajeunissement. Voyez distinctement le temple dans toute sa beauté, et comprenez la célébration qui se rattachait à son utilisation.

Voilà où les humains étaient repolarisés! Et en voici la description. Imaginez-vous situés à une certaine distance en train d'observer le temple; vous voyez une structure pointant vers le ciel. Elle est ceinte en son milieu et tenue en place par cinq piliers inclinés. Sa couleur est noire. Pour quelle raison? Les murs sont principalement faits d'un matériau synthétique qui ne peut être magnétisé. Il n'y a aucun métal sous une

* *Voir aux pages 63,97,157 et dans l'Annexe A pour d'autres informations sur le «Temple du rajeunissement» de l'Atlantide.*

forme que vous connaissez. En outre, ce matériau est doux au toucher et léger. Des cristaux écrasés entrent dans sa composition. Souvenez-vous de ce matériau, car c'est celui-là même qui formera un bouclier protecteur dans vos futurs vols spatiaux.

Les cinq piliers de soutien sont creux. Ils sont inclinés jusqu'à la partie centrale où s'effectue le travail, et ils y sont rattachés. Le premier pilier sert de conduite au pouvoir qui circule du sol jusque dans l'appareil. Le deuxième pilier est également creux et on y retrouve l'entrée et la sortie du personnel servant à la facilitation du processus. Le troisième pilier sert de passage pour l'entrée et la sortie des prêtres en service ce jour-là. *C'est seulement par le quatrième pilier qu'entre la personne devant être guérie et rééquilibrée. Le cinquième sert uniquement de sortie pour la personne qui a été rééquilibrée et guérie.* Vous m'avez déjà entendu rapporter le message que l'Esprit aime bien les cérémonies. L'Esprit prend plaisir aux cérémonies pour des motifs que vous ignorez. L'Esprit ne désire pas être adoré... loin de là! L'Esprit connaît bien votre nature humaine, et les cérémonies génèrent de la répétition. Voyez-vous, la vérité est la vérité et elle est invariable. Elle fonctionne de la même façon, encore et toujours. Elle est immuable. La cérémonie est le partenaire de la répétition. (Elle triomphe du sentiment humain de toujours vouloir quelque chose de nouveau. Elle aide à faire en sorte que le même processus nécessaire soit chaque fois répété exactement de la même façon. Elle masque souvent des processus précis et authentiques sous le voile de la religion. S'il vous avait fallu chaque fois penser à votre propre respiration, il y a longtemps que vous y auriez renoncé.)

Il y a un symbolisme dans le fait que seule la personne à être guérie puisse utiliser l'entrée et la sortie, car l'entrée représente l'ascension et elle est aux couleurs de la mort. Le tube par lequel on en redescend au niveau du sol, et qui est la sortie de la chambre, représente la renaissance, et sa couleur est elle aussi de circonstance. C'est ce qui se faisait de mieux en matière de cérémonie et de symbolisme (encore de l'humour cosmique).

Je vous emmène maintenant dans la chambre intérieure. Alors qu'auparavant je vous avais permis de voir ce qui s'y passait, je vais maintenant vous expliquer COMMENT cela se passait. Il y a là deux tables, et toutes deux tournent sur un pivot central. Vous pourrez maintenant constater que le mouvement des deux tables est parfaitement synchronisé. Ce qui veut dire que lorsqu'une table pivote dans un sens, l'autre en fait tout autant. Elles tournent également à la même vitesse. Comme je vous l'ai précédemment mentionné, on retrouve assemblés autour d'une des tables un groupe d'assistants facilitant le processus et qui ont les mains placées au-dessus de quelque chose. Je vous avais également dit que l'humain devant recevoir le traitement, celui qui doit être rééquilibré, se trouve étendu seul sur l'autre table avec un seul assistant à ses côtés. Je vais maintenant vous montrer clairement ce qui se produit. À côté de la table où il y a foule, on remarque une personne qui tranche sur les autres. Elle a les mains posées sur deux globes (il s'agit d'une prêtresse). Les globes sont reliés à toute la machinerie qu'on entend bourdonner d'une grande activité dans les pointes du temple, au-dessus et au-dessous, où elle est installée. Les pointes représentent le dipôle de la machinerie – c'est-à-dire le positif et le négatif. La machine prend la mesure de la personne dont les mains sont posées sur les globes. Il y a des renfoncements sur les globes conçus spécialement pour y placer les doigts. Les personnes entourant la prêtresse lui apportent un surcroît d'équilibre, pour la même raison que les personnes assemblées ici en groupe s'apportent mutuellement plus d'équilibre qu'une personne seule ne pourrait le faire. La prêtresse pour cette journée-là est celle dont l'équilibre est le plus grand à ce moment-là... tel qu'établi par la machine. La machine prend la mesure des organes équilibrés de l'humain (dont notamment toutes les polarités correctes), les interprète, et fait circuler cette information dans la gigantesque machinerie placée au-dessus et au-dessous de la cible humaine... rééquilibrant de cette façon la polarité des organes de l'humain cible. Avez-vous bien en tête cette image? Voyez-vous comment la polarité fonctionne? Un humain équilibré dont la polarité est correcte ne permettra pas à la maladie de s'implanter en lui. Un humain équilibré pourra vivre très longtemps. Voilà pourquoi on appelait cela du rajeunissement.

La table sur laquelle est étendu l'humain recevant le traitement adopte de nombreuses positions – verticale, horizontale et aussi inclinée à un certain angle. La personne se tenant debout à côté de l'humain traité est un assistant dont le rôle se limite à veiller au bon confort de cette personne, et à s'assurer qu'elle ne sorte absolument pas du système de confinement de la table. Le traitement est prodigué grâce à une science tridimensionnelle, et avec l'interaction entre la machine et la prêtresse équilibrée, donnant à la machine l'information nécessaire pour équilibrer la personne faisant l'objet du traitement. Lorsque le rajeunissement est achevé, cette personne se lève de la table et il y a une grande célébration. Toute la pièce s'emplit de joie et les gens présents applaudissent à la réussite du processus. Il y a une cérémonie, et une robe spéciale qui est portée, et ensuite l'humain rajeuni redescend par le tube de renaissance à la Terre. (La robe est portée pendant trois jours pour que tous sachent ce qu'a vécu la personne et le célèbrent avec elle.) Vous savez maintenant ce qui se passait dans ce temple. Il s'agit bien d'un temple avec une prêtresse... et c'est aussi de la science pure : de la biologie et un mécanisme physique couplés avec une intelligence.

Certaines de ces choses ont l'air ridicule. La vérité demeurera la vérité, peu importe le niveau de compréhension dont vous disposez pour l'appréhender.

Je vais enfin terminer avec ceci. Mon partenaire m'avait posé une question il y a deux jours. C'est une question qui n'a jamais été posée à Kryeon auparavant. Ma réponse fut simple.

La question était assez révélatrice.

Voyez-vous, lorsque l'Esprit apparaît devant des humains, ceux-ci réagissent d'une manière prévisible (*ce qui est normal du fait de votre dualité*). Plusieurs éprouvent des craintes. Beaucoup sont remplis d'un grand respect. Les questions des humains à l'Esprit sont toujours les mêmes : «Que devrais-je faire?» demandent-ils. «Où devrais-je aller? – Comment est-ce que ça marche? – Que va-t-il se passer?» Rarement, sinon jamais, cette question ne m'avait-elle été posée, celle qui a été posée à Kryeon il y a deux jours. Et cette question était : «Que puis-je faire pour Vous? Qu'est-ce qui rend Kryeon heureux?»

Mes très chers, cette question à elle seule démontre la dualité de l'amour. Car il vous est maintenant possible de m'aimer tout autant que je vous aime. C'est le début de la communication dans les deux sens que nous désirons tant. La nouvelle énergie commence à rendre cela possible, et l'Esprit commence à le sentir et il y réagit.

La réponse à la question? C'est tout simplement ce à quoi vous pourriez vous attendre si vous me connaissiez.

Ce que Kryeon veut, c'est seulement de s'asseoir à vos pieds... et de vous aimer.

Et ainsi en est-il.

Kryeon

Un mot de l'auteur...

Peu après la conclusion de la séance de channeling dont vous venez tout juste de lire la transcription, je fus abordé par un monsieur du nom de Mark Wonner. Mark est un architecte qui avait lu la transcription du channeling de Kryeon de mars 1993, et il était venu assister à quelques séances par la suite. Il était intrigué par le Temple du rajeunissement en Atlantide où Kryeon nous avait emmenés à deux reprises en l'espace de quelques mois.

Il demanda s'il pouvait en faire une illustration, étant donné que le voyage avait été très réel pour lui et qu'il croyait l'avoir *vu* tout comme quelques autres personnes parmi nous. Je convins avec lui que ce serait une bonne initiative, et me demandai en mon for intérieur s'il avait réellement pu capter ce que j'avais effectivement vu. Je ne donnai à Mark aucune autre information sur le Temple tel que je l'avais vu durant le channeling, hormis ce que Kryeon avait dit (que vous venez tout juste de lire).

Une semaine plus tard, Mark m'appela et me demanda de venir chez lui voir les dessins au crayon qu'il avait faits. Alors que j'étais en route pour la maison de Mark située au bord de la mer, je repensai à la moralité de mes actions... car je n'avais pas révélé un élément majeur de l'architecture que j'avais *vu* durant la séance, le gardant secrètement pour moi comme preuve du fait que les autres ont vraiment vu ce que j'ai vu. Il m'arrive souvent de faire cela, m'accrochant toujours à cette partie humaine de moi qui crie «prouve-le» lorsque l'Esprit me donne une information bizarre... comme un Temple du rajeunissement en Atlantide.

Kryeon nous avait emmenés à deux reprises au Temple, et j'ai eu moi-même l'impression d'être dehors à l'observer, et de me trouver à l'intérieur de celui-ci. Je regardai sa perspective sur le plan de sa hauteur et sa largeur (ses proportions générales), et il me fut donné plus tard de sentir réellement ce que c'était que d'être à l'intérieur de ce Temple. J'ai dans l'idée que j'ai habituellement une meilleure vue de ces choses (mieux que les autres personnes présentes);

mais l'Esprit me dit toujours que je n'ai pas le monopole de ces choses; donc, qui sait? L'information que j'avais choisie de conserver secrète concernait le fait que les deux pointes étaient torsadées ou spiralées comme ces cornets de crème glacée que l'on peut acheter. Je n'ai parlé à personne de ce détail, et comme dans notre culture la plupart des pointes d'églises sont droites, je m'attendais à ce que la plupart des gens imaginent les pointes droites... à moins d'avoir *vu* la même image que Kryeon m'avait communiquée. Dans notre culture, nous avons aussi tendance à bâtir des structures *angéliques* élevées et élancées, comme un doigt pointant vers Dieu.

J'entrai dans sa maison, en me disant que si les pointes n'étaient pas torsadées de la bonne façon dans son dessin, je saurais alors que Mark ne faisait que deviner. Lorsqu'il sortit le dessin, j'en restai bouche bée! Là, devant mes yeux incrédules, se trouvaient les pointes torsadées que j'avais vues. Mark y avait été lui aussi! Pourquoi fallait-il que je doute tant de ces choses? Si l'Esprit me frappait régulièrement avec la vérité, peut-être finirais-je un jour par *comprendre*?

Je complimentai Mark pour son travail, et lui demandai si je pouvais l'inclure dans ce livre. L'illustration de la page suivante est le résultat de son travail. Selon moi, il s'agit d'une représentation fidèle et précise du Temple du rajeunissement auquel beaucoup d'entre nous ont eu recours en Atlantide. A ce moment, je sais que c'est ainsi qu'il était. Prenez quelques instants pour l'observer, et voyez si quelque souvenir de cette structure vous revient à l'esprit. Cela devrait éveiller quelque chose en vous, car il s'agissait d'un splendide symbole de notre victoire sur la mort, et de notre sage compréhension de la façon dont la science, la santé et l'esprit étaient à jamais liés ensemble... une chose à laquelle j'aspire en ces temps modernes.

Nous avons encore une fois ici un exemple de la façon dont chacun d'entre nous est mis à contribution pour compléter l'ensemble du travail. Je ne suis pas un artiste, et sans le bon vouloir de Mark à faire ce que de toute évidence l'Esprit désirait obtenir de lui – d'être au bon endroit, au bon moment – nous n'aurions aucune illustration, et ce livre serait moins que ce qu'il est.

Tous mes remerciements à Mark, et aux autres qui ont contribué en cours de route au travail de Kryeon. On trouvera dans l'Annexe A à la fin de ce livre une compte rendu détaillé des questions posées par Mark à Kryeon à propos de l'illustration, et les réponses que Kryeon a fournies par voie de channeling.

L'auteur

Temple du Rajeunissement

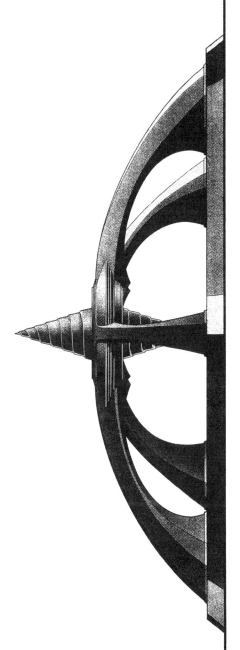

Mark Wonner, architecte 1994
P.O. Box 763
Cardiff, CA 92007

Le Temple Atlantéen du Rajeunissement tel que channelé par Kryeon
(voir pages 97, 149 et l'Annexe A)

Les entités qui vous entourent

Channeling du 22 septembre 1993

Groupe de lumière de Del Mar

Salutations! Je suis Kryeon, du service magnétique. Je m'adresse en ce moment à mon partenaire : sois en paix avec ce qui suit, partenaire; détends-toi pendant que l'information circule librement à travers toi.

Salutations mes très chers (*et plus particulièrement vous, lecteurs*). Je vous connais et vous me connaissez. Tout ce que l'Esprit souhaite en ce moment, c'est de se présenter devant ceux qui se réunissent en son nom. Permettez-Lui de s'asseoir à vos pieds! Nous souhaitons la bienvenue à ceux qui sont avec nous (ceux qui ne sont pas humains) et dont nous ne vous avons pas encore parlé... les entités du Groupe solaire. Nous vous honorons et vous aimons en tant que membres du groupe de soutien, et nous vous reconnaissons.

C'est la coutume de Kryeon de parler d'amour à chaque rencontre : même si JE SUIS le mécanicien et que je suis venu de très loin, je viens vous parler d'amour... de vous et de votre pouvoir. Nous, en tant que Kryeon, vous demandons de nous permettre de nous asseoir à vos pieds et de vous aimer dans le but de vous informer. Ce soir, nos paroles prendront une signification particulière... elles vous diront une fois de plus ce que vous avez entendu plusieurs fois de la bouche de ce canal d'information : VOUS ÊTES LES GUERRIERS DE LA LUMIÈRE. C'est la raison de votre présence en ce lieu et ce n'est pas par hasard que vous avez choisi d'être ici (*ou de lire ces lignes*). Vous, les jeunes, écoutez bien ceci : ce n'est pas non plus par hasard que vous êtes ici... et je m'adresse directement à vous. Même si vous ne vous souvenez pas de (ou ne comprenez pas) tout ce qui est dit ce soir, vous connaîtrez *l'éveil* quand tout ceci vous reviendra, car vous serez ici (sur Terre) quand viendra le temps des changements planétaires. Il n'y a de hasard pour aucun d'entre vous. Vous me connaissez et je vous connais.

Nous profitons de ce moment pour vous aimer et vous saluer, pour reconnaître le pouvoir de votre moi supérieur et pour reconnaître la difficulté que vous rencontrez dans votre recherche de la lumière, qui deviendra toutefois de moins en moins difficile au fil du temps.

La curiosité naturelle des humains justifie le contenu de la séance de channeling de ce soir. Je vous comprends, puisque j'ai pour tâche de vous soutenir et de vous procurer santé et lumière au moyen du réseau ou du quadrillage magnétique et du magnétisme impliqué dans votre système. Je connais votre façon de penser parce que je comprends votre empreinte. Nous en avons souvent parlé. Votre empreinte est ce qui restreint votre connaissance de votre propre dualité et vous garde dans *le noir* jusqu'à ce que vous soyez prêts à exprimer à l'Univers votre intention de changer les choses.

Votre curiosité vous a amenés à vous questionner au sujet des entités qui vous entourent, au sujet de la hiérarchie qui vous soutient dans l'Univers, au sujet des autres *channels* que vous entendez, au sujet de l'information qui vous est révélée au sujet d'êtres aux noms étranges. Comment Kryeon se situe-t-il par rapport à tout cela? Qui sont-ils? Que font-ils? Comment devriez-vous réagir à leur égard? Bien que cela n'ait à peu près rien à faire dans ce que vous devez accomplir en vous-mêmes dans la nouvelle énergie, je me plierai à votre requête et vous fournirai des réponses... dans les limites de ma compétence et de mes fonctions en tant que Kryeon.

Les êtres humains aiment bien classer les choses dans de petites boîtes et leur apposer une étiquette. Ils rangent soigneusement leurs boîtes et, quand ils sont satisfaits, ils passent à autre chose. J'honore ce procédé parce qu'il fait partie de l'empreinte humaine. J'espère toutefois vous fournir ce soir les étiquettes nécessaires pour identifier vos boîtes (de façon à ce vous puissiez ensuite passer à autre chose).

Cherchez la preuve de ce qui suivra dans les prochaines minutes. Certaines informations vous sembleront un casse-tête. L'Esprit vous souhaite d'arriver à les rassembler. L'Esprit aime vous voir ouvrir vos boîtes, mélanger vos étiquettes... et en trouver une nouvelle. L'Esprit vous souhaite de découvrir par vous-mêmes les réponses à vos questions, en utilisant les solutions qui sont vôtres. La communication de ce soir sera bien sûr remplie d'informations, mais certaines questions demeureront sans réponse. Certains d'entre vous trouveront leurs réponses en entendant ces mots (*ou en lisant ces lignes*). D'autres découvriront leurs réponses en lisant ou en écoutant les informations de communications futures. Vous vous rappellerez alors d'une partie de l'information diffusée ce soir, que vous aurez lue et entendue. Cherchez la preuve, car elle se trouve autour de vous. L'information que vous recevez maintenant est exacte et vraie, car vous vous trouvez en présence de l'Esprit. Vous avez retiré vos souliers en l'honneur de l'Esprit, et l'Esprit retire les siens en votre honneur. Soyez honorés. C'est votre heure. Je vous répète et continuerai de vous répéter le thème récurrent du Kryeon jusqu'à ce que vous ne soyez plus ici.

Les limites de l'histoire de l'homme sur la Terre : Votre lignée sur la planète est magnifique. Elle remonte à 300 000 ans. Soyez cependant prévenus : si vous voulez étudier l'histoire pour découvrir qui vous étiez, ne remontez pas à plus de 100 000 ans. Pourquoi? Parce que si vous employez votre énergie à rechercher des informations qui remontent à plus loin, vous étudierez des humains qui ne sont pas à votre image car il s'est produit, à cette époque (il y a 100 000 ans) un changement majeur. Les hommes que vous connaissez sont conformes à ceux qui existaient il y a 100 000 ans tout au plus. Au-delà de cette époque, le scénario est différent. Bien qu'il soit intéressant, nous n'en parlerons pas ce soir. Nous avons déjà discuté de votre histoire d'avant la période glaciaire (lors de communications antérieures) et du germe de votre espèce. La différence se trouve dans l'ADN. C'est ainsi que vous pouvez reconnaître votre type humain particulier. (*L'histoire pittoresque qui vous est propre vous est communiquée très clairement par certaines sources dont nous discuterons plus tard.*)

Structure universelle : Je commencerai par la structure de votre Univers. Il vous est toutefois impossible de la concevoir. Je connais votre empreinte et cette structure est tout simplement inexplicable. Nous utiliserons donc une métaphore tout à l'heure pour vous aider à comprendre. Je vous parlerai, cependant, de sa forme autant qu'il m'est possible de le faire. Il est important pour vous de savoir que la structure ne correspond à rien de ce qui existe sur votre planète. Sur Terre, les hommes ont tendance à organiser les choses de façon hiérarchique, en fonction de leur pouvoir ou du contrôle qu'elles exercent les unes sur les autres, sans tenir compte de la culture – quel que soit le niveau de démocratie ou le sentiment que vous ayez un mot à dire dans ce qui se passe – la structure va toujours du plus grand au plus petit, du plus fort au plus faible. C'est ainsi que vous percevez les choses et que vous les organisez sur Terre. C'est ainsi que vous avez choisi de faire; et ce choix est peu surprenant, compte tenu de votre empreinte. Cela ne reflète toutefois pas la façon dont fonctionne l'Univers : l'Univers ignore le contrôle et le pouvoir. Dans les organisations humaines, celui qui se trouve au sommet de la pyramide est habituellement celui qui possède la richesse, le contrôle et le pouvoir, et celui qui se trouve en bas est tout à l'opposé. L'Univers ne fonctionne tout simplement pas de cette façon. Je parle ici de l'Univers entier, visible et invisible.

L'Univers est organisé comme suit... Vous ne pouvez en concevoir la forme, mais disons qu'il est arrangé de l'intérieur vers l'extérieur, en demi-cercles d'influence et de fonction. Le pouvoir et le contrôle n'ont pas la signification que vous connaissez dans l'organisation universelle. L'Univers est centré sur l'amour et l'intention, comme plusieurs d'entre vous le découvrent présentement dans la nouvelle énergie. Ceux qui sont les plus éloignés du centre ne sont pas nécessairement ceux qui possèdent le moins, comme en témoigne ce qui se passe actuellement sur la Terre! Voici une particularité que je ne peux vous expliquer, mais dont je vous parlerai tout de même. Cela vous semblera énigmatique et insensé. À mesure que les demi-cercles d'influence et de fonction s'élargissent et s'éloignent du centre, ceux qui sont les plus éloignés se retournent vers l'intérieur et redeviennent le centre. C'est ainsi que se structure la hiérarchie universelle... de direction, de création et d'amour. C'est un concept difficile à saisir.

La métaphore de la main : Voici maintenant la métaphore dont je vous ai parlé et qui pourrait vous aider à comprendre... il est ironique en effet de constater que dans la structure de vos propres cellules, dans votre corps, se trouvent des indices sur la structure de l'Univers! Nous souhaitons que vous imaginiez que vous puissiez interroger les cellules de votre propre main. Aussi étrange que cela puisse paraître, elles seront capables, en imagination, de vous répondre dans la sagesse spirituelle et avec une précision biologique... et vous diront la vérité. Demandez donc à votre main :

Qui es-tu? «Nous sommes ta main... une spécialiste. Je suis mécanique et sers l'ensemble.» (*Notez ici l'utilisation du «nous » et du «je»: c'est important*).
À qui appartiens-tu? (Sachant très bien que la main appartient au bras, les cellules de la main vous diront :) «Je n'appartiens pas au bras; je facilite le travail de tout le corps. Sans moi, le corps ne pourrait pas manger aussi facilement. Il aurait même parfois de la difficulté à se lever ou s'asseoir. Ce qui est bon pour lui est bon pour moi.»
Qui te dirige? Qui est ton patron? «Nous n'en avons pas. Ce qui est bon pour le tout, l'est aussi pour la main. Il n'y a pas

de rébellion, parce qu'au sein de la structure, il n'y a qu'amour et équilibre, et une polarité adéquate existe entre les parties.»

Qui t'a créée? «Au niveau de la cellule et de l'atome, je suis faite d'énergie. Nous n'avons pas toujours été une main. Un jour, je cesserai d'être une main... et peut-être qu'à un autre moment je serai de nouveau une main. L'énergie est indestructible, par conséquent j'ai toujours été et serai toujours énergie. Le tout ne change pas et le nombre de parties demeure le même.»

Telles sont les paroles de votre main. Quelle sagesse pour une main...

Es-tu heureuse? «Oui. Nous entretenons une relation d'amour avec les parties qui nous entourent. Il n'y a ni négativité, ni rébellion, ni inconvenance. Nous sommes équilibrées (ou toujours en processus d'équilibre).»

Vous pourriez alors poser à la main une question-piège telle que :

Dis-moi contre quoi luttes-tu?... (Connaissant très bien les systèmes de défense de votre corps, le rôle de vos anticorps, les batailles immunitaires et de la lutte qui, selon ce qu'on vous a dit, se livre dans vos veines.) Mais la main, en souriant, vous dira : «Il est bien que le corps humain puisse se déplacer librement sur Terre, parmi les maladies, les microbes... et toutes les bactéries qui entrent en lui, ce qui peut sembler étrange; mais un corps équilibré possède les défenses nécessaires pour neutraliser tout cela, pour transformer le négatif en positif, pour s'équilibrer lui-même, pour assimiler. Ce n'est pas du tout une lutte. C'est une transmutation, une réaction appropriée de rééquilibrage. Il n'y a pas de bataille. Je suis en paix.»

Voilà des questions qui s'adressent à votre propre biologie et, évidemment, les réponses qu'elle vous fournira. Ce sont également les réponses que vous recevriez si vous interrogiez les différentes parties qui composent l'Univers (les groupes d'entités) à partir du centre jusque vers l'extérieur. Car la hiérarchie ne reflète pas le plus petit ou le plus grand, mais seulement l'organisation dirigée vers un but de création (qui se replie sur lui-même, ramenant tout vers le centre). Nous voici maintenant arrivés aux «qui» et aux «pourquoi».

Les entités qui vous entourent : Je ne parle maintenant que des entités qui peuvent *s'adresser* régulièrement à vous. Dans ce qui suit, je parle de votre groupe de soutien. Je n'aborderai ni ne parlerai des entités qui peuvent coexister sur Terre dans ce que vous appelleriez les autres dimensions... celles qui n'ont aucun rôle à jouer dans votre apprentissage ou votre expérience de vie. Elles sont peu informées de vous (ou à votre sujet), même si parfois, de façon appropriée ou non, en ce qui vous concerne, vous soyez avertis de leur présence. Comment connaîtrez-vous la différence quand vous les rencontrerez? Voici la réponse : les entités de votre groupe de soutien vous reconnaîtront, mes très chers. Elles connaîtront la Terre. Elles sauront tout de la maturité de la planète et reconnaîtront votre pouvoir (qui vous êtes). Il y aura une grande animation, car elles connaissent toutes cet endroit que vous appelez Terre dans cette galaxie. Si elles ne connaissent pas la Terre, c'est qu'elles font partie du second groupe. Elles ne sont pas négatives, elles ne font tout simplement pas partie de votre groupe de soutien. Par conséquent, vous associer avec elles ne vous apportera rien de bon. Elles ne vous feront cependant aucun mal. C'est pourquoi, ce soir, je parle des entités qui vous entourent... de celles dont vous avez peut-être entendu parler, de celles que vous connaissez déjà et de celles que vous connaîtrez mieux au fur et à mesure que le temps passera. Ce sont les entités qui <u>ont</u> communiqué avec vous par channeling et celles qui <u>vont</u> le faire. Je commencerai par Kryeon, non pas à cause de son importance par rapport aux autres mais parce que, dans votre façon de mesurer la distance, c'est lui qui vient du point le plus éloigné.

Les faits sur Kryeon : Je vous ai dit à plusieurs reprises que je suis arrivé ici dans un but précis... J'ai été appelé sur Terre par les actes posés par les humains depuis 50 ans afin de changer la planète. Je viens pour réajuster votre système au niveau du quadrillage magnétique, pour assurer votre santé, vous aider à trouver la lumière et... pour votre empreinte. Je viens vous dire que l'intervention (à partir de l'Esprit) est maintenant possible. Vous pouvez demander de recevoir des implants pour annuler votre karma. Vous pouvez réclamer votre pouvoir; vous pouvez devenir des êtres de lumière (la lumière se référant au pouvoir du moi supérieur). Vous pouvez changer la vibration de la planète. Vous pouvez *graduer* et communiquer avec les autres dimensions. Voilà le but de ma mission, ce pourquoi je suis ici. Mais tout dépend de vous et de votre moi supérieur (peu importe le nombre d'entités qui vous soutiennent).

C'est pourquoi je me trouve ici et, dans le processus, je vous apporte également, au niveau cellulaire, une émission d'amour que vous pouvez ressentir à tout moment. Quelques-uns d'entre vous ont déjà compris que, alors que vous êtes assis devant l'Esprit (*ou lisez ces mots en provenance de l'Esprit*) – surtout quand vous êtes avec le groupe de Kryeon ou n'importe quelles autres entités de type angélique – le moment est venu, même pendant que vous entendez ces mots, de demander à guérir (*à co-créer*). Cela ne vous est-il pas arrivé? Certains d'entre vous le font en ce moment même, et c'est pourquoi j'en parle... car il n'y a pas de meilleur moment.

Je vous ai dit que Kryeon vient du Soleil à l'intérieur du Soleil, de l'immense zone centrale. Voici le thème du centre qui va vers l'extérieur. Je vous dirai maintenant qu'il porte un autre nom, un nom que vous entendrez souvent (cherchez à le prouver). Il s'agit de la Force créatrice première. C'est de là que je proviens. Ce que je fais aujourd'hui pour vous, je l'ai fait pour d'autres, maintes et maintes fois. C'est l'amour et la compassion de l'Esprit qui m'envoie à vous maintenant et qui vous aime, personnellement, alors que vous êtes assis ici.

(*Comme on vous l'a communiqué précédemment, je suis envoyé par un groupe que vous appelez les Frères, ou peut-être «la Fraternité». Ce groupe a toujours été sur Terre; il est très, très ancien. C'est le groupe qui me dirige.*)

Que voudriez-vous savoir d'autre à propos de Kryeon? Certains me demandent : «Qu'est-ce qui précisément vous a amené ici? Êtes-vous tout simplement arrivé ou un événement a-t-il déclenché votre venue?» À ceux-là, je répondrai : oui, un événement est survenu et, pour la première fois, je vous révélerai de quoi il s'agit. Est-ce une énigme? Oui, mais elle n'est pas difficile à résoudre. Dans les textes précédents, je vous ai révélé en quelle année je suis arrivé. Deux années auparavant, au cours du huitième mois de votre année 1987, quelque chose de particulier s'est produit qui m'a appelé... l'Esprit a interrogé la planète pour savoir si la vibration de la Terre correspondait au plan universel. Un scénario *clé dans la serrure* sur le plan astronomique (littéralement) qui demandait : «Êtes-vous prêts?» Et la planète a répondu : «Oui!» Les vibrations présentes en ce huitième mois de l'année 1987 ont clairement exprimé ce que vous aviez fait. Ce fut l'assignation et le message qui a été envoyé pour les faire venir... les guides, les maîtres, les travailleurs et le mécanicien... et c'est ainsi que commença mon voyage. Ceux d'entre vous qui connaissent ces phénomènes sauront de quel événement il s'agit... ce sont pour vous les pièces d'un casse-tête faciles à assembler.

L'assouplissement du quadrillage, quoique complexe, correspondra à l'information channelée. Cela facilite ce que vous avez appelé dans votre culture «le douzième rayon». Si vous comprenez ce que cela signifie, vous verrez les couleurs des rayons correspondant à vos chakras se fondre pour créer le douzième rayon. Ce n'est par conséquent pas un secret, puisque je facilite ce pouvoir, que vous, en tant qu'humains, changerez radicalement. Cela affecte en effet toutes vos couleurs et tous vos chakras. C'est ainsi que les ajustements du quadrillage magnétique vous aide au point de vue biologique. Comprenez-vous, maintenant, que la trilogie de Dieu est LA TERRE, LA BIOLOGIE ET L'ESPRIT : mon travail agit sur chacun des trois éléments et les coordonne. C'est le service de Kryeon. C'est là où j'étais quand on m'a assigné à cette mission et c'est ainsi que je travaille. Par ailleurs, appartenir à la Force créatrice première, me fait vous aimer au maximum, car je peux *voir* clairement vos insignes et les couleurs des entités en apprentissage que vous êtes. Vous ne pouvez me les cacher. Je sais qui vous êtes, et c'est pourquoi je m'assois à vos pieds. (*Je vous ai aussi révélé en channeling que mon groupe de soutien est également présent, posté en orbite de Jupiter, c'est-à-dire dans l'orbite que suit Jupiter autour de votre soleil (et non comme un satellite autour de Jupiter). Mon groupe de soutien se trouve à bord d'un très grand «vaisseau», dont le nom se retrouve, sur la Terre, dans les aventures du roi Arthur (une autre énigme). Il y a près de 100 000 entités qui sont ici précisément pour m'aider dans mon travail.*)

La Galaxie - Votre groupe principal : Chaque galaxie possède des dirigeants créatifs, un groupe qui porte un nom. L'Esprit dénombre rarement quoi que ce soit. L'Esprit connaît toutes les parties par LEUR NOM. Donner un numéro aux choses est humain. Vous ignorez encore le nom du groupe au centre de la galaxie qui est responsable de vous. Nous l'appellerons donc, ce soir, le Sagittaire. Nous l'appellerons ainsi parce que, quand vous sortez et regardez la constellation du Sagittaire, il est là. Ce faisant, vous regarderez vers le centre de votre galaxie, la Voie lactée. (*Il ne faut pas confondre ceci avec le signe du zodiaque, le Sagittaire. Il s'agit simplement d'un point de repère dans le ciel pour vous indiquer où se trouve le groupe.*)

Arcturiens et Ashtar : Le groupe suivant, qui se trouve plus près de vous – et qui intervient directement auprès de vous, en channelant présentement avec vous... sont ceux que vous nommez, chez vous, les «Arcturiens». (Ils agissent comme guides pour votre région, en tout ou en partie.) Ils entretiennent des liens étroits avec ceux qu'on appelle «Ashtar» et sont soutenus par eux. Ils sont tellement inter reliés les uns aux autres qu'il est difficile de les différencier. Leur but est clair et, dans leurs communications, recherchez les phrases et les mots qui recoupent les propos de Kryeon. Rappelez-vous des termes comme «le moment est venu», «vous devez reconnaître votre pouvoir», ou encore, «vous êtes des guerriers de la lumière». Ils ont pour mission de s'occuper des plus jeunes. Si vous vous adressez directement à eux, ils vous le diront. Pour prouver qui ils sont... pour montrer que Kryeon les connaît et qu'ils connaissent aussi Kryeon, je vous dirai ceci : dans mes messages passés, je vous ai dit quand mon travail serait complété et l'année au cours de laquelle j'aurais terminé ma mission (même si le groupe de Kryeon ne quittera jamais réellement la Terre, à cause des soins qui devront être apportés sur une base régulière au quadrillage magnétique). Onze années après la fin de mon mandat, il est prévu que les Arcturiens partent aussi. Voici une énigme. Cherchez la preuve. Associez les nombres pour vous-mêmes quand les informations vous seront transmises par les Arcturiens; vérifiez et vivez l'expérience qui vous fera dire : «Ah, ah!»... Sachez alors que vous serez en présence de l'Esprit et écoutez la vérité!

L'Ashtar et les Arcturiens sont ceux qui parlent à vos gouvernements sur la Terre... à ne pas confondre avec les vaisseaux en provenance des autres régions de la galaxie qui se seraient écrasés sur la Terre ou ces êtres qui ont péri et ont été retrouvés par vos gouvernements, ou même ceux qui auraient été capturés. Ces êtres ne sont pas de l'Ashtar ni des Arcturiens. Les membres de l'Ashtar sont capables de se déplacer entre la dimension que vous appelez troisième et celles qui lui sont supérieures... ce qui revient à dire qu'ils ont la possibilité de se rendre visibles ou invisibles à vos yeux. Ils vous apportent de grands messages d'amour. Leur principal travail est de veiller sur les jeunes de la planète et ils transmettent librement une merveilleuse et utile information.

Votre Groupe souche : Ceux qui se trouvent parmi vous, ceux avec lesquels vous communiquez le plus clairement et le plus aisément (vous avez sans doute deviné de qui je parle, car vous les connaissez bien) sont ceux qui vous aiment tendrement et qui se trouvent ici pour veiller sur vous et vous abreuver d'amour. Ils doivent demeurer à *un bras de distance* afin de ne pas exposer leur science. Ils sont comme vous; ils ont un corps semblable au vôtre. Ils constituent votre groupe souche. Ils proviennent des «Sept Soeurs» : ce sont les Pléiadiens. Il n'y a personne qui soit plus près de vous, qui ne vous côtoie quotidiennement de plus près. Ils se déplacent en même temps que vous sans que vous puissiez savoir qui ils sont. Ils sont dans votre dimension et ils doivent se garder de déverser leur savoir dans le vôtre... car le temps n'est pas encore venu pour cela. Demandez-leur : «Pourquoi êtes-vous ici?» Ils vous diront que c'est à cause de l'amour, que «le temps est maintenant venu». Il règne une grande excitation dans ce groupe. Il est votre groupe souche! *(Ses membres vous transmettent de l'information sur la façon dont fonctionnent les choses qui vous entourent, d'un point de vue d'êtres qui vous sont biologiquement semblables, tout en étant instruits de ce qui se produit en relation avec votre humanité... très utile!)*

Le Groupe solaire : Un peu plus loin se trouvent d'autres entités. Ce sont celles que certains d'entre vous, dans votre culture, appellent le Groupe solaire. On les appelle aussi les Anges. Les Anges sont les entités qui veillent sur vous. Ils vous fournissent une merveilleuse information, une histoire de l'Univers plus actuelle que celle de toutes les autres entités, car les autres intervenants sont des facilitateurs. La plupart des autres intervenants connaissent les objectifs de l'Univers et de la planète, mais les membres du Groupe solaire sont remplis d'informations humaines historiques et pratiques à votre intention... et ils sont aussi pleins d'amour. (Comme on vous l'a dit précédemment, on les distingue à leur couleur or.) Je parle entre autres de Solara et de l'archange Michael (et de beaucoup d'autres qui ne sont pas connus dans votre culture). Ils vous aiment profondément, tout comme Kryeon. Soyez à l'écoute de l'information qu'ils vous transmettent et utilisez-la!

Mes très chers, je vous le dis, si toutefois je ne l'ai pas déjà fait : vous ne pouvez désormais écouter qu'un seul groupe, un seul soutien, un canal de communication et tout savoir. Nous sommes spécialisés. Recherchez et recueillez l'information de plusieurs sources; toutes les pièces de votre casse-tête s'ajusteront alors et vous conduiront à la lumière.

Les Maîtres : Il y a ensuite les Maîtres ascensionnés. Leur particularité est qu'ils ont tous vécu en humains sur Terre. Leur tâche est d'y revenir, et au moyen du channeling, vous transmettre une série d'instructions et des informations tirées de leur expérience sur Terre qui pourront vous être utiles. Ils sont des Maîtres comme Jésus, Jean-Baptiste, le roi Salomon, le roi Arthur, plusieurs pharaons et d'autres qui ont été reconnus sur Terre pour leur grande sagesse. Des noms tels que El Morya, Sananda, Mahatma, (Saint-Germain), Kuthumi (et plusieurs autres qui n'appartiennent pas à votre culture) ne sont que quelques exemples de Maîtres qui diffusent de l'information aux gens de votre culture. Écoutez bien leurs instructions : elles seront spécifiques.

Au sujet du Templar *: Beaucoup d'informations sont maintenant diffusées au sujet de la reconstruction du Templar. Que les humains qui sont ici, ce soir, et qui s'intéressent le plus à ce sujet retiennent ceci : dans toute l'histoire de l'information channelée au sujet du Templar, depuis celle du roi Salomon, une grande partie des informations demeure constante. La reconstruction de cette structure devait avoir lieu dans le sud-est de ce continent, au coeur de cette culture. Cette information est toujours valable, et le portail est maintenant ouvert et prêt. Cependant, il y a une modification : il y a quatre autres portails sur le continent qui pourraient également être appropriés. Le Templar pourrait être construit sur n'importe lequel de ces cinq sites. Si vous désirez connaître leur emplacement, c'est possible, car la nation Hopi a channelé cette information pour vous. Le Templar est le centre des communications d'une Terre qui a gradué. C'est le nouveau point de repère. Quand il sera construit, il sera le lien avec les autres dimensions. Il leur signalera : «Nous sommes la Terre. Notre planète de libre choix a maintenant franchi le stade de la graduation. Vous pouvez maintenant vous présenter (*et profiter de la bibliothèque qu'est la Terre*).»

* Le Templar (nous avons choisi de conserver le terme en français) est une immense pyramide. Son architecture détaillée ainsi que son apport à l'humanité sont présentement *reçus* par channeling. Nous vous référons à ce sujet à l'information que diffuse Norma J. Milanovich (elle reçoit des informations des Arcturiens et du Maître Kuthumi). Voici ses coordonnées :
Athena Publishing, Mossman Center, suite 206, 7410 Montgomery Blvd. NE, Albuquerque, NM 87109-1574. (NdÉ)

Vous! : Vous pensez peut-être que la Terre est très petite sur le plan universel, peut-être même la considérez-vous comme un élément insignifiant comparé à l'immensité de l'Univers, tel que vous le concevez. Rien n'est plus loin de la vérité! Tous ceux qui sont éclairés savent qui vous êtes. Cette planète est un lieu excitant, mes très chers; vous, qui passez à travers les expériences de la vie, êtes des êtres exaltés! Quand vous n'êtes pas ici, vous êtes grands et tourbillonnants, de toutes les couleurs. Tout ceux qui veillent sur vous connaissent votre statut *d'apprentis*, et le nombre de fois où vous vous êtes retrouvés en état de dualité. Comme je l'ai déjà dit, vous êtes comme les strates sur le tronc des arbres de la Terre. Vous montrez vos couleurs et tous savent ce que vous avez mérité et vous honorent pour ce que vous avez fait. Votre tâche est des plus difficiles, plus difficile et plus honorable que celle de Kryeon.

Votre curiosité négative : Je vous parlerai maintenant de quelque chose qui pourrait engendrer la peur. Mais, auparavant, laissez-moi vous remémorer votre empreinte humaine. En un sens, il est amusant de constater que si je vous annonçais, mes très chers, qu'un événement merveilleux et un autre horrible devaient se produire, vous me demanderiez presque tous sans exception : «Parlez-moi de celui qui est horrible!» Vous voyez, vous souhaitez naturellement connaître ce qui est négatif. C'est parce que votre karma est fait de crainte... et vous le supportez très bien. Vous y êtes familiers et cela vous attire en premier lieu.

Les êtres de l'obscur : Permettez-moi de vous parler de ceux qui recherchent Lucifer, car ils créent un fantôme. L'Univers prend tout au pied de la lettre, sans jugement. Ceux qui réclameront la présence de Lucifer obtiendront satisfaction. Ils pourraient co-créer le négatif, tout comme vous avez actuellement le pouvoir de co-créer l'amour, la guérison et le pouvoir éclairé du positif. Lucifer est un fantôme créé et imaginé par eux. Mais, très chers, permettez-moi de vous dire ce qui suit et n'oubliez jamais mes paroles. Si un seul d'entre vous qui êtes éclairés et équilibrés se tient librement au milieu de ceux qui chantent la gloire de Lucifer et qui le réclament, il les supplantera tous! Rien, sur cette planète, ne peut surpasser votre nouveau pouvoir. Ceux qui font appel au négatif sont déséquilibrés et ils agissent ainsi à cause de leur déséquilibre. Cela n'a rien à voir avec aucune entité négative sur la Terre. C'est une invention des hommes.

Mais, hélas, comme vous l'a dit votre main, n'est-ce pas, les hommes peuvent marcher sur cette planète en libre expression. Elle vous a dit que la Terre pourrait être réguliè-rement *envahie*, mais elle vous a aussi dit qu'elle possédait les outils nécessaires pour son équilibre. Par conséquent, puisque les hommes sur cette planète profitent du libre choix, plusieurs sortes d'entités sont autorisées à se trouver près de vous à cause de la règle de non-intervention. La plupart de ces entités ignorent qui vous êtes. Elles sont uniquement attirées par vos caractéristiques. Elles n'ont aucune connaissance du groupe des Sagittaires, des Arcturiens, de l'Ashtar, des Pléiades ou du Groupe solaire. Elles ne connaissent que la plus basse vibration qui leur est propre et elles recherchent de l'information et des réponses. Il n'y a pas de conspiration en ce qui les concerne contre les principes universels. Elles veulent simplement apprendre... et vous êtes leur bibliothèque.

Il existe plusieurs groupes de ce genre. L'un d'entre eux cherche à connaître vos émotions. En ce qui concerne leur niveau d'intervention, ils sont autorisés à intervenir dans votre processus biologique. Par conséquent, certains humains possèdent les caractéristiques de ces entités négatives. Le fait d'être humain, toutefois, et de traverser dans la lumière les apprentissages, vous confère un pouvoir absolu sur n'importe quel de ces attributs négatifs. Ces entités sont permises spécifiquement pour vous aider dans votre karma, et sont une partie appropriée de votre apprentissage. Cela revient à dire que n'importe quel être humain dans cette condition peut recréer son propre équilibre... en assimilant et en transformant le négatif. Si un humain sent qu'il ne le peut pas, que le négatif est trop puissant, il possède maintenant le pouvoir à travers l'intention, et la communication avec ses guides, de faire appel à l'implant neutre (tel que nous vous l'avons expliqué précédemment). (*Comme l'implant s'occupe précisément de débarrasser l'homme de son karma... on peut donc comprendre son potentiel en rapport avec les forces de l'obscur*). Ces êtres de l'obscur sont attirés par vos émotions, car ils n'en possèdent aucune et ils souhaitent vous étudier parce que vous en possédez beaucoup. (Les émotions sont faites d'énergie et vous êtes comme un phare pour ceux qui les recherchent. Ils veulent trouver des réponses, parce qu'il sentent que leur existence est menacée par la perte de cette énergie naturelle. *Voir annexe D, chap. 14*).

Un autre groupe est aussi attiré vers vous. Ces entités

n'ont, elles non plus, aucune connaissance de votre quête de savoir ou de votre karma. Même si elles ignorent votre karma, ce que vous en faites les attire, comme des papillons de nuit, chez vous, sont attirés par la lumière. Par conséquent, elles peuvent aussi intervenir dans vos leçons. Je parle ici des entités qui se retrouvent ici en grand nombre parce que actuellement vous les nourrissez!... et vous les nourrissez avec votre peur. Ceux d'entre vous qui vivent dans la peur alimentent quotidiennement ces entités. Elles reviendront donc et envahiront votre vie; elles vous affaibliront parce qu'elles ont besoin de plus de nourriture. Elles savent que plus vous vivez dans la peur, plus elles pourront se nourrir. Aussi incroyable que cela puisse paraître (pour beaucoup d'humains), cela est vrai! Vous verrez ces entités festoyer devant les humains qui font appel à Lucifer. Elles ont l'autorisation, d'une manière tout à fait appropriée, de se trouver parmi vous, mais vous avez le pouvoir et l'autorité absolus de les dominer... car des légions de ces entités sont impuissantes face à un seul d'entre vous. Croyez-moi! C'est la vérité de l'Esprit. Vous n'avez aucune raison de craindre un seul de ces êtres de l'obscur. Nous vous avons parlé, au cours d'autres communications, du fantôme de la peur. Nous vous avons parlé, déjà, de la confiance en l'Esprit et de la façon de passer au travers du karma. Il est maintenant temps d'y revenir.

Les autres entités de l'obscur sont faciles à expliquer. Ce sont des créatures biologiques, comme vous. Elles sont autorisées à être présentes en provenance d'autres parties de la galaxie. Elles possèdent les moyens de voyager jusqu'ici. Mais ce n'est pas parce qu'elles possèdent cette connaissance qu'elles sont éclairées. Ce sont des entités dont les vaisseaux se sont écrasés sur la Terre. Ce sont des entités qui, à cause de leurs erreurs, ont été capturées. Elles ne font partie ni des Arcturiens ni de l'Ashtar. C'est la science de ces étrangers qui est présentement étudiée par vos gouvernements terrestres.

Il existe tellement plus à connaître au sujet des entités qui vous entourent, mais je dois me limiter à vous parler des principaux acteurs. Chacun de ces groupes a beaucoup à vous apprendre sur son histoire, ses expériences et sur la façon dont ils sont venus pour être avec vous. Vous apprendrez énormément en étudiant les enseignements qu'ils ont transmis et vous acquerrez beaucoup de sagesse universelle en les écoutant. Ils sont désireux de vous communiquer les leçons de leurs générations, afin de vous aider à apprécier la vôtre.

J'arrive maintenant, mes très chers, au but premier de cette communication. Je veux que vous ressentiez l'amour de l'Esprit, pendant que je projette (que je vous envoie) la lumière. À propos de ceux dont je vous ai parlé, peut-être vous êtes-vous sentis intimidés par ces entités sans visage provenant de tous les coins de la galaxie pour se promener parmi vous sur la Terre... dans l'intimité de vos apprentissages, en compétition avec vous pour l'espace – spirituel et physique? Peut-être vous êtes-vous sentis exposés au danger... craintifs, ou avez-vous soupçonné des conspirations venant de toutes parts? Ne sachant que faire... peut-être avez-vous eu peur de vous endormir, ignorant qui est bon et qui ne l'est pas? Je suis ici pour vous dire que toutes ces entités, du centre jusqu'à l'extérieur, représentent la COMPASSION DE L'ESPRIT. Elles sont ici pour vous soutenir! Toutes! Mêmes celles qui semblent inappropriées sont ici pour servir à votre apprentissage... sur cette planète où vous avez la liberté de choix, en accord avec l'Esprit! (Rappelez-vous que c'est le travail que vous avez accompli face à elles qui a mérité votre nouveau pouvoir.)

Sur cette planète où l'intervention n'est pas permise, vous avez fait un remarquable travail. Vous vous êtes élevés et vous vous préparez maintenant à graduer. Tous ceux qui font partie de votre groupe de soutien que j'ai nommés ce soir, tous ceux qui vous transmettent de l'information... et toute l'information qui découle d'eux vous est donnée avec amour et représente la compassion de l'Esprit à votre endroit! Ne les craignez pas. Accueillez-les et appelez-les par leur nom (ceux qui font partie de votre groupe de soutien). Renseignez-vous à leur sujet et apprenez à les reconnaître. Ressentez *l'unité* et l'amour de l'Esprit qui permettent de telles interactions centrées autour de vous. Sachez que chaque fois que vous recevez de nouveaux messages, qu'ils sont la représentation de la compassion de l'Esprit, ce qui est la véritable raison de la présence de Kryeon ici, ce soir. La compassion de l'Esprit est née du coeur de la Force créatrice première. (Il n'y a pas d'exclusivité dans l'Esprit. Chaque membre de votre groupe de soutien est spécialisé et aucune entité n'a plus d'importance qu'une autre).

Certains parmi vous, ce soir, supplient pour obtenir la guérison et désirent en savoir plus sur les raisons de votre présence ici. Comment vous sentez-vous quand on vous dit qu'il y a une quantité impressionnante d'entités qui sont là pour soutenir chacun d'entre vous, qui ne font rien d'autre que de vous aider dans votre quête... en espérant que vous atteindrez l'illumination, que vous entendrez le message et réagirez, prêtes à vous assister dans votre action? Est-ce que cela vous donne l'impression d'être spéciaux? Est-ce que cela vous donne une nouvelle vision de qui vous êtes? Vous devriez quitter cette pièce, avec fière allure. Pensez aux couleurs et aux insignes qui sont les vôtres quand vous n'êtes pas ici! Pensez à cette portion de vous-mêmes qui est représentée dans la dualité de votre moi supérieur, qui est une étincelle de Dieu en elle-même! Car elle vient aussi, mes très chers, de la Force créatrice première.

Les Guides : Enfin, pour terminer, je vous parlerai d'un groupe dont je ne vous ai pas encore parlé. Ce faisant, je vais vous offrir un voyage. Ces entités sont des êtres tranquilles. Il y a peu de *channels* pour ce groupe, parce qu'elles sont littéralement trop occupées. Je vous parle présentement de vos guides. Ce sont ceux qui vous sont assignés au début de votre vie, qui se tiennent à vos côtés, vous tiennent la main et vous aiment. Ce sont ceux que vous sentez occasionnellement, mais qui semblent hors de portée. Ce sont ceux qui vous apparaissent en rêve. L'humour cosmique de l'Esprit se traduit dans vos rêves : vous pouvez connaître d'autres entités et recevoir d'autres messages dans vos rêves. Vous pouvez même parler directement à l'Esprit dans vos rêves... et tout est très réel, précis et adéquat. Toutefois, quand vous vous éveillez et racontez vos rêves aux autres humains, ils ne sont considérés que comme des rêves... des fantaisies à la portée de tous. (Les rêves sont souvent le moyen de communication des guides.)

Un voyage : Anginon et Veréhoo étaient des guides. Anginon était spécial, car il avait été un humain auparavant; il portait donc l'insigne des humains. Veréhoo, lui, n'avait jamais été humain; il avait toujours fait partie du groupe des guides. Tous deux avaient accompagné des humains, vie après vie. Anginon et Veréhoo étaient contents, parce qu'ils se rendaient à une autre séance de planification qui allait marquer bientôt le début d'une autre vie humaine.

Ils devaient sous peu rencontrer l'entité qui leur avait été assignée, l'une des gardiennes de l'amour... l'une de celles qui seraient envoyées sur Terre en tant qu'humains, l'une de celles qui devaient être un Guerrier de la lumière. Nos deux guides, Anginon et Veréhoo, qui se tenaient l'un près de l'autre pendant la réunion de planification, s'apprêtaient à rencontrer l'entité appelée «Wo». Nous avons entendu parler de Wo précédemment dans une parabole communiquée il y a un an dans cette même pièce. Nous l'avions suivie dans le récit de sa vie en tant qu'homme et nous avions partagé l'expérience de son voyage à travers sa *série de leçons*. Wo se tient maintenant dans la pièce de planification, près du portail qui mène à la caverne de la création. Wo est prêt à recevoir son essence et à retrouver intact son karma sur la planète Terre. Anginon et Veréhoo font partie de cette planification.

C'est ici que Wo et tous les autres planifient le karma qui sera généré au cours des leçons qu'ils vivront... C'est un plan clair qui ne doit pas être confondu avec la destinée. Encore une fois, Wo descendra sur la Terre où il sera confronté à un karma approprié et aura une chance de le traverser (tout comme par le passé). Ceci est fait afin de donner à Wo une chance d'élever la vibration de la planète par ses efforts, afin d'être reconnu par toute la galaxie... car les entités du groupe des Sagittaires, des Arcturiens, de l'Ashtar, jusqu'à la Force créatrice première, connaissent tous Wo.

Wo se prépare à l'issue de cette rencontre de planification, à reprendre son chemin là où il l'avait laissé (par rapport au karma) et de retourner vivre sur la Terre. Wo planifie ici, avec les autres entités qui viendront en apprentissage... et cette planification se fait également, mes très chers, avec les âmes les plus élevées qui se trouvent déjà en apprentissage sur la Terre. Le karma (*tel que décrit dans une communication antérieure*) peut être un plan très complexe. C'est ainsi que Wo choisit de revenir en compagnie de Anginon et Veréhoo, en tant que femme, cette fois-ci. Les guides s'engagent volontairement à faire le voyage et à venir sur Terre avec elle. Wo a également choisi de naître le premier jour du mois de septembre. Elle éprouvera en outre beaucoup de difficulté avec l'aspect contrôle dans sa vie!

Au cours des premières années de son existence, Wo est violentée par son père. Puis elle est violentée par son beau-père, et même par le frère de son beau-père. À l'âge de onze ans, elle porte déjà le poids d'un lourd karma... intentionnellement (et pendant ce temps, Anginon et Veréhoo se tiennent près d'elle, observant le karma de son choix se développer). Mes très chers, la prédestination n'existe pas. Toutes vos leçons sont prévues et choisies à l'avance, mais les solutions sont vôtres pendant que vous êtes sur Terre. C'est un fait : si vous envoyez des entités sur Terre en tant que marteaux, il ne sera pas alors surprenant, quelques années plus tard, de les retrouver en compagnie de clous. C'est de la logique, pas de la prédestination. Les caractéristiques de ceux qui sont nés le 1er septembre sont connues, et vous ne serez pas surpris des difficultés qu'ils rencontrent ou des leçons qu'ils doivent vivre.

Wo a des problèmes avec les hommes. Elle n'a pas de problèmes d'argent, car ce n'est pas le karma qu'elle porte. Au contraire, l'argent semble lui venir facilement et, dans le domaine des affaires terrestres, elle est fière de son ascension professionnelle. Elle est malveillante à cause de la colère et de l'énergie contenues dans sa leçon karmique et dévore l'esprit des hommes autour d'elle, prenant plaisir à jouer en affaires et à gagner sur ses adversaires masculins. À trois reprises, elle tente de s'associer, mais aucun partenaire ne peut résister, à cause de son agressivité. Avec l'âge, la santé de Wo faiblit; son déséquilibre lui cause un excès d'acidité et d'autres maladies reliées au stress.

Anginon et Veréhoo observaient avec amour, sachant bien que tout était mis en place pour la prochaine étape, parce que c'était ainsi qu'en avait décidé Wo et les autres. Ils avaient décidé que cette incarnation pourrait être très importante et qu'on s'en rappellerait à cause des nouveaux attributs de la Terre. C'est dans sa quarante-septième année de vie terrestre que Wo fut *accidentellement* mise en présence d'un femme éclairée... au cours d'une de ces séances intensives de travail au cours desquelles les humains sont forcés de vivre ensemble pendant une semaine, sans pouvoir s'échapper, au nom de l'efficacité. Anginon et Veréhoo reconnurent tous les deux la femme, parce qu'elle avait aussi participé à la rencontre de planification qui s'était tenue 47 ans auparavant. C'était celle qui devait, tel que prévu, apparaître en cette année pour introduire Wo à son aspect spirituel, si elle était prête.

Ainsi que l'avait voulu le destin, Wo s'intéressa à cette femme. Elle voulut savoir en quoi elle se différenciait des autres. Et, comme si poussée par le destin (*blague cosmique*), Wo s'approcha de la femme, tard un soir, et lui demanda : «Comment se fait-il que vous soyez en paix? Comment faites-vous pour être si tolérante envers les autres? Quel est votre secret?»

Anginon et Veréhoo retenaient leur souffle! Tout ce qu'ils attendaient depuis le début de l'existence terrestre de Wo était concentré dans cet instant. Ils ressentaient tous deux le potentiel de ce qui se passait et surent que c'était la première occasion qu'ils avaient attendue tout ce temps. Jamais, dans toutes leurs assignations de guides, rien de tel ne s'était produit. Pendant que la femme parlait, Wo demeurait stoïque mais absorbait tout. Et plus tard, ce soir-là, cela se produisit. Seule dans sa chambre, Wo pleura ouvertement; elle leva les mains au ciel en signe de désespoir et demanda à voix haute si l'Esprit voudrait bien lui accorder une audience. Comme si la lumière s'était soudainement allumée, Anginon et Veréhoo furent lancés dans l'action. Wo avait exprimé une intention! Oui! L'Univers était à l'écoute. Oui! Il existait quelque chose de plus grand que l'intelligence humaine et oui! elle pourrait connaître la paix pendant son incarnation. Anginon et Veréhoo célébrèrent l'événement... et Wo n'arriva pas à trouver le sommeil cette nuit-là en raison de toute l'activité qui se déroula autour de son lit!

Tout se mit à changer rapidement pour Wo. Elle rencontra la femme plusieurs autres fois et développa avec elle une solide amitié. Elle rencontra également d'autres personnes qui l'aidèrent dans le processus et lui procurèrent l'information dont elle avait besoin. Et, pendant ce temps, Anginon et Veréhoo se réjouissaient de la nouvelle communication qu'ils étaient autorisés à avoir avec Wo et son moi supérieur. Un troisième guide, du groupe des maîtres guides se joignit à eux. Wo put ainsi entrer directement dans son karma et pardonner à ceux qui lui avaient fait tant de mal. Elle acquit la sagesse et comprit qu'elle était responsable de tout ce qui lui était arrivé. Avec la SAGESSE vint l'AMOUR et avec l'AMOUR vint l'ACTION! Puis, vint le jour où non seulement Wo arriva à supporter les hommes dans sa vie, et en fait elle se trouva un partenaire... et leur union fut longue et heureuse. Plutôt surprenant!

Au cours de la cinquante-troisième année de la vie de Wo, Anginon et Veréhoo furent rappelés. Wo avait atteint un tel niveau de vibration qu'une nouvelle équipe de guides était nécessaire pour la servir. Au départ de ses guides, Wo fut laissée seule et sans soutien pendant 90 jours. Même pendant cette période de stress, Wo comprit ce qui se produisait; elle s'occupa tranquillement à d'autres activités humaines... et passa à travers l'épreuve sans difficultés. Anginon et Veréhoo célébrèrent de nouveau. Vous pensiez peut-être qu'ils auraient pu éprouver du mécontentement, de la tristesse ou de la douleur de quitter une amie tant aimée... à ce moment qu'ils avaient attendu et planifié depuis si longtemps. Mais Anginon et Veréhoo savaient que l'équilibre régnait et que la graduation d'une âme élevait l'ensemble... et ils se retirèrent volontairement sans rébellion et sans autre pensée qu'un sentiment d'amour envers le processus.

C'est ici que nous abandonnons Wo, parce que son futur ne s'est pas encore produit... tout comme le vôtre.

Mes très chers, ainsi ceux du centre vers l'extérieur célébrèrent l'entrée de Wo dans la lumière, car c'était un événement universel connu de tous. C'était un événement important car il aidait l'ensemble. Et c'est ainsi que ceux qui se trouvent au centre de votre galaxie l'apprirent, tout comme les Arcturiens, l'Ashtar et les Pléadiens, ainsi que tous les anges du Groupe solaire et les Maîtres ascensionnés. **Et c'est ainsi qu'aucun d'entre eux, même réunis, ne pouvait accomplir ce qu'une seule personne fit par elle-même... exprimer une intention pendant son apprentissage afin de prendre possession de son pouvoir.**

Et ainsi en est-il.

Kryeon

* *Pour l'analyse de cette parabole, voir l'annexe B*

Post-scriptum du *channel*

À plusieurs reprises, pendant les communications, je perçois des concepts et des images que je ne traduits pas parce que l'information vient très rapidement; certains ont été perdus. Au cours des séances précédentes de channeling, j'ai demandé à Kryeon de ralentir son rythme afin que cela ne se produise pas. Je sais toutefois que, au fur et à mesure que je me familiariserai avec ces événements en direct, nos rythmes deviendront mieux coordonnés.

Voici une émotion sous-entendue, mais très importante, que j'ai ressentie tout au long de cette communication : Kryeon veut que nous sachions que si le joueur étoile d'une équipe devient captif et reste sans bouger dans l'admiration de ses partenaires, ou intimidé par eux, la partie n'aura pas lieu et sera encore moins gagnée. Nous recueillons de l'information comme outils pour agir. Nous ne devons pas nous mettre à étudier les membres de notre groupe de soutien au point d'arrêter notre propre développement. Aucune entité de soutien n'est venue pour être adorée; c'est pourquoi Kryeon nous met en garde contre le danger de devenir des *fanatiques* de channelings ou de l'histoire, étudiant ceux au-delà du voile dans un seul but de curiosité historique. C'est un piège à notre plein potentiel et ce n'est pas approprié. Il s'agit d'informations fascinantes mais, quand vous constatez que nous connaissons déjà toute l'information et qu'elle nous est seulement cachée pendant notre passage sur la Terre, les études historiques pâlissent en comparaison de l'excitation face à ce que nous ne **connaissons pas**... l'avenir de la planète à travers l'action d'êtres éclairés comme nous! Kryeon nous dit (avec amour) : Allez de l'avant!

L'auteur
LC

La Terre change, «c'est l'heure du réveil»

Channeling du 10 février 1994

**Groupe de lumière
de Del Mar**

Salutations! Je suis Kryeon du service magnétique. Je vous salue, âmes éclairées. Je vous salue, vous qui êtes sceptiques. Je sais qui vous êtes, mais vous êtes tous aimés également. Permettez-nous de prendre juste quelques minutes pour préparer la pièce, car l'énergie d'amour qui vous sera transmise ce soir au moyen du troisième langage accompagnera toute l'information que vous recevrez dans votre langage.

Chacun de vous, dans cette pièce, est accompagné d'au moins deux entités. Elles vous tiennent la main, vous aiment et vous observent; elles vous demandent de formuler votre intention de poursuivre vos vies. Ressentez votre association avec l'Esprit alors que vous recevez l'information ce soir. Sentez que vous n'êtes pas seuls. Même si vous vous renfermiez dans un placard, vous ne seriez pas seuls.

Le thème qui revient sans cesse dans l'Esprit de Kryeon, mes très chers, dans cette nouvelle énergie, est que vous êtes des guerriers de la lumière. Vous êtes ceux qui servent dans l'amour. Nous sommes ici en raison de ce que vous avez accompli. Nous sommes à votre service et nous vous aimons.

Il y a de bonnes nouvelles qui s'en viennent. Nous souhaitons vous dire ce soir (*à la fois à vous qui êtes dans cette pièce et à vous qui lisez ce texte ou écoutez ces paroles*) que vous serez comptés par milliers. Une nouvelle information vous est donnée ce soir, une information que vous avez méritée. Certains s'en moqueront, même parmi les membres de votre système de croyances, jusqu'à ce qu'ils viennent à vous un jour, tremblants de peur et voulant connaître ce que vous savez à propos des événements à venir. Soyez attentifs, car vous pourriez leur venir en aide.

Le channeling de ce soir répondra à une question adressée à Kryeon peu après la nouvelle lune du mois dernier. C'était une bonne question, mais elle démontrait comment vous pensez en humains. La voici : «Kryeon, il ne s'est écoulé que quelques jours entre le moment où nous étions assis devant vous lors d'une séance de channeling, devant l'Esprit, et celui où la terre a tremblé violemment pas très loin d'ici. Il y a eu des pertes de vie; des maisons ont été endommagées; un climat de grande crainte s'est installé. Pourquoi ne nous avez-vous pas avertis? Vous dites que vous nous aimez, comme l'Esprit le fait. Vous dites que nous sommes des étincelles de Dieu mais, par contre, vous ne nous avez rien dit sur *le tremblement de terre*. Comment pouvez-vous être devant nous et vous taire au sujet de quelque chose de si important dans nos vies?»

Mes chers enfants, Kryeon et l'Esprit, tout comme les messages qui viennent de la Grande source, ne s'adressent pas aux groupes. L'Esprit parle aux individus et aux cœurs. Et la réponse ce soir à cette question s'adressera à l'âme et au cœur de chacun, de sorte que vous ne craindrez rien de ce qui prendra place. Vous comprendrez parfaitement que, lorsque la Terre changera, vous recevrez en même temps un changement proportionnel de pouvoir. Une chose vous est donnée, afin que l'autre arrive. Vous ne vivrez pas dans la peur au sujet de ces événements; vous serez en paix parce que vous comprendrez ce qui arrive.

Laissez Kryeon vous parler ce soir des tremblements de terre... des changements de température, des changements agricoles et du magma de la Terre. Ce que nous faisons maintenant, alors que l'Esprit s'adresse à vos cœurs, ne vise pas à générer la peur mais à vous informer des bonnes nouvelles! Quand nous aurons terminé, vous comprendrez ces bonnes nouvelles.

Votre Terre change. C'est pourquoi je suis ici, car j'ai été assigné, littéralement par vous-mêmes, dans la nouvelle énergie, pour accomplir ces changements. La Terre est prête pour la graduation des temps, mes très chers, pour l'Amour et l'Abondance, la Paix et le passage à une autre dimension. Tout cela se produira au cours des huit prochaines années, plus ou moins. Des événements qui ne se sont pas produits depuis cent ou même deux cents ans se produiront prochainement.

Lors de notre dernière rencontre, au moment de la nouvelle lune, nous vous avons parlé de l'accélération de la nouvelle énergie. Et nous voilà encore à vous dire que cela a commencé. Ceux d'entre vous qui savent comment fonctionnent les tremblements de terre comprendront comment ils sont reliés au champ magnétique, car le champ magnétique est généré par la polarité qui relie le centre de la Terre et le Soleil. Et lorsque Kryeon commencera à ajuster le quadrillage magnétique, d'autres changements prendront place. Cela ne doit être une surprise pour aucun d'entre vous.

Nous vous avons dit, au cours d'une session de channeling il y a un an et demi, quelque chose comme ceci : «Si vous ne souhaitez pas vous faire mouiller, ne vivez pas au bord de la rivière». Vous, qui êtes dans cette pièce, avez choisi de vivre en un endroit de la Terre où il y a des failles connues. Si cela génère de la peur, vous devez alors vous en aller. Littéralement, le conseil que l'Esprit vous a donné il y a plus d'un an était de déménager dans un endroit plus frais. Ceci n'était pas une énigme. C'était un message très précis. Si vous avez peur de vivre à l'endroit où vous êtes, vous devez déménager. Car, mes très chers, la Terre continuera à bouger, et elle bougera de plus en plus! En outre, la Terre bougera en des endroits où vous n'avez jamais auparavant pensé qu'elle bougerait. Ceux qui croient qu'ils sont en parfaite sécurité parce qu'ils vivent dans les champs de blé au milieu de votre continent américain seront étonnés – la terre bougera là aussi. Ceux des régions désertiques qui regarde vers la Côte et disent : «Je ne veux pas vivre là-bas car la terre bouge»... soyez prévenus : la terre bougera également chez vous! Cela s'étendra sur tout le territoire. Voyez-vous, la Terre est en construction!

Permettez-moi maintenant de vous parler de la température. Vos scientifiques chargés d'étudier la météorologie vous diront que des phénomènes étonnants se sont produits au cours du dernier mois, ce qui a résulté en une chute de température très inhabituelle. Ils analysent les masses d'air qui entourent la Terre et la couverture de nuages, et ils disent que des phénomènes extraordinaires ont *coïncidé* pour créer un événement inhabituel... ce qui a produit chez vous une température semblable à celle de l'Arctique. Voyons ce qu'ils diront au sujet de ces *phénomènes* lorsque les coïncidences surprenantes se produiront encore, encore et encore. Ils devront bientôt sortir une autre histoire. Nous verrons comment ils s'en tireront. Car, oui, la température continuera de changer. Préparez-vous à cela.

Voici maintenant un conseil pour ceux qui vivent dans des régions agricoles. Très chers, rappelez-vous de ceci : vous avez la mission de nourrir les habitants de votre pays. Cela ne changera jamais, car cela est comme il se doit. Il y aura cependant des secteurs que vous aviez l'habitude de cultiver qui ne seront plus producteurs. Et vous ne saurez pas pourquoi. Par contre, il y aura d'autres secteurs où rien n'a jamais poussé et qui deviendront fertiles. L'Esprit honore ceux qui se consacrent à l'agriculture dans votre pays pour ce qu'ils ont commencé à accomplir. L'abondance sera accordée, deux et trois fois, à ceux qui continuent de chercher des moyens d'honorer la terre, de façon naturelle, pour contrôler les insectes et les animaux nuisibles qui mangent les récoltes à mesure qu'elles poussent. Cela revient à dire que ceux qui ont appris comment utiliser les ressources naturelles de la terre pour accomplir cela seront récompensés.

Permettez-nous maintenant de parler du magma, le liquide interne de la Terre, car vous aurez l'occasion de le voir davantage. C'est un élément utile à connaître, même si vous n'êtes pas des scientifiques : à mesure que le quadrillage magnétique changera et que la Terre bougera et s'agitera conformément à ce changement, à mesure que la température se modifiera, des changements se produiront dans le cœur de la Terre. De nouveaux volcans verront le jour; de nouvelles îles apparaîtront dans l'océan; des volcans endormis se réactiveront et des collines, à propos desquelles vous n'auriez jamais pensé qu'elles puissent être autre chose que des collines, se changeront en brasiers ardents.

Nous ne disons pas cela pour vous faire peur, car dans les limites de votre science humaine, vous pourrez prévoir plusieurs de ces phénomènes et serez en mesure de vous déplacer en conséquence. Ainsi, cela ne créera pas de peur. La seule peur générée viendra de ceux qui n'auront aucune idée de ce qui se passe et considéreront ces événements comme négatifs. Générer la peur est présentement un attribut karmique de la planète. Générer la paix dans vos cœurs à travers la connaissance de ce qui prend place est le projet actuel de l'Esprit. Je vous le répète, la Terre est en construction.

C'est comme si, en tant qu'humains, vous viviez dans une maison en rénovation. Vous vous arrangez pour vivre dans une ou deux chambres tout au long des réparations. Vous savez à quoi ressemble un chantier de construction : il y a du bruit et des grondements, de l'agitation, de l'irritation et des inconvénients tant que les travaux ne sont pas terminés. Vous êtes impatients que cela finisse mais, une fois les travaux terminés, vous sentez dans la maison une odeur de fraîcheur, une nouvelle énergie; vous baignez dans un climat d'abondance et de nouveauté. C'est ce qui se passera, mes très chers, sur votre planète au cours des huit prochaines années. C'est la raison pour laquelle Kryeon est ici parmi vous : il est venu vous visiter, pour effectuer les ajustements et pour vous channeler l'information concernant votre nouveau pouvoir.

Vous n'êtes pas victimes de ces changements. Je vous le répète une fois de plus : les représailles ne font pas partie de votre vie. Certains toutefois, même parmi ceux qui se trouvent dans cette pièce, croient que leurs vies sont tournées et retournées dans tous les sens et qu'ils sont victimes des vagues de la planète. Ils ne comprennent pas leur nouveau pouvoir. Il est pourtant là devant eux, avec tout l'amour qu'il faut, attendant d'être cueilli. Tout ce qu'il faut, c'est d'exprimer l'intention. Kryeon reprend toujours le même thème : il vous demande d'exprimer votre intention à l'Esprit. Réclamez votre pouvoir! Réclamez les guides qui sont vôtres et reconnaissez-les. Demandez à l'Esprit de vous aider à co-créer ce dont vous avez besoin. Voyez-vous, une partie de ce dont vous avez besoin est la possibilité de demander, et de vous unir à votre moi supérieur, afin que vous vous trouviez à la bonne place au bon moment. Cela est très important! L'Esprit ne se placera jamais devant vous pour vous dire de tourner à gauche ou à droite. C'est à vous de choisir. Cela relève de votre nouveau pouvoir, le savoir. Et ce n'est pas à nous de vous dire quoi faire.

L'information qui suit pourrait engendrer beaucoup de peur. Nous vous demandons de ressentir profondément l'amour de l'Esprit. L'information transmise doit être reçue complètement et écoutée attentivement... car il s'agit de bonnes nouvelles formidables.

Laissez-moi vous parler d'un rendez-vous dans l'espace. Laissez-moi vous parler d'un phénomène astronomique. Laissez-moi vous parler d'un sombre et sinistre rocher que certains appellent un astéroïde, d'autres un météorite. Ce rocher, d'un diamètre d'environ un kilomètre, a un nom et il est connu de toutes les Entités universelles. On l'appelle «le rocher de la mort». C'est Myrva : M-Y-R-V-A. Cette roche noire avait pour rendez-vous de s'écraser sur un continent de la Terre au cours des huit prochaines années. Voilà le scénario prévu : en s'écrasant, le rocher devait soulever un immense nuage de poussière qui dévasterait le sol autour de lui. Ce phénomène, connu sous le nom de **Myrva,** devait signifier la fin de votre planète. Et il y avait des raisons pourquoi cela devait se produire. Le nuage de poussière créerait l'effet de réchauffement global sur le planète. La glace commencerait à fondre dans les calottes polaires. Le volume accru des eaux se répandrait en d'autres endroits de la Terre et, en élevant le niveau des océans, créerait une rotation de l'axe de la planète. Nul besoin de vous dire que vous deviez tous périr. **Myrva** s'en venait.

Je vous ai dit précédemment que, lorsque je suis arrivé en 1989, il devait s'écouler trois années de préparation avant que nous puissions channeler pour vous en 1992. Nous vous avons aussi channelé l'information que le groupe de soutien de Kryeon était dans l'orbite de Jupiter (au niveau de la trajectoire de Jupiter autour du soleil). Ah, ah!, mes très chers, il y a beaucoup de gaieté et d'ironie dans ce que je suis sur le point de vous révéler. Gens de science, écoutez bien : vous connaissez le ratio mathématique et la relation de l'orbite de Jupiter (autour de votre soleil) avec la route des astéroïdes dans l'ellipse qui entoure votre soleil. Vous savez par conséquent pourquoi nous étions dans l'orbite de Jupiter. Même ceux qui se trouvent dans cette pièce peuvent déjà le deviner.

C'était effectivement notre tâche, au cours des trois années où nous étions ici dans votre système solaire, avant que nous commencions à vous channeler de l'information, de mettre complètement et totalement **Myrva** hors d'état de nuire. Et je me retrouve aujourd'hui devant vous... enchanté! **Myrva**, «le rocher de la mort» qui avait un kilomètre de diamètre, est maintenant en pièces. Cela n'est pas un mystère. Il y a un protocole et un précédent à ce qui est arrivé à **Myrva**, car vos scientifiques ont observé cela déjà dans d'autres routes d'astéroïdes. Ce fut, voyez-vous, un merveilleux alignement de nombreuses coïncidences. (*Kryeon rit*). Demandez à vos scientifiques ce qui est arrivé; ils semblent comprendre les *coïncidences*. Il n'y avait rien que vous puissiez qualifier de mystique là-dedans. Lorsque nous sommes arrivés, nous avons mis en marche les choses que nous savions devoir prendre place. Vous avez mérité cela!

Vous avez mérité cela.

Myrva n'est plus. Et, même si des roches sont toujours en route pour croiser votre planète au cours des huit prochaines années, elles sont beaucoup moins nombreuses et leur trajectoire a été détournée. Selon le niveau d'énergie de cette planète à ce moment, les roches peuvent toutes manquer leur objectif. Et, si certaines d'entre elles heurtaient la Terre, elles n'auront qu'une centaine de mètres de diamètre ou moins. Cela peut certes causer de la peur, mais pas la destruction de la planète.

Voilà donc, dans les détails, l'information que nous voulions vous transmettre. Vos scientifiques observeront le phénomène. Ils vous en donneront les raisons. Elles ne seront ni mystérieuses ni mystiques; elles seront mathématiques. C'est ainsi que l'Esprit aime travailler.

Maintenant, mes très chers, comprenez-vous à quel point vous êtes importants? Vous rendez-vous compte de ce que nous avons fait? Car tout cela a été accompli en réponse à l'interrogation de la Terre en 1987 quand, au cours du huitième mois, on vous a demandé «Êtes-vous prêts?» et on vous a évalués. Plusieurs ont répondu «Oui!» à l'Esprit. La vibration de la planète s'est alors élevée jusqu'au point où nous avons su que vous aviez changé entièrement la polarité spirituelle!

Et ainsi, **Myrva** est parti. L'événement que nous appelions **Myrva** n'aura pas lieu. Laissez-nous maintenant vous expliquer comment cela affecte la carte des Indiens Hopis, et clarifier également ce qui s'est passé lorsque votre philosophe Nostradamus a conçu la nouvelle carte. Nous vous avons dit précédemment que la carte Hopi était juste. Rappelez-vous de ceci, mes très chers : on vous a aussi dit que toute prophétie est juste à cent pour cent, au moment où elle est channelée, car elle représente le niveau d'énergie de ce à quoi on peut s'attendre à ce moment-là.

La carte Hopi est surprenante. Elle contient une très précieuse information pour vous. Mais elle n'est pas l'information que vous croyez qu'elle est. Car la partie de l'information channelée, qui représente l'eau qui gagne du terrain sur votre Terre, justifie **Myrva**. Et je vous dis maintenant que **Myrva** n'existe plus. Par conséquent, la nouvelle est encore meilleure que ce que montre la Carte Hopi, et vous pouvez ignorer plusieurs des informations concernant le contour des côtes. Nous reviendrons sur ce sujet dans quelques instants.

Comment se fait-il, me demanderez-vous peut-être, qu'une vieille source d'information puisse être plus juste qu'une nouvelle source? Parce que Nostradamus est passé il y a seulement 400 ans et qu'il a aussi channelé **Myrva.** Et il vous a dit que les contours de votre continent seraient recouverts d'eau, pour exactement les mêmes raisons que je vous ai dévoilées ce soir quand je vous ai expliqué ce qui était censé arriver. Mais, voyez-vous, au cours des derniers 500 ans d'existence sur la Terre, votre conscience a effectué un plongeon vers le bas. Vous avez utilisé la technologie qui vous a été donnée dans un sens négatif plutôt que positif, pour le mal plutôt que pour le bien. Par conséquent, l'Esprit s'attendait à ce que la Terre soit anéantie; il s'attendait à ce que l'expérience se termine et que la polarité soit changée d'une façon très différente de ce qui s'est produit.

Il y a eu l'époque de Nostradamus. Et, quand il a channelé Myrva, il savait que cela se passerait dans les quelques centaines d'années qui suivraient. Il a représenté dans son information l'énergie de son époque. Vous pouvez maintenant rejeter cette information; elle n'est pas à point! Car vous avez changé cela, même au cours des dernières cinquante années de votre existence ici sur cette planète. Et, ainsi, la carte Hopi est devenue plus appropriée que ce que Nostradamus avait prédit.

Les endroits qui étonnent sur la carte Hopi sont exactement les endroits où se situent les cinq portes de votre continent qui sont appelées à devenir les zones de communication pour les autres dimensions. Ces portes sont complètement et totalement appropriées. C'est sur n'importe lequel de ces endroits que le **Templar** pourrait être construit. Ils sont les lieux de communication avec le reste du Cosmos. Plusieurs d'entre vous vivront pour voir le début de ceci. Ce sont toutes de bonnes nouvelles. De très bonnes nouvelles. **Myrva** n'est plus le «rocher de la mort».

Vous avez mérité cela! Sachez qui vous êtes! Tenez-vous droits remplis d'Honneur, même si votre empreinte et vos implants ne vous permettent pas de comprendre parfaitement ce qui a pris place. Ce sont de bonnes nouvelles!

Nous répondrons maintenant à la question : «Pourquoi moi? Pourquoi dois-je souffrir de cela et vivre dans la peur? Pourquoi cela m'arrive-t-il à moi personnellement en ce moment? Pourquoi ne pas nous dire tout simplement ce qui va arriver de sorte que nous puissions nous tenir à l'écart de ces événements?» Laissez-moi vous l'expliquer. Il y avait un jour un homme qui s'appelait Jos. Jos était un homme bon; il menait une bonne vie dans sa culture, sur son continent. Jos vivait en paix, il priait suffisamment même s'il n'en était pas toujours conscient. Mais Jos n'aimait pas le changement. Dans la société d'abondance dans laquelle vous vivez, Jos au fil des ans avait cependant réussi à élever sa famille et à vivre une bonne vie parce qu'il arrivait à équilibrer ses revenus et ses dépenses. Par conséquent, il était heureux. Et Jos vivait année, après année, après année, équilibrant ses revenus et ses dépenses.

Par conséquent, Jos était équilibré, du moins le croyait-il. Jos se levait tous les matins à la même heure et se couchait tous les soirs à la même heure. Jos et sa famille prenaient toujours leurs vacances au même moment et au même endroit. Jos avait en outre une étagère, dont il était très fier, où il rangeait tous ses papiers. Chaque fois que Jos s'acquittait d'une obligation, il en rangeait le compte rendu dans son étagère. Chaque fois que Jos prenait des photos de sa famille, avec la technologie que vous possédez à cet effet, il les plaçait dans son étagère... Couche, après couche, après couche, tout témoignait année après année d'un même Jos. Et Jos survivait. En autant qu'il pouvait équilibrer ses revenus avec ses dépenses, Jos était heureux.

Puis, vinrent les tempêtes magnétiques, les tempêtes de l'Esprit dans la Nouvelle énergie. Il y eut plus l'eau; il y eut du froid; il y eut de la chaleur. La Terre trembla et tout ce que Jos avait rangé dans son étagère tomba par terre. Jos avait peur, car le changement était grand. Et, tout d'un coup, il vit que ses revenus ne s'équilibraient plus avec ses dépenses.

Parce qu'il était un homme intègre, Jos courut aider ses voisins avant de penser à lui-même. Il passa trois jours entiers à les aider, car ils étaient plus mal pris que lui-même. Lorsqu'il eut fini, il revint chez lui vers sa famille. Jos réalisa quelque chose. Il avait enfin rencontré des gens qui avaient vécu tout près de lui pendant toute sa vie. Il connaissait maintenant leur nom et leur visage. Il avait découvert qu'ils étaient très semblables à lui. Il se rendit compte qu'il les aimait; il avait connu la camaraderie et l'entraide. Jos découvrit que chacun avait un cadeau pour lui, quelque chose à laquelle il ne s'attendait pas : un morceau de connaissance, une pensée, une étreinte... de l'amour. Et Jos réalisa qu'il avait gaspillé des années, en ne comprenant pas ou ne connaissant pas ses voisins. Jos se sentit en quelque sorte changé par cela. Il savait qu'il les reverrait encore et il prit les moyens pour que cela se produise.

Puis Jos se mit à la tâche pour nettoyer son propre désordre. Tout ce qui se trouvait sur ses étagères était éparpillé sur le plancher. Étrangement, Jos se retrouva en train de jeter la plupart de ce qui se trouvait là; il ne remit sur les tablettes qu'une fraction de ce qui s'y trouvait auparavant. Ce qui le mystifia d'abord, puis devint évident par la suite, c'est que tout ce qu'il avait amassé se ressemblait. Année après année, il avait amassé les mêmes choses. Même les différentes obligations dont il s'était acquitté étaient semblables; seules les dates changeaient. Il regardait les photos qu'il ramassait par terre et les remettait dans l'étagère. La seule différence est qu'il avait vieilli de l'une à l'autre. Puis Jos se rendit compte de ce qui s'était passé; il avait passé la plus grande partie de sa vie dans la complaisance de lui-même, craignant le changement et ne vivant pas pleinement. Jos réalisa qu'il avait manqué beaucoup de choses et qu'il était passé à côté de beaucoup d'amour. Il se rendit compte que l'uniformité et la complaisance n'étaient pas des bonnes choses et que la peur n'était pas une bonne affaire. Soudainement, Jos réalisa qu'il avait changé.

Il convoqua alors les membres de sa famille pour leur annoncer qu'il avait changé; il leur dit qu'ils ne devaient pas craindre ce qui arrivait et que, grâce à ses voisins et à lui-même, ils passeraient à travers l'épreuve. Et Jos dit même à sa famille que, la prochaine fois que cela se produirait, ils iraient tous à l'église (en voulant dire que la prochaine fois qu'il y aurait une messe). (rires)

Voyez-vous, mes très chers, l'heure du *réveil* avait sonné pour Jos. Or voici maintenant l'heure de votre *réveil*! Sa vie (celle de Jos) avait besoin d'être un peu secouée pour qu'il comprenne qu'il devait se réveiller pour se rendre compte de ce qui se passait autour de lui. C'est le rôle de l'Esprit de réveiller les gens. Et ses guides se réjouissaient que Jos ait trouvé une lumière différente pour regarder le monde... une lumière dépourvue de peur. Car la peur relève de votre nature humaine, de votre empreinte et de votre implant. Cela doit changer (*cela doit être transmuté*). Il est prévu que vous puissiez passer à travers cette épreuve. Celle-ci est là pour vous permettre de vous élever; elle n'est pas là pour vous tourmenter.

Il y a des êtres éclairés, même dans cette pièce, qui n'auront pas besoin d'être secoués. Il y en a cependant qui le seront. L'Esprit accomplit cela en tout honneur et dans l'amour. Ne pas le faire serait une fausseté; vous laisser à l'endroit où vous êtes, sans sonner votre *réveil* ne serait ni juste ni approprié ou aimant.

On nous demande parfois : «Esprit, pourquoi ne pouvez-vous pas nous révéler les événements à venir à l'avance? Au moins, dites-nous quand ils se produiront de sorte que nous puissions déménager et ne pas avoir à les expérimenter». Mes très chers, ceux qui posent cette question ne comprennent pas encore que la hausse de la vibration de cette planète est causée par le karma, la *traversée* du karma. En d'autres mots, la peur, résultat de ce qui arrive, est aussi nécessaire pour élever la vibration de la planète en stimulant votre connexion au soi supérieur. Cela peut être une surprise, mais votre soi supérieur peut intervenir en tout temps, à travers l'intuition, et vous dire de vous écarter.

C'est ce que nous voulons dire quand nous vous demandons de signifier votre intention : vous marier à votre soi supérieur, pour laisser cette portion de Dieu vous parler à l'oreille et vous dire : «Peut-être qu'il est temps pour vous de déménager. Peut-être qu'il est temps pour vous de tourner à gauche ou à droite...» pour apprendre à honorer la voix, pour laisser vos guides vous montrer le chemin et accomplir ce qui est prescrit, en toute sécurité, pendant que nous réajustons votre planète et sonnons votre *réveil*. Cela est votre nouveau pouvoir et nous vous invitons à vous en servir!

Si cela n'était pas le cas et si nous vous révélions à l'avance les événements à venir, alors nous pourrions aussi bien tout simplement lever le voile, ouvrir la lumière et vous renvoyer tous à la maison! Cela ne serait pas approprié, car vous êtes encore en apprentissage. Il s'agit toujours de la planète Terre, la seule planète du libre arbitre. Ces mots devront résonner dans votre esprit, avec Honneur!

Laissez-moi maintenant vous expliquer comment l'Esprit perçoit votre futur, la manière dont cela se produit actuellement, de sorte que vous ne serez pas confus par l'apparence énigmatique des channelings. D'un côté, l'Esprit vous dit que vous avez rendez-vous avec un rocher de la mort qui est maintenant désarmé. Il vous parle des événements qui doivent venir, et qui viendront, ou qui peut-être pourraient ne pas venir. Cela vous révèle votre futur, n'est-ce pas? D'un autre côté, l'Esprit vous dit que personne ne peut vous prédire votre futur. Cela dépend de vous. L'avenir est entre vos mains. Alors, où est la vérité? De quel côté se trouve-t-elle, pourriez-vous nous demander?

En fait, la vérité se trouve des deux côtés! Voici comment cela fonctionne : l'Esprit a mis en place une partie de votre futur, des événements comme ceux qui relèvent du fait que vous pouvez seulement exister dans ce que vous appelez la troisième dimension. Vous ne pouvez exister dans aucune autre dimension; c'est la dimension de votre apprentissage. Vous ne pouvez pas changer cela. Vous ne pouvez changer les aspects planétaires de ce qui est autour de vous... Cela est réglé par l'Esprit. Mais, par contre, la route que vous choisissez de suivre à l'intérieur de ces limites est votre affaire.

Voici un exemple : prétendez, si vous le voulez bien pour un moment, que vous vous trouvez devant une voie ferrée. L'Esprit a étendu cette voie ferrée devant vous. L'Esprit sait où elle conduit. L'Esprit sait aussi à quel endroit elle croisera d'autres voies ferrées. Toutefois, il n'y a pas de train. Ah! ah! vous êtes le train. L'Esprit vous laisse seuls et vous dit : «Vous pouvez maintenant voyager sur cette voie. Nous savons où elle conduit. Nous savons également ce qui la croisera, mais c'est vous qui avez le contrôle du train. Vous pouvez le faire rouler aussi vite ou aussi lentement que vous le voulez, ou encore changer sa couleur, changeant par là son taux vibratoire. Vous pouvez aussi le laisser se détériorer jusqu'à ce qu'il s'arrête de rouler. Vous pouvez le détruire. Vous pouvez le modifier. Vous pouvez l'améliorer. Tout cela est entièrement dans les limites de votre pouvoir».

Vous pouvez donc par là comprendre comment l'Esprit peut vous dire certaines choses à propos de la voie ferrée. Mais c'est à vous de conduire votre train de façon à changer ce qui est dans les limites de votre pouvoir. Vous pouvez donc comprendre maintenant comment, à la fois, le futur est organisé par l'Esprit en un certain sens, et contrôlé par vous dans un autre sens.

Nous arrivons maintenant à la partie de ce channeling que vous ne comprendrez peut-être pas du tout. Mes très chers, nous vous demandons une fois de plus de ressentir l'Amour qui est transmis ce soir via le troisième langage. Ne vous trompez pas sur ceux qui sont assis devant vous en ce moment. C'est l'Esprit du Grand Soleil central. Ce n'est pas une entité qui a vécu sur votre planète auparavant et qui revient pour vous donner des conseils. Vous recevez la même information, de la même source, que tous les humains à travers l'histoire. Le même Esprit d'Abraham et de Moïse est devant vous maintenant. Ressentez l'amour qui est vôtre, l'honneur qui est vôtre. Assoyez-vous devant l'Esprit.

L'un d'entre vous est guéri, même pendant que nous parlons, car vous formulez votre intention. D'autres parmi vous y songent et il y en a encore un qui doute. Ressentez l'amour et sachez que vous êtes tous aimés également sans tenir compte de vos croyances par rapport à ce qui se produit en ce moment.

L'Esprit souhaite vous dire maintenant comment il envisage la vie, la vie humaine, et cela est difficile. Je vais vous dire pourquoi : c'est parce que vos empreintes sont trop fortes. Tout ce que vous connaissez est : survivre. Vous venez sur la planète Terre avec un préalable : vous devez rester en vie! Et c'est ce à quoi vous pensez continuellement. C'est ce pourquoi vous avez été programmés, et cela est juste et approprié! Mais toutefois, ce n'est pas ainsi que l'Esprit envisage votre vie.

Ceci a plusieurs ramifications et c'est très complexe. Laissez-moi vous donner un exemple de la raison pour laquelle vous pourriez ne pas comprendre ce qui suit. Imaginez que vous êtes très, très affamés. Vous n'avez pas mangé depuis une semaine. Vous mourez de faim. Littéralement, vous êtes en danger de mort si vous ne trouvez pas de nourriture. Plusieurs d'entre vous dans cette culture n'ont jamais ressenti cette sensation. Certains toutefois comprennent de quoi je parle. Tout ce que vous faites, à chaque heure du jour, c'est de penser à de la nourriture. Chacun de vos rêves se rapporte à cela : trouver de la nourriture, manger et survivre. Puis, tout d'un coup, imaginez-vous dans un amphithéâtre, devant un professeur qui vous donne des recettes de fins gourmets! Les chances sont immenses que vous ne vous rappeliez pas même d'une seule de ces recettes, car tout ce à quoi vous pensez est de trouver de quoi manger.

Votre empreinte à propos de votre vie humaine ressemble beaucoup à cela. L'Esprit honore le fait que, particulièrement dans votre culture, vous donniez beaucoup de valeur à la nourriture. C'est approprié, car cela représente votre survie.

Or rappelez-vous de ceci, mes très chers : même avant que vous arriviez sur Terre, il y a eu une session de planification au cours de laquelle vous vous êtes planifié une vie appropriée et une mort appropriée. Ce que vous considérez aujourd'hui comme horrible, tragique ou négatif a été planifié par vous-mêmes. Ceci comprend ce que vous considérez comme une mort accidentelle, même chez les enfants. Voyez-vous, quand vous n'êtes pas ici, les séances de planification sont faites avec honneur, avec amour et *avec la sagesse de la conscience de Dieu.* Un enfant peut accepter de venir sur la Terre et de mourir enfant, pour la seule raison d'être utile pour le karma de ses parents. Il y a plusieurs de ces cas qui prennent place sur la Terre. Par conséquent, il n'y a pas d'accidents; et toute mort, même les morts massives, est appropriée... connue de vous et de votre moi supérieur surtout.

Imaginez maintenant que vous deviez monter une pièce de théâtre et que chacun dans cette pièce décidait d'y jouer un rôle. Il y aurait des héros et il y aurait des méchants, et certains d'entre vous pourraient même choisir de mourir sur la scène pendant l'intrigue.

Après que la pièce eut été jouée avec succès, l'équipe de

production pourrait se réunir et célébrer ensemble. Vous discuteriez comment la pièce a bien marché et, justement, à quel point vous avez bien réussi. Vous ne penseriez pas à ce moment à crier contre le méchant ou à applaudir le héros, et vous ne ressentiriez pas l'horreur de la tragédie qui a causé la mort des acteurs sur la scène. Comprenez-vous ce que cela veut dire? L'Esprit ne voit pas votre mort comme vous la voyez.

Vous avez eu la preuve de cela dans vos anciens channelings, et même dans le livre que vous appelez la Bible. Si vous lisez l'histoire de Job, vous serez surpris car Job était un exemple pour les autres hommes. L'Esprit a pourtant permis le meurtre de sa femme; un meurtre, selon certains, commis par Dieu. L'Esprit a aussi permis la mort de ses enfants et Il a permis que tous ses biens lui soient retirés.

C'était Job, un très fidèle homme de Dieu. Job a servi d'exemple, car sa foi est demeurée constante et il a compris et honoré l'Esprit pour ce qu'Il était. Quelle tragédie, direz-vous peut-être, que Dieu ait permis une si horrible chose – juste pour servir d'exemple. Vous ne comprenez pas la pensée de l'Esprit et vous ne comprenez toujours pas avec votre empreinte.

Si je vous dis tout cela c'est pour que vous compreniez comment l'Esprit voit votre vie. Mais je vous dis aussi cela *pour que vous sachiez* que les choses ont changé. Par exemple: avec l'accélération de la nouvelle énergie et avec les événements qui doivent prendre place au cours des huit prochaines années, nous souhaitons, parmi toutes choses, que vous demeuriez.

Le temps de choisir que la mort, la renaissance et le nouveau karma soient générés est terminé... car cela est inefficace maintenant. Les choses bougent beaucoup plus vite qu'auparavant. Nous souhaitons que vous demeuriez, pour vous marier à votre moi supérieur. Nous demandons à ce que vous ayez de très, très longues vies. Nous désirons que des miracles prennent place à l'intérieur de votre corps et, pour cela, nous vous avons permis de connaître la polarité. Mes très chers, nous voulons que vous demeuriez!

Entendez ces mots parmi tant d'autres ce soir. Même si l'Esprit semble indifférent à la mort et à la destruction de la vie, il n'est pas indifférent à votre cœur. Nous comprenons ce que votre karma vous apporte et comment fonctionne la peur. Nous souhaitons que vous guérissiez. Nous souhaitons que tous entendent cette voix et lisent ces mots pour comprendre que, à travers l'intention, ils peuvent demeurer.

Ceux qui ont déjà fait les pas pour gravir les échelons ont déjà été miraculeusement guéris. Ceci a été documenté. Cela se produira encore, et encore, et encore, jusqu'à ce que ceux d'entre vous qui doutez saisissent bien. Nous souhaitons que vous demeuriez.

Si vous êtes éclairés, si vous savez ce qui se passe et si vous souhaitez faire partie du grand plan, il n'est pas de notre désir que vous soyez écrasés par un rocher ou noyés dans une inondation. Nous souhaitons que vous demeuriez. Rejoignez vos guides ce soir même et prenez-leur la main.

Mes très chers, je vous parlerai en dernier lieu d'un autre alignement, un merveilleux phénomène qui se produira le 23 avril (1994). Le 23 avril peut passer sans que rien ne soit ressenti, mais en ce jour l'une des plus extraordinaires confirmations de la carte Hopi se produira, car il permettra à une porte inter-dimensionnelle de s'ouvrir.

Nous avons l'honneur et le privilège d'être les témoins de cet alignement qui vous permettra éventuellement de communiquer avec les autres dimensions. Cet alignement produira un cataclysme mais, quand les portes seront finalement réalisées et construites, vous comprendrez ce qui devait être accompli.

Il y en a qui ne comprennent toujours pas la notion de *«dimensionalité»*. Ils ne comprennent pas que vous vivez dans un espace en trois dimensions et que c'est tout ce que vous voyez autour de vous. Il y en a qui portent des jugements sur la Terre – à propos de la vie, à propos de la spiritualité, à propos de l'Esprit et de l'amour lui-même – en se basant seulement sur ce qu'ils voient. Et pourtant, il y a tellement plus ici-bas que ce que vous voyez.

Ce que vous voyez n'est que ce qu'on vous permet de voir au cours de votre apprentissage. Ce qui se produit présentement dans ce channeling est inter-dimensionnel, car Kryeon et l'Esprit vivent dans toutes les dimensions à la fois.

Je suis privilégié, en tant que Kryeon, d'être avec mon partenaire, mon canal d'information, en tout temps. Bien que ceci n'ait pas été mentionné précédemment, Kryeon n'apparaît pas seulement une fois par mois. Kryeon vit en permanence avec son canal d'information. Et l'énergie de Kryeon demeurera avec lui et son moi supérieur aussi longtemps qu'il le souhaitera, aussi longtemps qu'il vivra dans l'intégrité du moment. L'énergie de Kryeon se dissociera de lui quand il enfreindra cette intégrité.

Je suis avec lui quand il regarde ce que vous appelez la télévision. Lorsqu'il trouve un canal particulier qu'il apprécie, il reste à ce poste pendant des heures. Et c'est tout ce qu'il voit à ce moment; la seule réalité qui existe pour lui est l'histoire que raconte ce canal. Maintenant, si je lui dis, ou si je dis à ceux qui l'entourent, qu'il n'existe aucun canal ni avant ni après celui qu'il regarde, il se moquera de moi, car il sait qu'il en existe beaucoup, beaucoup d'autres canaux. Et pourtant, il n'y a absolument aucune évidence que ces canaux existent! On ne voit pas leur ombre de chaque côté de celui qu'il surveille. Vous voyez, ils se cachent parce qu'il ne les **syntonise** pas.

Mes très chers, vous êtes syntonisés sur le troisième canal (dimension), mais il y a beaucoup *d'autres dimensions* autour de vous tout aussi actives et tout aussi réelles. Voilà l'information que nous voulons finalement faire voir à votre science, de sorte que vos hommes de science comprendront comment tout cela peut vous servir.

L'Esprit a terminé son channeling et son information pour ce soir. L'Esprit n'en a toutefois pas fini avec vous! En sortant d'ici, sentez-vous aimés. Et si quelque chose n'est pas en harmonie dans votre corps! Chassez-le.

Ressentez l'énergie d'amour déversée en votre chakra de la couronne. Ressentez le nettoyage de l'Esprit. Ne laissez pas les événements à venir vous remplir de peur, car ce sont des fantômes qui attendent... qui attendent que ce produise votre miracle. Sachez cela, pendant que Kryeon s'assoit à vos pieds, en vous baignant d'Amour.

Et ainsi en est-il.

Kryeon

ONZE

Sur la science

MESSAGE DE L'AUTEUR...

Il y a beaucoup de questions au sujet de la science que j'aimerais poser à Kryeon, mais je sais déjà qu'il ne me répondra pas aussi clairement que je le souhaiterais. Et ceci pour une bonne raison, très compréhensible : si on nous présente les réponses sur un plateau (sans qu'on ait à travailler pour les obtenir), nous n'apprendrons rien et nous ne pourrons aider notre planète à se découvrir elle-même. Kryeon nous a répété plusieurs fois que la nouvelle science viendrait au cours des prochaines années à mesure que nous deviendrons mieux équilibrés et plus éclairés. Les hommes aideront les hommes. C'est ainsi que cela doit être et je respecte ce processus. Toutefois, en attendant, je suis rongé par la curiosité!

Cela ne nuit pas de poser des questions; même si Kryeon n'y répond pas directement, il fait souvent des allusions et nous donne des pistes sur la façon dont fonctionnent les choses. Et qui sait, peut-être que l'information qui suit servira de catalyseur pour quelqu'un qui saura utiliser les allusions pour mettre la première machine anti-gravité en marche! L'Univers sourit à ceci puisque, en fait, il sait que j'ai une bonne intuition concernant cette affirmation.

En tant que canal de communication de Kryeon, je ressens constamment une impression intuitive de ce qu'accomplit Kryeon. Voilà ce que c'est : tout est logique et suit un ordre bien établi. Même l'événement qui nous semble le plus bizarre suit l'ordre universel et les lois physiques. Une fois de plus ,j'affirme que la compréhension scientifique d'aujourd'hui était la magie d'hier. Si vous croyez vraiment ceci, alors vous

pouvez comprendre comment la magie d'aujourd'hui représente la science de demain. La métaphysique devra changer
son nom quand la philosophie ne sera plus «au-delà de la
physique»... et cela est une possibilité très nette. Je sais bien
que, tant que nous serons en *apprentissage* nous ne
reconnaîtrons pas l'ensemble des travaux de l'Univers, mais
une bonne part de la relation entre l'Esprit et la matière qui,
dans ces écrits semble tellement énigmatique pour les
scientifiques, sera finalement définie et comprise.

Je ne peux imaginer un meilleur maître à interroger au
sujet de la science, car les travaux de Kryeon sont reliés au
magnétisme. Cela signifie qu'il travaille avec la véritable
essence qui est au cœur de la science de notre Terre, car les
lois magnétiques sont la *poignée de main* de base entre notre
biologie et la planète. Elle est impliquée dans le grand
mystère de la gravité, le débat sur la nomenclature de la
lumière et le comportement de la particule subatomique.

Cette introduction de l'auteur est une fois de plus écrite
avant le channeling, de sorte que vous pouvez encore me
rejoindre dans mes pensées avant toutes réponses sur ce sujet.
Mais voyons d'abord ce que Kryeon a à dire...

à propos de la science...

À propos de la science

Salutation, mes très chers. Comme votre confrère l'a dit, je ne vous révélerai jamais une information qui exposerait la dualité ou soulèverait des questions à pondérer par vos scientifiques, comportant un risque pour les nouveaux niveaux d'apprentissage dans lesquels vous vous trouvez. Toutefois, je suis autorisé dans le cadre de votre nouvelle énergie à vous donner des indices que vous découvrirez peut-être pour la première fois en lisant ces lignes. La raison en est de pousser doucement les êtres spéciaux qui lisent cette information à utiliser ces pistes pour résoudre les problèmes scientifiques qu'ils ont sous les yeux. Cette information, combinée à la nouvelle énergie naturelle que vous vous êtes méritée, vous fournira les réponses à vos questions.

Tout au long de ces écrits et de ces channelings, jusqu'à maintenant, je vous ai occasionnellement donné de l'information d'une grande valeur en vue de l'explication des choses sur lesquelles vous réfléchissez maintenant. Par exemple : bien que vous ayez peut-être rapidement passé là-dessus, plus tôt dans ce livre, je vous ai parlé d'un phénomène que, indubitablement, votre science observe actuellement, mais qui n'est pas publicisé. Il y a des explosions de courts rayons gamma, d'une très haute énergie, qui frappent présentement votre atmosphère. Vous rappelez-vous pourquoi? Retournez en arrière dans ces écrits pour trouver la réponse. C'est une solution spirituelle... qui n'est pas contradictoire à vos lois physiques, car le spirituel est uni pour toujours à la physique. Le spirituel est la base de votre science et il établit les règles pour l'observation de ce que vous voyez chaque jour. (*Voir p. 226A*)

Un peintre est venu un jour couvrir la Terre d'amour et d'attributs spirituels. Cela a couvert la terre d'énergie et celle-ci a répondu avec la vie et l'équilibre, unissant pour toujours le peintre à la terre et à la force de vie en elle. Les hommes qui se sont vu confier la tâche de marcher sur la terre à l'abri de la réalité de la vérité, ont récemment trouvé l'évidence de la peinture. Ils continuent, cependant, à renier l'existence du peintre, car ils n'ont trouvé aucune raison de croire que la peinture ne s'est pas auto-créée. Lorsque, finalement, ils admettront le peintre, l'équilibre des trois deviendra évident et les attributs de la peinture ne les mystifiera plus. Sans le peintre, il n'y a rien qui puisse expliquer pourquoi les couleurs sont mélangées comme elles le sont, ou pourquoi elles travaillent ensemble.

À propos de la science en général, je vous donne un avertissement sur vos méthodes scientifiques. Vous fonctionnez à l'envers de ce qui devrait être! Vous fonctionnez actuellement à reculons, pour ainsi dire. Lorsque vous considérez un phénomène, peu importe à quel point il peut vous sembler bizarre, vous devriez vous poser cette question : y a-t-il une corrélation logique dans ce phénomène qui exige une étude approfondie? Mais présentement, vous commencez plutôt par regarder uniquement ce que vous connaissez déjà en lui, puis vous présumez seulement de ce qui peut entrer dans le champ de votre compréhension (ou de ce que vous croyez comprendre). Vous appliquez vos présomptions aux choses que vous observez autour de vous et, si votre petit postulat ne correspond pas à ce qui se passe effectivement, vous écartez souvent tout ce qui se passe en bloc. Mes très chers, cela ne vous servira à rien. Ainsi, avec cette méthode, vous avez effectivement rejeté l'équilibre naturel bipolaire de l'organisme du corps humain; par conséquent, la façon de le mesurer et de l'équilibrer a été ignorée, même si l'évidence de ceci se trouve partout autour de vous et qu'elle est là depuis des siècles. Comment pouvez-vous ignorer quelque chose d'aussi évident?

En outre, vous avez ignoré les influences astrologiques, niant par conséquent que le mouvement du système solaire interagit avec vos lois magnétiques, à la fois planétaires et biologiques. Combien de temps cela vous prendra-t-il pour apprendre à travailler à partir du phénomène dans son ensemble? Vous devriez dire : ce phénomène, peu importe à quel point il est étrange, mérite une investigation, parce qu'il est là et qu'il semble être logique. S'il y a une corrélation à l'intérieur de cette opération avec quelque chose qui se rapporte à la Terre ou à l'homme, quels sont alors les mécanismes de ce phénomène? Vous vous dites plutôt : «*Ce que j'ai étudié et compris fonctionne d'une certaine manière et j'ai découvert le principe de son fonctionnement. Lorsque j'applique ma compréhension à un large phénomène inexpliqué, cela ne marche plus. Par conséquent, je nie l'existence ou la réalité du nouveau phénomène.*» Voyez-vous comment vous travaillez à l'envers du bon sens? Le plus grand *ensemble* devrait vous dicter l'étude de tous les éléments qui le font fonctionner. Au lieu de cela, vous examinez des éléments isolés et appliquez vos conclusions au mécanisme universel de l'ensemble!

Imaginez que dans 50 000 ans, une culture très différente de la vôtre atterrit dans votre coin de continent et qu'elle découvre une petite partie d'un de vos sites complexe de lancement d'engins spatiaux. À partir de cela, ils extrapolent l'utilité possible de ce site et de l'engin. Ils projettent de quoi le véhicule devait avoir l'air, en se basant sur leur compréhension de la science qu'ils possèdent dans leur culture. Ils le décrivent et l'illustrent à l'aide de graphiques dans leurs livres d'histoires de la civilisation humaine. Beaucoup plus tard, leurs enfants reviennent sur Terre et découvrent le véhicule complet, mais ils ne le reconnaissent pas. L'engin est dix fois plus grand que ce qu'ils croyaient et conçu étrangement pour pouvoir éventuellement *voler*. Il n'a absolument aucun rapport avec le véhicule humain qu'ils ont étudié et les dessins qu'ils ont analysés dans leurs livres d'histoire. Par conséquent, ils considèrent le mammouth spatial comme une forme d'art terrestre, ou une statue de l'espace que les humains ont dû vénérer. Après tout, il ne peut pas avoir été utile, concluent-ils en se basant sur ce qu'ils *connaissent* déjà des humains. Voyez-vous comment le *culte* de la partie déforme la réalité du tout? Si cette culture avait découvert la fusée d'abord, l'histoire aurait pu être différente.

Dans votre cas, la *fusée* de cet exemple est tout autour de vous et vous avez le bénéfice des travaux de l'ensemble à chaque jour. Malheureusement, plusieurs de vos scientifiques sur la Terre et de vos dirigeants religieux ont déjà dessiné les *esquisses* de leurs savantes opinions sur la façon dont l'ensemble devrait fonctionner mais, lorsqu'ils voient la réalité de l'ensemble, ils ne la reconnaissent pas. Elle ne correspond pas au modèle qu'ils avaient énoncé et, par conséquent, ils écartent le fait qu'elle puisse être ce qu'elle est en réalité!

Scientifiques, prêtez l'oreille : Comment, ces gens d'autres cultures font-ils si souvent des guérisons humaines majeures, d'une manière aussi mystérieuse? Est-ce que cela mérite une véritable investigation ou avez-vous désavoué l'existence de ce phénomène parce qu'il ne correspond pas à votre modèle? Comment le corps humain peut-il miraculeusement éliminer la maladie par lui-même du jour au lendemain? Il y a de la documentation logique à ce sujet et cela se rapporte à l'énergie de la pensée. Que faites-vous de cette information?.. vous contentez-vous de l'ignorer? Il y a aussi des corrélations constantes à propos des attributs magnétiques, en rapport avec le comportement humain et la santé. Cherchez-en les évidences. Finalement, commencez à comprendre la place de la polarité et du magnétisme dans le domaine de la santé et du comportement. Cela vous sera immensément utile et cela vous donnera des outils pour accroître la durée de votre vie maintenant! Cela est une vieille technologie. Redécouvrez-la!

En outre, mettez votre ego de côté et interrogez un astrologue sérieux à propos de ce système mis de côté dans votre culture. Laissez cette personne vous montrer les grandes corrélations et l'énorme histoire de ses croyances et de son utilisation à travers les milliers d'années de l'existence des hommes sur la Terre. Puis, attaquez le comment et le pourquoi d'une façon scientifique en commençant par l'extérieur vers l'intérieur, car c'est votre spécialité pour la recherche, la logique et la découverte. Construisez votre propre modèle sur la façon dont cela fonctionne scientifiquement! Puis, ajoutez-le à votre liste d'outils humains et utilisez-le pour votre bénéfice. L'astrologie n'est pas un mystère. C'est une science!

Pour quelles raisons ne voulez-vous pas investiguer ce qui semble intangible? Ceci n'est pas un avertissement mais une véritable question, car il y a en fait quelque chose qui justifie pourquoi vous ne cherchez pas à connaître ces phénomènes. Il y a une responsabilité spirituelle qui se rattache à ces découvertes... et derrière cela se cache un tout autre sujet!

Rappelez-vous de ceci : le plus près vous vous approchez de la vérité physique actuelle de ces choses, le plus près vous vous trouverez des bases spirituelles. Si votre système de croyances rejette le spirituel parce qu'il n'a rien à voir avec la science, vous vous retrouverez alors bientôt dans une impasse au point de vue personnel. Quand les autres autour de vous, qui ne sont pas biaisés, commenceront à montrer du progrès et de la compréhension dans leurs travaux scientifiques avec des postulats qui fonctionnent et des succès prouvés, les écarterez-vous aussi? Vous courrez rapidement vers un pont ou un mur. Le premier relève de la révélation et le second, de l'ignorance. Personne d'entre vous n'a à devenir subitement spirituel ou *étrange* pour traverser ce pont. Tout ce qu'il faut, c'est un esprit ouvert à **toutes les possibilités,** et non pas seulement à celles que vous croyez acceptables.

Je demeure le mécanicien, le maître magnétique et le scientifique. Je suis rempli d'amour,

Kryeon

DOUZE

Questions sur la science

Question: Je commence tout de suite par ma principale question, sur laquelle plusieurs s'interrogent. Pouvons-nous découvrir l'anti-gravité? Si une telle chose existe, est-ce que les OVNIS l'utilisent?

Réponse: Le terme anti-gravité est mal approprié. Vous devez changer complètement votre concept de comment cette propriété peut exister avant de la comprendre. Diriez-vous d'une personne qu'elle est remplie d'anti-amour si elle était fâchée? La gravité est le produit absolu des attributs de la masse et du temps, l'un de ceux que vous pourriez changer.

Ce que je suis sur le point de vous décrire n'est pas nouveau, mais n'a pas encore été développé sur votre planète. Ce phénomène a été observé sur Terre par les humains mais, à cause d'une question de synchronisme, il n'a jamais été autorisé à se développer. Aucune entité universelle ne l'a jamais bloquée, c'est une question de synchronisme. Je veux dire que votre technologie pour l'étudier et l'expérimenter n'était pas prête et rien ne s'est passé quand il a été découvert.

Sachez ceci : vos lois physiques sont pour la plupart correctes. Vous avez accompli un bon travail d'observation et de documentation sur les lois physiques des objets les plus répandus autour de vous. Vos calculs mathématiques sont bons et les postulats que vous appliquez à la façon dont se comporte la masse sont également bons; vous tirez cependant des conclusions intéressantes, mais faciles à propos de toute masse. Vous savez déjà que la gravité est un attribut de la masse, et qu'elle est toujours là. Ce qui a manqué jusqu'à maintenant dans vos réflexions est la façon dont la gravité est liée au temps (quelque chose que vous ne pouvez facilement concevoir ou changer); vous n'avez pas non plus considéré que toute la question de la gravité, de la masse et du temps est non linéaire.

Permettez-nous de vous parler uniquement de l'aspect masse/gravité. À l'intérieur même des confins de l'Univers, vous avez observé des objets d'une masse et d'une gravité importantes bien que de petite taille. Ceci vous amène à conclure que la densité est un élément très important dans la formule de la masse. Votre perception de la façon dont la masse est devenue dense, cependant, n'est pas tout à fait précise.

Vous avez réussi à mesurer comment un objet bouge dans l'espace et, à partir de là, vous avez pu deviner sa masse. Si vous connaissez aussi sa taille, vous pouvez alors deviner aussi de quoi il est composé... de gaz, de roc, de glace, de vapeur, etc... en calculant sa densité, votre clé pour mesurer la masse réelle. La majeure partie de l'Univers est composée d'éléments qui supportent les ratios simples taille/densité, et la preuve réelle de la masse et de la densité d'un objet mystère se trouve dans la façon dont il bouge par rapport aux autres objets. C'est lorsque vous découvrez des objets qui ne se comportent pas de la même façon que les autres que vous êtes mystifiés. Rappelez-vous de ceci : vos observations sont restreintes au cadre temporel qui est le vôtre. Ceci veut dire que, puisque les propriétés de la gravité sont le résultat de la masse et du temps – et je vous ai également dit qu'ils sont non linéaires - vous ne voyez vraiment que les propriétés qui se situent dans votre cadre temporel. Si vous étiez capables de changer même légèrement de position, vous observeriez un scénario complètement différent des attributs de la gravité.

Disons que vous, nouvellement arrivés sur Terre, avez passé 30 ans de votre vie sur une île primitive de l'équateur terrestre. Étant un scientifique qui ne faisait qu'observer, vous avez étudié les propriétés de l'eau du mieux que vous le pouviez, jusqu'à ce que vous sentiez que vous la compreniez totalement. Elle était tout autour de vous, plus que vous ne l'aviez encore imaginé, et vous étiez à l'aise avec ses propriétés, partout où vous la trouviez... la façon dont elle bougeait, la façon dont elle réfléchissait les choses, la façon dont elle coulait en plus petits cours d'eau dans les terres et combien elle pesait lorsque vous la transportiez. Elle était devenue une certitude physique pour vous. Soudain, un vaisseau spatial apparaît et vous transporte au Pôle Nord où, en état de choc, vous découvrez un tout nouvel attribut de l'eau... elle devient dure lorsqu'il fait très froid! Imaginez... de l'eau dure : quel concept! Vous n'aviez jamais été capable de générer cette condition, puisque votre île ne pouvait simuler ces conditions. Vous croyiez comprendre l'eau, mais ce n'était pas le cas. Il en est de même en ce qui concerne votre observation limitée de la masse sur votre *île du temps*.

Plusieurs d'entre vous ont correctement deviné que le magnétisme et l'électricité jouent un rôle critique dans la détermination des vrais attributs de la masse et que les variables magnétiques qui déterminent le produit de la masse sont souvent au travail à l'intérieur de très petites particules... pour créer la densité d'un objet et aussi son cadre temporel!

Puisque vous êtes capables de voir à partir d'une certaine distance des objets apparemment de faible densité avec d'énormes attributs de masse (grande masse/forte gravité), n'avez-vous jamais pensé au phénomène inverse? Ce que je suis en train de vous dire c'est que votre soi-disant «anti-gravité» est en fait votre recherche du mécanisme qui crée les attributs de ce que j'appelle une condition «sans masse». Ce sont les mécanismes des petites particules qui déterminent en fait les attributs de la masse d'un objet et, par conséquent, la gravité et le cadre du temps de cet objet. Pouvez-vous imaginer un objet avec une densité zéro, quelle qu'en soit la taille? Bien peu de choses dans l'Univers existent sous cette forme mais elles peuvent être créées artificiellement en utilisant tout simplement les mécanismes de la densité de ce qui détermine la masse réelle d'un objet.

Vos formules scientifiques ne permettent vraiment pas cela; même certaines de vos meilleures théories ne sont pas prêtes à admettre un objet sans masse. En utilisant vos théories de pointe, vous pouvez déduire que, si ce que je dis est juste, l'énergie d'un objet sans masse serait zéro. Puisque vous avez fait le postulat que la masse multipliée par le carré de la vitesse de la lumière est égale à l'énergie d'un système isolé, votre propre postulat doit arriver à une énergie zéro pour un objet sans masse. Pouvez-vous imaginer quelles situations un objet avec une masse négative créerait? Comment concevez-vous l'énergie négative? En outre, bien que sans lien avec cette discussion scientifique, vous serez peut-être intéressés de connaître la réaction de la lumière à un objet sans masse. Vous avez déjà deviné qu'une forte gravité fera courber la lumière. Que pensez-vous que l'absence totale de masse, d'énergie et de gravité fait à la lumière autour d'un objet? Voilà matière à réflexion. Et pendant que vous y réfléchissez, considérez également une masse négative, une énergie négative et une gravité renversée!

L'expérimentation avec les lignes d'influence d'un champ magnétique à angle droit avec un champ électrique vous apportera de la gratification dans votre recherche pour changer la masse d'un objet. Ce sont les mécanismes pour présentement changer temporairement le comportement de la polarité d'une petite particule... ce qui se traduit en densité, en manque de densité, ou l'inverse (densité négative). La quantité, la forme et les autres paramètres de votre travail à ce sujet vous appartiennent. À mesure que vous découvrirez comment altérer ces choses, soyez prudents, car vous créerez par la même occasion un léger déplacement du temps, ce qui peut être dangereux pour vous physiquement jusqu'à ce que vous compreniez comment les objets interagissent correctement dans les déplacements temporels altérés.

Même si vous comprenez qu'un tel système mécanique doit être circulaire, ne faites aucune supposition quant à la

forme des champs électriques et magnétiques qui interagissent, ou quel devrait être le médium pour transporter les
propriétés de la polarité dans un tel système. Rappelez-vous,
cependant, que les gaz et les métaux liquides peuvent aussi
être utilisés efficacement pour transporter une charge. Bien
que cela puisse vous sembler un mystère dans le contexte de
cette discussion, ne soyez pas surpris si l'eau sous pression
joue également un rôle important dans ce système.

C'est avec beaucoup d'ironie que je vous dis que, il n'y a
pas si longtemps, cette condition sans masse a été précisément
créée dans l'atelier primitif d'un grand scientifique en
électricité, dans votre culture, sur le continent américain. Si
vous pouviez visiter son atelier, vous remarqueriez les trous
dans le plafond et le petit port d'attache tout rapiécé sous un
couvercle de verre d'où ses objets sans masse ont littéral-
lement décollé et ont librement volé un peu partout. Si ce
scientifique était né 50 ans plus tard, il aurait été capable de
contrôler les attributs de son expérience. Mais, au moment où
il a vécu, il ne possédait pas les outils de précision que vous
possédez actuellement pour diriger et contrôler une telle
expérience. C'était sa grande passion de comprendre ce
phénomène; toutefois, parce qu'il était si incontrôlable et
sporadique, il ne fut jamais capable d'amener les autres à
contempler son travail, car il ne pouvait pas précisément le
créer d'une manière constante. Cela l'a grandement
découragé dans sa vieillesse, car il possédait un grand esprit
scientifique au niveau de la troisième dimension... dans un
corps qui ne pouvait attendre suffisamment longtemps pour
que les outils viennent l'aider à prouver ses idées créatrices.

Cette condition d'absence de masse n'est ainsi pas une
nouvelle idée pour vous et elle continue d'être reconnue
comme une propriété viable au sein de plusieurs groupes
humains; mais vous n'avez pas encore été capables de la
mettre en opération. Peut-être que cette communication elle-
même incitera celui qui est censé la *découvrir*... à passer à
l'action!

Votre question à propos des OVNIs était appropriée. C'est une partie du système qu'ils utilisent pour voyager dans votre gravité. Je vous ai déjà donné des indices quant à ce qui se passe en réalité au sein de l'influence d'un objet sans masse, mais sachez qu'un objet véritablement sans masse n'obéit plus aux lois de votre cadre temporel. Parce qu'il crée sa propre influence d'énergie à partir de ce qui se trouve autour de lui, un objet sans masse a la caractéristique de s'envoler et de s'arrêter de façon incontrôlée; sa vitesse et ses mouvements sont aussi imprévisibles. Vous devez aussi être conscients que, comme je vous l'ai déjà dit, la référence temporelle d'un objet sans masse est légèrement différente de la vôtre; elle crée l'impression que vous vous déplacez un peu plus lentement que l'objet sans masse. On peut aussi prédire sa réaction aux molécules de masse plus normales autour de lui. À cause du très léger déplacement du temps, il tend à changer le nombre d'électrons au sein des atomes directement en contact avec lui. Voilà une façon de détecter un objet sans masse, même si vous ne pouvez pas le voir.

Un objet à 100% de masse zéro serait normalement considéré comme inanimé à l'intérieur de votre champ de gravité; ces appareils qui vous visitent sont toutefois très manoeuvrables. Cela devrait vous prouver que les attributs de masse peuvent être changés facilement... et même dirigés. Qu'arriverait-il si une masse négative (en dehors de la synchronisation avec votre cadre temporel) était dirigée à l'encontre de votre masse traditionnelle? La réponse est : une *répulsion*. C'est le résultat de la direction d'une masse négative artificielle contre la masse ordinaire de la Terre. Ainsi, vous avez maintenant un indice que les attributs de la masse sont en réalité *réglables*; et avec plus d'une *source de masse*, un système d'objets liés peut avoir de multiples facettes ou plusieurs attributs en même temps. Certains aspects d'un système lié peuvent être ajustés à certains attributs de masse, pendant que le dessous, le haut et d'autres côtés peuvent être ajustés différemment... quelque chose qui n'existe pas au sein de l'Univers dans une forme naturelle. Non seulement un attribut, ou un système connexe, peut avoir une masse négative (dans un mode de répulsion envers la masse commune), mais un aspect peut aussi avoir une masse commune plus lourde qu'un autre. D'une précision coordonnée, ce système peut permettre un mouvement contrôlé avec précision sur tous les plans. Ceci devrait également expliquer maintenant les anomalies magnétiques observées autour des expériences d'OVNIS que vous avez répertoriées et les *sons* qu'ils émettent dans vos récepteurs radios. Les sons ne sont pas du tout des sons, mais seulement le résultat d'un ajustement précis constant de la densité de la masse des engins, dont le nombre peut s'élever jusqu'à sept. Le magnétisme impliqué crée de l'interférence avec vos transmissions radios qui sont, après tout, magnétiques. Chacune des masses de l'engin contrôle une plaque de masse ajustée plutôt petite. Très souvent plusieurs systèmes de véhicules sont *liés ensemble* en un seul système contrôlé; plusieurs appareils semblent alors se déplacer exactement de la même manière comme un tout. C'est une façon efficace d'empêcher la masse des engins de plusieurs systèmes d'interférer les uns avec les autres lorsqu'ils réagissent à la gravité de votre Terre. Ce n'est pas seulement efficace; c'est aussi nécessaire.

Afin que ce système fonctionne, l'opérateur de ces engins doit comprendre parfaitement les attributs de la masse commune des objets qu'il affecte, car les lois de la gravité demeurent constantes à l'intérieur d'un cadre temporel donné, et seulement la densité de la masse et la polarité des plaques du véhicule sont changées pour pousser ou tirer contre une quantité massique connue. Les anomalies gravitationnelles de la Terre peuvent créer le chaos avec un système tel que celui-ci, et c'est pourquoi parfois ces véhicules s'écrasent. Il y a des anomalies connues et inconnues dans la constance gravitationnelle sur votre planète. Croyez-moi, la plupart d'entre elles sont maintenant bien répertoriées sur les carnets de bord de ceux qui visitent la Terre de façon régulière. Elles sont comme des roches cachées sous l'eau d'un petit port tranquille... pour un navire de bois.

Une bonne partie de l'avancement technique dans ce domaine sera d'appliquer des attributs de très haute ou très basse densité à des quantités de matière de plus en plus fines, réduisant de cette façon la taille de l'appareil qui accomplit le travail. Plus vous en apprenez sur la structure atomique, plus ceci deviendra clair, et c'est la compréhension de la polarité et du comportement de petites particules qui est la clé de tout ceci. Vous devriez peut-être commencer votre recherche par les plus petits éléments, en apprenant comment les atomes répondent les uns aux autres selon leur exposition à des paramètres électriques spécifiques. Même un très petit changement de distance entre le noyau et l'orbite des atomes peut faire une grande différence dans la densité de la masse. Trouvez quelles sont les *règles* qui justifient la si grande distance entre le noyau et les parties en orbite. Comment pouvez-vous changer cela?

Un dernier avertissement de la plus grande importance à propos de tout ceci. Protégez-vous lorsque vous faites des expériences! Les effets d'un seul engin de masse efficace peut endommager votre biologie même avec une très légère exposition! Lorsque vous découvrirez finalement comment utiliser le système, vous devrez vous protéger si vous décidez de voyager à l'intérieur de celui-ci. Une isolation est nécessaire! Servez-vous de cristal broyé comme isolant pour commencer. Vous découvrirez rapidement les propriétés de celui-ci, et le reste deviendra évident.

Question : Je suis heureux d'avoir posé cette question! Parlant de structure atomique, y a t-il quelque chose de complètement nouveau qui reste à découvrir et que nous n'avons pas encore trouvé?

Réponse : Oui. Exception faite de la précédente discussion sur ce qui arrive à la matière lorsque vous commencez à manipuler les polarités, il y aura de nouvelles découvertes à faire également. L'une des plus intéressantes, cependant, sera la découverte des *jumeaux*.

Se cachant à l'intérieur de la structure atomique habituelle se trouve un merveilleux coup d'oeil sur quelque chose qui vous mystifiera totalement et complètement, car il semblera briser toutes les lois du temps et de l'espace. Les *jumeaux* sont une paire de cellules atomiques qui sont toujours reliées l'une à l'autre, et que l'on trouve toujours en paires. Je ne vous dirai pas où chercher. Croyez-moi, vous le saurez lorsque vous les aurez trouvées. Certains ont déjà observé leurs *empreintes*.

Leur comportement vous étonneront. Vous découvrirez que, lorsque stimulés correctement, les *jumeaux* bougent toujours ensemble comme une paire. Lorsque, à titre d'expérience, vous commencerez à les éloigner l'un de l'autre, ils continueront toujours de bouger de la même manière en même temps. Quelle que soit la distance qui les séparera, ils bougeront exactement de la même manière. Même si l'un est envoyé dans l'espace pour voyager au-delà de votre système solaire, ils bougeront encore comme s'ils ne faisaient qu'un. Si l'un est stimulé, l'autre réagira. Ils sont une paire pour toujours et sont indestructibles. Si l'énergie de l'un est convertie, celle de l'autre le sera également.

Ceci vous incitera à réexaminer entièrement votre conception du temps et de l'espace, car cette condition ne suivra pas «la vitesse ultime» de transmission que vous croyiez correcte, celle de la vitesse de la lumière. Vous aurez découvert quelque chose qui voyage plus vite que ce que vous ne pourrez jamais mesurer! Cette communication instantanée entre les parties jumelles est la base de la communication de toutes les entités spirituelles de l'Esprit dans l'Univers. C'est le mécanisme qui, en 1987, a permis à tout l'Univers de savoir instantanément que la Terre était prête pour un changement. C'est de cette façon que je communique instantanément avec la grande force créative, et elle se conforme à la structure de l'Univers... que je vous ai décrite lors de précédents channelings.

Question : Pourrons-nous, pendant que nous sommes en apprentissage, vraiment comprendre un jour la véritable structure de l'Univers?

Réponse : Non. Cela ne serait pas approprié; vous ne pourriez à la fois comprendre et demeurer en apprentissage. Votre dualité serait révélée et ceci ne servirait à rien dans ce que vous êtes en train d'accomplir avec succès sur la planète. Un jour, lorsque la Terre ne sera plus en apprentissage, telle que vous la connaissez, les humains ici-bas en connaîtront bien davantage.

Question : Je m'intéresse aux ordinateurs. Où va cette technologie? Sommes-nous sur la bonne voie quand nous créons des appareils qui peuvent nous aider? Les ordinateurs sont-ils dangereux?

Réponse : Votre technologie informatique était absolument nécessaire pour vous permettre d'aller de l'avant avec la science du Nouvel âge. Voyez à quel point vos efforts vous ont permis de progresser. Quand vous observez ce genre d'accélération scientifique, vous devriez savoir que cela est approprié. Ce que vous faites avec la connaissance, cependant, est le test de votre apprentissage. L'utiliserez-vous toujours comme une arme? Ou l'utiliserez-vous pour faire connaître aux autres les découvertes sur l'environnement et la santé?

En ce qui concerne la technologie informatique, vous passez à côté de la chose la plus évidente! Quand vous observez le plus merveilleux des ordinateurs en fonction chez les êtres biologiques qui vous entourent, pourquoi ne l'imitez-vous pas? Ne souhaitez-vous avoir qu'une demi-technologie ou une technologie entière?

Vous rendrez instantanément votre science informatique 10 000 fois plus performante si vous combinez ce que vous savez déjà avec la chimie. La machine informatique électrochimique est la voie de l'Univers. C'est la voie de votre propre biologie et de votre propre cerveau. Quand commencerez-vous à songer à réunir les deux?

Ceci n'a strictement rien à voir cependant avec la création de cellules vivantes. C'est tout simplement une technologie qui jumelle les paramètres électriques avec les paramètres chimiques pour créer une puissance et une vitesse comme vous n'en avez jamais rêvé... comme celles que vous avez dans vos propres têtes. Que diriez-vous d'un ordinateur qui aurait toutes les informations sur ce qui s'est passé au cours des 50 dernières années emmagasinées dans un espace gros comme une noix? Plusieurs réponses scientifiques peuvent être obtenues à partir de l'émulation de ce qui a déjà été fait par l'Esprit au sein même de votre nature terrestre.

Question : Dans des écrits précédents, vous avez dit que nos déchets nucléaires constituent l'un des plus grands dangers de la Terre présentement. Cette matière semble indestructible et elle est volatile pour toujours! Que pouvons-nous faire à ce sujet?

Réponse : Vos déchets atomiques actifs sont en effet le plus grand danger auquel vous devez faire face. Vous avez vu comment un immense territoire peut être empoisonné à jamais suite à un seul accident atomique. Songez à la tragédie de perdre une partie de votre pays à cause de cela... seulement parce que vous ne vous êtes pas préoccupés de certains matériaux enterrés profondément sous terre qui continuent dangereusement d'être en activité. En ce moment même, alors que vous lisez ces lignes, il y a une petite ville sur votre continent américain, dont le nom commence par un «H» qui se trouve dans cette condition. Un désastre se produira effectivement si vous continuez à ignorer la situation; c'est une simple loi physique élémentaire. Vous n'êtes toutefois pas forcés d'attendre une catastrophe avant d'agir.

Ne vous mettez pas dans la tête de vous débarrasser de ces déchets en les rejetant *au loin* : cela est inutile et, plus souvent qu'autrement, cela ne fonctionnera pas. Une substance active de ce genre est comme de l'acide. Quoi que vous fassiez avec elle, il ne s'agira que d'une solution temporaire; tôt ou tard, elle rongera l'endroit où vous l'avez placé. De grâce, ne la jetez pas dans vos océans et vos lacs!

La vraie réponse devrait être évidente. Ces déchets doivent être neutralisés. Je vous ai déjà parlé de ceci dans mes communications précédentes, mais je vais m'y attarder plus longuement cette fois. Il y a plusieurs façons de neutraliser ces déchets. Celle qui est accessible à votre technologie est cependant simple et disponible présentement. Vous devriez immédiatement vous tourner vers la biologie de la terre! Cherchez les micro-organismes que vous connaissez déjà et qui peuvent dévorer ces substances actives et les rendre inoffensives. Utilisez votre science pour accroître leur nombre et leur efficacité puis, laissez-les manger vos déchets!

Vous vous demandez peut-être pourquoi ceci n'est pas fait actuellement puisque ces organismes ont déjà été découverts. Cherchez la réponse du côté des gouvernements de ce monde. Demandez à ce que les recherches soient complétées et que le processus commence! Cherchez à comprendre pourquoi vos gouvernements ne vous ont pas tout dévoilé ou pourquoi on n'a pas financé convenablement le projet. Ces micro-organismes sont petits, faciles à transporter et à multiplier; en outre, peu leur importe qu'ils se nourrissent d'une arme ou d'un dépotoir à déchets.

Il est temps pour les dirigeants de la Terre de laisser de côté leur peur des technologies qui pourraient changer l'équilibre de l'armement. Ironiquement, très souvent les nouvelles découvertes de la science peuvent aussi bien servir la paix que la guerre; c'est votre degré d'illumination qui déterminera à quelle fin elles serviront. Présentement, vous êtes sur le point de découvrir quelques-uns des meilleurs outils environnementaux jamais développés... y compris celui dont je parle pour réduire vos déchets nucléaires. Vous êtes aussi sur le point de recevoir une grande quantité de technologie fort utile pour allonger la durée de vie, accroître le contrôle des maladies et améliorer votre santé en général. Ne permettez pas à quelques-uns de priver l'ensemble d'un grand bien à cause de la peur.

Question : Kryeon, je soupçonne qu'en raison de notre nature humaine, nous ne pouvons comprendre votre référence constante au fait que nous vivons dans un *temps linéaire* et que l'Univers est dans le *maintenant*. Pourriez-vous nous donner des exemples qui aideraient à mieux comprendre ce principe? Il nous est très difficile d'imaginer comment les deux peuvent exister simultanément.

Réponse : Votre intuition vous sert bien, car vous ne pouvez effectivement comprendre en profondeur comment ceci fonctionne jusqu'à ce que vous n'en fassiez plus partie. C'est l'essence de votre dualité et il est approprié que cela demeure caché. Je vais vous donner, toutefois, une analogie très simple et brève concernant ce que vous désirez savoir. Imaginez un rail de chemin de fer construit dans un cercle très large. Sur cette voie, circule un petit train qui vous représente. Il est toujours en mouvement et voyage à peu près toujours à la même vitesse. Le rail est votre grille temporelle linéaire et le train c'est vous, en mouvement dans un temps linéaire, avançant toujours d'où vous étiez à l'endroit où vous vous dirigez.

Les entités universelles, y compris Kryeon, se tiennent dans le centre du cercle et vous regardent traverser votre temps linéaire. Puisque l'Univers a construit ce rail, et les autres rails environnants, représentant les autres événements qui se déroulent dans le temps linéaire, il sait exactement où va le train et quels événements viendront éventuellement briser le cercle. Ainsi, nous savons combien de temps votre soleil durera et à quels moments les différents éléments entreront en collision avec d'autres corps. Tout ceci est très, très loin dans votre temps linéaire. Nous restons donc là, sans bouger, en vous regardant aller. À tout moment, lorsque nous le désirons, nous pouvons regarder à gauche ou à droite, et observer non seulement le passé mais aussi l'endroit où vous conduira votre train dans le futur. Voilà comment nous pouvons être dans le *maintenant* statique pendant que vous êtes en mouvement.

Ce que nous ne savons pas, cependant, c'est ce que vous allez faire avec votre train sur le rail que nous avons construit. Combien de wagons allez-vous ajouter ou soustraire? De quelle couleur sera votre train? Allez-vous le détruire? Allez-vous le nettoyer et le réparer, ou le laisserez-vous se détériorer jusqu'à ce qu'il s'arrête? Le rendrez-vous plus efficace, changeant alors sa vitesse? Tout cela vous est possible.

Voilà le scénario; et c'est pourquoi nous pouvons vous dire que, même s'il n'y a pas de prédestination quant à votre avenir personnel face à l'Univers, nous savons toujours où tous les rails vous mènent.

Question : Il commence à y avoir beaucoup d'objections scientifiques et religieuses aux enseignements du Nouvel âge. Lorsque je lis ces critiques, quelques-unes me semblent pleines de bon sens lorsqu'elles partent du principe que «si c'est là et que c'est réel, pourquoi alors ne pouvons-nous pas le voir, le toucher, le mesurer et faire en sorte qu'il se répète». Vos déclarations précédentes sur à peu près tout, tel que sur la gravité, l'astrologie et la possibilité de guérir, sont sous la loupe de ces hommes et de ces femmes, dont plusieurs sont très intelligents, ouverts d'esprit et prêts à entendre raison. Que répondez-vous à cela?

Réponse : Au début des années 1700, un homme bon, intelligent et craintif de Dieu vivait sur la Côte est de votre continent, portant la robe d'un pélerin. Il était rempli d'honneur et de respect pour la nature et pour Dieu. Il était là intentionnellement; il avait choisi la voie difficile de se dissocier des autres qui avaient, selon lui, compromis leur intégrité en matière divine. Il était considéré par tous (y compris l'Esprit) comme un être sincère. Il guida avec succès son peuple vers un nouveau commencement dans un nouveau pays.

Un jour, sur sa route, le pèlerin rencontra un homme qui le considérait comme un être très près de Dieu. Cet homme confia donc au pèlerin une vision qu'il avait eue : il affirmait avoir vu l'avenir. Il lui dit qu'il existait des vagues invisibles dans l'air capables de porter une voix sur de grandes distances. Il lui dit qu'il serait possible un jour de parler instantanément à quelqu'un sur le continent-mère... il avait même vu de la musique et d'autres merveilles voyager dans l'air. Le pèlerin comprit que ceci n'avait pas de sens, puisqu'il n'avait jamais lui-même eu aucune vision de ce genre (lui qui était tout près de Dieu), et que la science du temps n'avait jamais trouvé aucune évidence à ce sujet.

Dégoûté par ce *fou*, le pèlerin fit appel à Dieu pour l'anéantir, croyant qu'il était véritablement d'essence diabolique. L'homme fut entraîné à l'écart et tué quelque temps plus tard car on le croyait associé au démon.

Bien peu de choses de ce scénario ont changé dans votre temps moderne. La sophistication de votre société a tempéré les réactions, mais l'essence de ce qui est survenu dans l'exemple des années 1700 est toujours là. Vos dirigeants religieux qualifient le travail de Kryeon d'action diabolique et vos scientifiques vous disent qu'ils n'ont aucune évidence de la validité de vos écrits. Par conséquent, vous n'avez aucune crédibilité. Pour eux, vous êtes des clowns et, pour les dirigeants religieux, vous êtes sataniques.

Revenons un moment au pèlerin. L'homme avec la vision, bien sûr, avait raison. Les ondes radios sont magnétiques et elles étaient répandues tout autour du pèlerin, même au moment où il niait leur présence... puisqu'elles se retrouvent naturellement dans l'Univers. Les ondes existaient déjà à ce moment, attendant d'être découvertes et utilisées pour porter au loin la voix et la musique. Le pélerin ne pouvait pas les voir; en outre, sa science n'avait pas encore de moyen de les mesurer. Donc, pour lui, les ondes n'existaient pas. Ajoutez à cela le fait que l'Église n'autorisait personne à visionner l'avenir sans son autorisation et faire autrement était considéré comme satanique.

Ce n'est qu'une question de temps pour que ces enseignement deviennent vraiment réels pour vous et soient reconnus par votre science. Contrairement aux centaines d'années qu'il vous a fallu pour découvrir les ondes invisibles après l'époque du pélerin, vous découvrirez certaines des vérités invisibles de Kryeon au cours des prochaines décennies au lieu d'attendre des siècles... À ceux qui doutent, je dis donc : **prenez garde de juger le messager, seulement parce que vous ignorez le message.**

Question : Pour terminer, une question du domaine médical : arriverons-nous à vaincre le SIDA?

Réponse : Vous devriez savoir maintenant que je ne peux vous révéler l'avenir. Ce n'est pas parce que j'en suis empêché, mais bien parce que c'est vous qui le contrôlez absolument! Je vais me réjouir des surprises autant que vous. Je peux vous dire, cependant, que vous avez présentement à votre portée tout ce qu'il faut pour contrôler le SIDA. Avec le progrès dont votre planète a fait preuve récemment dans sa recherche de la lumière, l'Esprit s'attend à ce que vous trouviez la solution et, par le fait même, que vous en découvriez beaucoup plus en ce qui concerne les mécanismes d'invasion des petites particules biologiques. Bien qu'elles demeurent énigmatiques pour plusieurs, mes précédentes communications sur le mécanisme des petites particules biologiques répondent à vos questions. Il est effectivement possible qu'au moment où ces écrits seront répandus, vous ayez déjà en main les réponses. Rappelez-vous : la polarisation et le magnétisme jouent un rôle bien plus important pour votre santé que celui que vous leur attribuez présentement. Il y a encore beaucoup à découvrir!

Kryeon

KRYEON... DANS LES NOUVELLES
Prédictions d'observations scientifiques
des guides et maîtres à venir!

Explosions de rayons gamma : un élargissement lointain?

Comme des pétards explosant dans le ciel la nuit, des explosions de rayons gammas libèrent un torrent de photons chargés d'énergie avant de s'éteindre des centièmes à des dixièmes de secondes plus tard. Ces éclairs de radiation sont classés parmi les plus mystérieux phénomènes de l'Univers. Personne n'a encore trouvé la cause de ces explosions et on ignore si ces éclairs proviennent de l'intérieur de notre galaxie ou de beaucoup plus loin.

SCIENCE NEWS, Vol. 14, le 5 FÉVRIER 1994

Des scientifiques écoutent attentivement d'étranges explosions dans le ciel

WASHINGTON - Une mystérieuse explosion double d'émissions radio, provenant de non loin de la surface de la Terre, a été détectée par un petit satellite conçu pour détecter les explosions nucléaires... Depuis les premières images reçues, le 5 novembre, un instrument connu sous le nom de «Barbe noire» (Blackbeard) – installé à bord du satellite ALEXIS, d'une valeur de $17 millions, du Laboratoire national de Los Alamos – a enregistré environ 100 de ces explosions, «du genre de celles qui n'ont jamais été décrites dans la littérature scientifique», affirme Dan Holden, le principal investigateur du Blackbeard.

THE GRAND RAPID PRESS, le 15 FÉVRIER 1994

TREIZE

Dernières questions

Les questions qui suivent n'entrent tout simplement dans aucune catégorie.

Question : Kryeon, si vous étiez invité à vous rendre devant le président américain (en l'occurence le président Clinton), quelle serait la principale orientation de vos commentaires?

Réponse : Ma réponse pourrait vous surprendre. Bien que j'aie parlé de déchets nucléaires, des aspects magnétiques de la Terre et que je vous aie transmis des recommandations à propos de l'environnement, mes communications les plus puissantes jusqu'ici ont porté sur la découverte de soi en tant qu'individus et en tant que planète.

Nous croyons au défi de votre dualité! M'avez-vous déjà demandé ce que l'Esprit croit qu'il arrivera à la Terre?.. Voilà une question que je pose maintenant pour vous en ces pages! L'Esprit (et Kryeon) croit que vous survivrez, croîtrez et que vous vous élèverez bien au-delà de ce qui était prévu au départ. C'est pourquoi il y a tant d'activités autour de vous en ce moment. C'est pourquoi nous envoyons nos meilleures et nos plus fortes entités pour vous aider selon ce qui est approprié. C'est pourquoi nous vous aimons tant. C'est pourquoi je suis ici.

Vous accomplissez <u>vraiment</u> votre travail! Vous réussissez... et nous vous honorons grandement pour la lutte que vous livrez pour découvrir la vérité à l'intérieur des limites de votre dualité. Nous croyons que, dans ce processus, vous vous dirigez vers une grande découverte, vers la paix entre les nations et vers la découverte de votre moi individuel. Tout ceci peut vous sembler lent, mais le mouvement s'accélèrera à mesure que le temps passera.

Si je pouvais demander quoi que ce soit à votre gouvernement, tout comme aux autres dirigeants de votre planète, je demanderais leur aide pour vous laisser voir plus de vérité universelle, en dévoilant une partie de l'information qu'ils retiennent en ce qui concerne les 50 ans d'histoire documentée sur les visiteurs des autres planètes qui sont venus vous visiter.

Le gouvernement mondial de la vieille énergie était basé sur le contrôle. Le gouvernement de la nouvelle énergie sera éventuellement basé sur l'organisation et la coordination de l'environnement, de la santé et de la paix. Les secrets de la nature dont je vous ai parlé ne serviront plus vraiment la planète, car il est temps pour vous de comprendre la portée de votre action dans la communauté universelle. Avec cette connaissance viendront plusieurs questions concernant votre avenir, votre science et votre religion. La connaissance créera le catalyseur qui vous manque maintenant pour vous rassembler en un seul monde... et, au cours de ce processus, vous recevrez une grande connaissance de vous-mêmes, car elle affectera chaque individu personnellement. Vous ne pouvez recevoir cette information sans réfléchir à la place que vous occupez dans ce monde.

Je demanderais donc à votre président de permettre l'entière divulgation de tout ce qu'on a recueilli comme information au sujet des vrais OVNIS, autant pour lui-même que pour vous, car même lui ne connaît pas l'histoire complète. Je lui dirais que lui-même et sa nation sont prêts à recevoir la vérité et qu'ils peuvent l'assumer, même dans ces aspects négatifs. Libérez toutes les communications et les images. Racontez l'histoire au complet, même ce qui est embarrassant pour vous. Je lui dirais aussi que, même s'il ne le faisait pas, cela arrivera de toute façon au cours des 20 prochaines années sur la Terre quand la communication se fera directement entre l'au-delà et la population, et que les gens seront fâchés d'apprendre que, face à de telles conséquences historiques, une poignée de gens savait la vérité pendant trois quarts de siècle... sans juger bon de la faire connaître.

Vous vous êtes mérité le droit de connaître la place que vous occupez dans le cosmos dans le cadre de la convenance de vos leçons. Vous serez beaucoup mieux préparés à traiter avec les différents genres de visiteurs si vous avez été avertis de leur existence. Autrement, vous pouvez commettre des erreurs à cause de votre peur et de votre ignorance, lesquelles pourraient retarder votre accession à la lumière et votre compréhension cosmique pour plusieurs années.

En outre... si vous connaissez enfin la vérité sur les visiteurs, ceux qui n'ont pas leur place seront moins portés à vous visiter librement, et ceux qui sont appropriés pourraient même vous transmettre de l'information scientifique! Comptez là-dessus! Un jour, lorsque ce livre sera découvert dans les archives de vos bibliothèques, vous rirez de l'apparente naïveté de cette révélation, tout comme vous vous amusez maintenant de savoir que certains de vos ancêtres avaient peur de voguer sur la mer alors qu'ils recherchaient d'autres cultures sur la planète.

Question : Je n'ai jamais pensé à vous laisser poser vos propres questions! Dites-moi quelque chose que vous désirez que nous sachions... même sans que je vous pose la question.

Réponse : Voilà une question très sage, l'une des meilleures que vous ayez posées. Après tout, comment pouvez-vous poser des questions sur des révélations que vous ne connaissez même pas?

Un phénomène très excitant dirige la Terre avec vous en ce moment. Il est présent dans «la nouvelle semence». Il s'agit d'un groupe de jeunes gens, dont je ne révélerai pas le nombre, qui portent un changement potentiel d'ADN pour la race humaine!

Je vous ai préalablement communiqué qu'en 1987 votre planète a été interrogée. À ce moment, il a été décidé que, au grand plaisir et à la surprise de plusieurs dans l'Univers, la fréquence d'énergie de votre planète de libre choix était suffisante pour lui permettre de progresser dans la prochaine phase... c'est-à-dire de vivre la graduation des temps! Il y a eu beaucoup de célébration en raison de cela et c'est justement la raison pour laquelle je me trouve ici maintenant, pour faciliter les ajustements de votre quadrillage magnétique afin de vous permettre d'accéder à plus de lumière. Une partie de l'équation est que non seulement vous pourrez obtenir des implants pour annuler votre karma et passer dans une nouvelle perspective d'énergie, mais vous recevrez aussi en cadeau une évolution biologique.

Entre 1978 et 1982 est né un groupe d'humains qui sont en fait très spéciaux, car ils portent la charge potentielle d'un changement d'ADN. Il était prévu que leur âge correspondrait à l'interrogation de 1987 et, si votre Terre n'avait pas été considérée comme prête, ils n'auraient pas continué à vivre ici. Comme vous le savez, ce ne fut pas le cas; ils marchent donc encore parmi vous. Qui sont-ils? Les chamans de la Terre les reconnaîtront instantanément, car ils portent les attributs de ce statut puisqu'ils constituent *la nouvelle race*.

Lorsque je dis qu'ils portent un grand potentiel pour votre évolution, je veux dire ceci : seuls, ils ne peuvent rien faire pour la planète. Ils doivent procréer. C'est par ce processus que le catalyseur de leur potentiel sera libéré. Cette descendance issue de l'union avec les humains normaux apportera un changement subtil quoique perceptible dans votre ADN. S'ils en venaient à procréer entre eux, rien d'inhabituel ne prendrait place; c'est seulement avec les humains normaux que leur potentiel sera réalisé.

Voici quelques avertissements par rapport à ceci : je parle de ces mises en garde, car certains de ceux qui lisent ces lignes présentement ont un pouvoir sur ces choses et vibrent en parfaite harmonie avec ce que je vous décris.

1. Protégez ces individus soigneusement! Ils sont en danger devant ceux qui croient qu'ils menacent la religion doctrinale de la Terre. Ceux qui croient posséder *la vérité* à l'exclusion de tous les autres hommes, sont ceux qui ironiquement tenteront de détruire la vraie destinée de la planète.

2. Ne gardez pas ces individus dans le célibat! C'est dans la procréation que l'objectif tout entier de l'Esprit sera rencontré. Il serait tentant de les enrôler dans les religions protectrices de la Terre et de les cacher jusqu'à les détourner de leur véritable raison d'être.

3. Ne les adorez pas. Non seulement cela n'est pas convenable, mais cela attirera l'attention sur qui ils sont, et les placera en véritable situation de danger.

Voilà ce que Kryeon veut réellement que vous sachiez : j'ai demandé à mon partenaire de terminer ce second livre avec mon message périodique d'amour envers vous.

Aimeriez-vous parfois vous retrouver entre les bras d'un parent qui vous aime d'un amour inconditionnel? Peut-être êtes-vous fatigués de votre vie ici-bas, épuisés de passer à travers vos leçons karmiques. Vous rêvez de l'amour et d'un sentiment confus dont vous avez peine à vous rappeler? Mes très chers, votre incapacité résulte de votre séparation d'avec Dieu. En ce qui vous concerne, Dieu est votre moi supérieur! Cela vous semble peut-être trop simplifié de savoir que tout votre désespoir ou tous vos problèmes sur la Terre relèvent de quelque chose d'aussi élémentaire. Croyez-moi lorsque je vous dis qu'il en est ainsi en effet.

Il y a une couche mince comme du papier qui vous sépare de l'amour de l'Esprit. Cet amour vous est présenté dans tous ces écrits pour que vous l'examiniez, l'analysiez logiquement et le ressentiez intuitivement. Par-dessus tout, il est là ruisselant de potentiel et même agrémenté d'un certain humour cosmique... il vous sourit dans la simplicité de son propre processus et la difficulté du vôtre. Il est comme une porte de forteresse, de plusieurs couches d'épaisseur portant des panneaux d'avertissements, mais c'est un simulacre de blague, car il représente la voie à suivre pour atteindre la lumière et il reste ouvert en tout temps!

Les bras de l'Esprit sont immenses. Ils sont tout ce dont vous vous souvenez et ce que vous désirez. Assis à vos pieds pendant cette session, je vois le potentiel que vous avez et mon cœur d'Esprit crie pour que vous trouviez la vérité dans votre processus. Car cette nouvelle énergie que j'ajuste pour vous contient des étincelles de joie, de paix, de guérison physique et le véritable espoir de l'Univers! Ceux d'entre vous qui tournent le dos à ces enseignements sont tout autant aimés que ceux qui les reçoivent.. Mais il y a beaucoup plus de joie de l'Esprit à célébrer ceux qui choisissent d'affronter les difficultés seulement pour trouver soudainement un visage familier qui se retourne, un visage qu'ils connaissent depuis toujours... un visage familier dont ils se souviennent et qui sourit pour les féliciter de leur bon travail. Les bras de l'Esprit sont alors libres pour vous soutenir dans la pleine lumière pour le reste des jours que vous passerez en apprentissage.

Pourquoi choisiriez-vous de ne pas profiter de ce merveilleux cadeau?

Je vous aime tendrement... comme l'Esprit lui-même vous aime!

Kryeon

QUATORZE

Notes supplémentaires de l'auteur

Eh bien... je me suis réservé un petit chapitre! Ce n'est pas tant que ce que j'ai à dire est important, mais que l'information que je vous transmettrai a aussi rapport avec les questions et les réponses à propos de l'histoire de Kryeon.

La réalité : La grande farce cosmique en ce qui a trait à ma vie est que je suis très difficile à *atteindre*. J'ai passé une grande partie de ma vie à me moquer des gens qui faisaient exacement ce que je fais maintenant! En outre, j'ai toujours été de ceux qui ne croyaient quoi que soit à moins d'être vraiment convaincu qu'il y avait un fait derrière cela... et me voilà maintenant qui *channelle*.

Vous vous demanderez peut-être (d'autres l'ont fait avant vous) : qu'est-ce que cela prend pour qu'une personne telle que moi en vienne à cela, à channeler une entité extraterrestre de l'au-delà? Certains pensent que, en fait, *j'ai perdu la tête*; je vis en fait dans une sorte de brouillard. Je les entends dire : «Les pieds dans les airs, il s'est carrément planté un clou dans le pouce!»...

L'humour cosmique dans tout cela est que l'Esprit a choisi quelqu'un comme moi qui non seulement était incroyablement sceptique mais l'est encore! Comme je l'ai écrit précédemment, j'ai été traîné contre mon gré chez deux différents médiums à trois ans d'intervalle... Lors de ces séances, ils ont tous deux épelé le nom de Kryeon et m'ont révélé qu'il voulait se *servir de moi* pour transmettre ses messages. Et c'est seulement quand je me suis rendu à la logique que j'ai finalement accepté de channeler l'information.

...C'EST SEULEMENT QUAND JE ME SUIS RENDU À LA LOGIQUE??

C'est justement de quoi il s'agit. L'Esprit (Dieu) m'a montré à maintes reprises que nous étions censés utiliser notre esprit logique tout comme notre intuition. Régulièrement, dans ce livre, Kryeon nous dit que notre réalité change au fur et à mesure que nous découvrons de nouveaux faits et de nouvelles idées, et que les vérités de demain sont la magie d'aujourd'hui. Je crois cela maintenant et j'ai finalement réalisé ce que ce message voulait vraiment dire. Il signifie que **c'est illogique de baser nos croyances (ou nos non-croyances) de n'importe quel ordre sur une réalité statique.** Voulez-vous connaître la prochaine étape évolutionniste dans le système de pensées de l'homme? La tolérance dans les décisions personnelles... qui donnera du poids à la différence entre ce qui est vu (par conséquent ressenti comme réel) et la certitude logique qu'il y aura de nouvelles découvertes dans le futur ainsi que des changements au niveau des informations disponibles.

Kryeon a dit plusieurs fois (et je paraphrase ici) : **scientifiques,** que ferez-vous quand les *petits hommes verts* atterriront sur la pelouse de la Maison Blanche et se plaindront que vos dirigeants ont été stupides de ne pas vous avoir parlé d'eux? Vos yeux arrêteront-ils de rouler quand les gens parleront de soucoupes volantes? Changerez-vous votre façon de voir la réalité?... ou nierez-vous en elle les faits? Quand vous aurez découvert que la vitesse de la lumière n'est qu'une barrière perceptible et que la matière et le temps sont reliés tellement intimement qu'ils ignorent cette barrière en général, vous rappellerez-vous que vous aviez lu cela en ces lignes? Je vous mets en garde : laissez votre logique face à la certitude du changement et à la possibilité de ces réalités alternatives ouvrir votre esprit pour penser plus grand. Il est illogique pour vous de faire autrement. Si vous ne le faites pas, c'est que vous n'avez pas changé votre façon de penser depuis 400 ans... vous avez seulement plus de lumières qui scintillent sur vos outils.

Kryeon a dit à maintes reprises (et je paraphrase encore

une fois) : dirigeants religieux, vous intéressez-vous vraiment à Dieu?... ou seulement à ce qu'on vous a enseigné sur la nature de Dieu? Êtes-vous ouverts à un changement dans les faits? Quand les Écritures seront finalement examinées et comprises par des érudits non biaisés, accepterez-vous le fait que vous avez été mal renseignés? Ou qualifierez-vous cela de travail du diable et continuerez comme avant? Je vous recommande de laisser le Saint Esprit (l'Esprit) vous donner la vérité! Restez loin de ce que vous pensiez connaître et laissez Dieu vous procurer une meilleure compréhension et vous révéler de nouvelles réalités au sujet des mécanismes de l'Esprit. Avez-vous peur de perdre la face... ou de perdre des membres de votre Église? L'amour demeure!

Je n'écrirais pas un livre comme celui-ci si l'expérience n'était pas absolument réelle. Comment puis-je vous dire ce que je vois et entends sauf dans les pages d'un livre comme celui-ci? Je suis pragmatique. Vous ne pouvez toutefois me suivre pendant toute la journée et assister au dialogue que j'entretiens avec l'Esprit. Tout ce que j'ai channelé, je le proclame vrai dans ma vie de tous les jours. Si l'Esprit dit que nous devrions pouvoir avoir la paix et la tolérance malgré les difficultés que nous connaissons chaque jour, et qui nous rendent dingues, alors je m'attends à ce que ce genre de changement se produise dans ma vie. (N'est-ce pas logique?) Si l'Esprit channelle que je peux co-créer ma propre réalité, alors je le crois aussi. Si l'Esprit dit que je peux arrêter de vieillir si rapidement, je le crois!

En ce qui me concerne personnellement, cela a pour résultat que je doive absolument vivre dans l'intégrité de l'information. Cela ne cesse de me surprendre. J'ai dit à l'Esprit un peu plus tôt : «Si vous devez me faire passer à travers cela, c'est mieux d'être vrai!... Je ne ferai pas le bouffon pour une fausse entité ni rassemblerai des anciens amis de ma communauté religieuse ou des membres de ma famille, à moins de voir des exemples de la vérité tout autour de moi à la fois dans ma vie personnelle, dans celle des lecteurs de Kryeon (tels que vous) et chez les membres de mon groupe lumière.»

Si vous avez prêté attention à ce qui est dit dans ce livre, vous connaissez déjà les résultats du côté des lecteurs : des lettres en provenance de partout dans le monde de gens réclamant leurs nouveaux pouvoirs afin de changer leur vie... plusieurs guérisons... et beaucoup de prise de conscience de soi. L'Esprit sourit présentement et me dit : «Cette preuve est-elle suffisante? Cela satisfait-il ta logique?» L'Esprit m'a choisi parce qu'il savait que mes attributs n'étaient pas faciles. Il voulait que les lecteurs sceptiques s'identifient un peu à moi et, peut-être même, qu'ils changent un peu à cause de moi.

Pour ma part, j'ai accepté l'implant (bien sûr) et cela a immédiatement changé ma vie. Mes réactions face aux autres, mon vieux karma et ce qui avait coutume de me rendre fou... tout a changé. Tout le monde a constaté le changement, même les gens avec qui je travaille. Je n'étais pas satisfait toutefois et je voulais davantage. J'ai exprimé mon intention à l'Esprit pour qu'Il me conduise aux limites de mon contrat, et là les choses devinrent sens dessus dessous (ne faites pas cela à moins d'être convaincus).

Ce livre s'intitule ALLER AU-DELÀ DE L'HUMAIN non seulement parce que l'une de nos séances de channeling a porté sur ce sujet, mais principalement parce que ce channeling m'était destiné! C'est mon principal défaut et il doit être exposé. Le même mois que j'ai signifié mon intention, mon commerce de 23 ans a été secoué jusqu'au cœur par les événements hors de mon contrôle. Il ne semblait pas avoir de solution au problème et l'avenir de toute ma carrière semblait sombre. Tous ceux qui m'entouraient me disaient qu'il n'y avait pas de solution. J'étais en fait cet individu dans la séance de Kryeon, sur la route, qui courait vers l'abîme sans pont devant lui (*p. 128*). Ma biologie me criait de m'inquiéter et d'appliquer les freins... mais l'amour de l'Esprit s'appuya sur mon épaule et me dit : «*Tu ne sais pas ce que pas ce que nous savons. Fais-nous confiance; continue à entretenir le feu. Peux-tu aller plus vite?*» Comme résultat, j'ai dû utiliser les vraies étapes co-créatrices que Kryeon nous avait données en channeling. De sorte que je pourrais dire aux gens à quoi s'attendre, de quoi cela avait l'air et comment l'Esprit travaillait à cela. La solution a été vraiment miraculeuse, presque comme de transporter une montagne! Cela a marché! Ce fut le jour où j'ai vraiment pris conscience que la vérité de l'Esprit était descendue pour me visiter dans un tangible *toucher et ressentir*. Je n'étais plus le même.

Parfois des amis me demandent : «As-tu déjà channelé pour toi-même?» La réponse est : oui. Mais pas de la même manière que je channelle pour les autres. C'est ainsi que j'ai reçu ces paroles merveilleuses pour la première fois «L'Esprit ne te donnera jamais un serpent si tu demandes une pomme.» Lorsque je me suis assis dans le salon à 1h 30 du matin, j'ai reçu ce message précis peu après avoir pris conscience que mon contrat était la raison de l'apparent chaos qui entourait mes affaires (quand j'ai exprimé mon intention). C'est à ce moment que j'ai vraiment ressenti l'amour et que j'ai pu constater la puissance de mon étincelle divine. De plus, on me répéta plusieurs fois : «Nous ne t'abandonnerons pas...»

Ainsi, je me suis retrouvé dans le processus de vivre ce que j'avais channelé. Dans ce processus, j'ai trouvé la paix. Dans ce processus, j'ai la *foi logique*. L'Esprit me dit : «Combien de fois devras-tu faire ce travail avant qu'il ne devienne ta réalité?» C'est à ce moment que nous pouvons avoir la *foi logique*. Le mot *foi* avait avant pour moi le sens de «croire dans l'invisible». Maintenant cela signifie «croire dans le visible parce que je le vois se réaliser encore et encore». La première étape consiste à le mettre à l'épreuve; c'est la plus difficile pour moi.

Vous me parlez de réalité? C'est la chose la plus vraie que je n'ai jamais expérimentée.

Précision de l'auteur

Je veux clarifier pour tout le monde pourquoi ma photo ne se trouve pas dans le premier livre, ni dans ce livre d'ailleurs... et pourquoi mon nom n'est pas inscrit sur la couverture. Très vite, j'ai réalisé que l'inclusion de ma photo porterait les gens à se centrer sur moi plutôt que sur Kryeon, et à associer ces paroles à ma photo plutôt qu'à l'Esprit. C'est également très décevant de voir, à la fin d'un livre, une photo qui ne correspond pas du tout à l'idée qu'on s'en faisait. (Le fait d'avoir deux nez et une oreille sur le front n'a toutefois pas du tout influencé ma décision.)

C'est pour la même raison que mon nom n'est pas sur la couverture. Je ne suis pas le véritable auteur mais plutôt le rédacteur. Le nom du véritable auteur est sur la couverture. Vous devriez savoir toutes les discussions que j'ai eues avec le distributeur à ce sujet. Pour je ne sais quelles raisons, il ne voulait que des noms d'humains dans sa liste d'auteurs... étrange. C'est pour cela que mon nom a été finalement inscrit sur la couverture arrière.

Au moment où sortira le troisième livre, j'aurai suffisamment circulé un peu partout pour autographier des livres et animer des ateliers, que mon visage ne sera plus inconnu pour personne... j'y inclurai peut-être alors ma photo (ce qu'il a fait dans le Tome III NdÉ). À moins qu'on ne m'écrive pour me prier de ne pas le faire... ce qui reste possible chez ceux qui savent de quoi j'ai l'air.

LC

Annexe A

Au cours du channeling rapporté au chapitre 10, Kryeon a fait allusion au Temple du rajeunissement à deux reprises. Il nous a amenés là-bas au cours de *voyages* (*pages 97 et 149*). L'architecte Mark Wonner, présent à plusieurs sessions, a illustré le temple tel qu'il apparaît en page 157. Voici les questions qu'il a posées à Kryeon concernant les caractéristiques du temple et les réponses de celui-ci.

Mark : Bonjour à vous, membres du Groupe de Kryeon. Les questions qui suivent visent à obtenir des clarifications et des indications en rapport avec le dessin du Temple du rajeunissement qui pourraient affecter à l'illustration qui doit être incluse dans le second livre. En plus de ces questions, il y a une recherche de renseignements qui va au-delà de la présente mission. Nous souhaitons maintenant continuer la discussion sur ce projet de sorte qu'il puisse avancer le long du sentier de sa destinée.

Kryeon : Je te salue, très cher! Nous honorons, il va sans dire, les efforts que tu as fournis dans ce travail et le temps que tu as consacré à l'Esprit à cette fin. Ce n'est pas par hasard que tu as tant cherché à t'identifier à cette structure. T'en souviens-tu? Tu as passé une grande partie de ton enfance en compagnie de ton père qui s'intéressait à une structure semblable à celle-là. C'est pour cela qu'elle te semble familière. Le karma que tu portes réside dans une forme d'insatisfaction, ou un sentiment similaire, car tu n'avait pas atteint l'âge requis pour participer à la cérémonie ou servir à cette merveilleuse science. Il semble que la Terre a suivi un plan qui a écarté ta continuation. Plusieurs autour de toi ont aussi vu leur vie se terminer à ce moment et gardent en eux une *semence de peur* de s'êtreapprochés de quelque chose dont ils se souviennent très bien. Encore une fois, nous te remercions de tes efforts car, bien que cela te causera une certaine anxiété de te rappeler, cela aura aussi l'effet d'anéantir ta crainte et d'exposer vraiment qui tu es. Ton travail apportera de l'action dans ta vie et ton intention sera récompensée de différentes manières.

Comme mon partenaire te l'a dit, je ne répondrai pas à toutes tes questions, car cela révèlerait certaines caractéristiques du temple qui doivent être découvertes par l'expérimentation et une tentative éclairée. Voilà, cependant, les réponses que je peux te donner. Dans mes très courtes réponses se cache une grande sagesse.

La chambre intérieure :

Mark : En commençant par le cœur du temple et en s'avançant vers l'extérieur, ma compréhension actuelle de la *chambre intérieure* est la suivante :

C'est une sphère divisée en deux hémisphères égaux sur le plan horizontal. Le plancher de la chambre est supporté par l'hémisphère du bas. Dans la chambre, se trouvent deux tables. L'une, centrée sur l'axe vertical de la sphère de la chambre, reçoit l'humain en traitement et peut effectuer une rotation autour de l'axe vertical sous la direction de celui qui se tient devant la table de contrôle. La table de contrôle se trouve aussi sur le plancher de la chambre mais est éloignée de l'axe. Cette table de contrôle est sous la direction de celui que vous avez nommé le «Prêtre ou la Prêtresse du jour». Le Prêtre du jour est assisté de plusieurs autres officiels rassemblés autour de cette table. Sur la table de contrôle se trouvent deux petites sphères situées tout près du rebord. Ces objets servent au Prêtre du jour pour ajuster le temple aux besoins de l'humain cible. La table de contrôle est ronde. Près de la table cible se tient l'un des assistants qui prend soin des besoins de celui qui est allongé sur elle.

1. **M.** Pouvez-vous clarifier toute mauvaise interprétation possible dans l'affirmation précédente?

K. La table cible pivotante ne se trouve pas au centre de la pièce. Son axe se trouve à environ trois mètres de l'axe de la pièce.

2. **M.** Est-ce que la table de contrôle tourne?
K. Non.

3. **M.** La table de contrôle est-elle montée sur une plate-forme pivotante à l'égalité du sol ou se trouve-t-elle légèrement au-dessus du plancher?
K. La table de contrôle est fixée de façon permanente et légèrement soulevée. Elle est construite de façon à ce que le Prêtre du jour fasse toujours face à l'axe de la pièce.

4. **M.** La table de cible est-elle montée sur une plate-forme pivotante à l'égalité du plancher ou se trouve-t-elle légèrement plus élevée?
K. La table cible est placée sur une plate-forme pivotante. Elle est soulevée naturellement par une partie de la structure que je ne vous révèlerai pas pour le moment. Au cours de la cérémonie, elle sera cependant soulevée par elle jusqu'à une hauteur moyenne entre le plancher et le plafond.

5. **M.** Quelle est la distance entre l'axe de la chambre jusqu'à la table de contrôle?
6. **M.** Quel est le diamètre intérieur de la sphère de la chambre de rajeunissement?
7. **M.** Quel est le diamètre extérieur de la sphère de la chambre?
K. Il n'est pas approprié de vous communiquer aucune dimension intérieure ou extérieure. Cela vous en dévoilerait trop sur la dimension de la structure magnétique qui s'y trouve.

8. **M.** Est-ce que tout le plancher de la chambre pivote?
9. **M.** Est-ce que n'importe quel diamètre du plancher pivote?
K. Oui! Le schéma se lit comme suit : tout le plancher de

la chambre est mobile. La table de contrôle est fixée ou montée vers le périmètre extérieur, et le Prêtre du jour fait toujours face à l'axe central de la pièce. La table cible se trouve sur une plate-forme mobile indépendante qui tourne et s'élève dans des directions et à une vitesse différentes du reste du plancher. Si vous pouvez imaginer cela en action, vous comprendrez comment l'action magnétique qui vient directement du centre de la chambre sera capable de *toucher* ou de se répandre dans chaque partie du mouvement complexe de la table cible, contrairement à une énergie focaliser sur un point unique.

10. **M**. Est-ce que l'hémisphère supérieur pivote le long de l'axe vertical au niveau du plancher ou est-ce que la sphère supérieure pivote à une certaine distance au-dessus du niveau du sol?

K. L'hémisphère supérieur est fixe et ne bouge pas. La perception que vous avez vient d'un rappel de quelque chose d'autre pivotant à l'intérieur de la chambre qui se trouve complètement en haut.

11. **M**. Est-ce que l'hémisphère du bas bouge?

K. L'hémisphère inférieur est également fixe.

12. **M**. Y a-t-il un accès à l'hémisphère inférieur? Et si oui, décrivez-nous ce qu'il contient s'il vous plaît et pourquoi et comment on peut y accéder.

K. On peut accéder à la sphère inférieure et à la sphère supérieure au moyen d'ascenseurs situés dans la zone du périmètre du *vestibule* extérieur. Il ne s'agit pas d'une *aire de service* comme vous pourriez vous y attendre. Ce sont des zones de contrôle et d'alignement fréquemment visitées. Ne soyez pas surpris si des techniciens, adéquatement protégés, se trouvent dans ces zones au cours de l'opération.

13. **M**. Est-ce que le plancher de la chambre est supporté par

un anneau structural extérieur, laissant les hémisphères inférieur et supérieur libres de bouger par rapport à ce plan fixe?

K. Non.

La superstructure

Mark : Nous voyons la sphère de la chambre intérieure supportée par une structure composée d'un anneau de chambres et d'un corridor qui entoure la sphère au niveau de son plancher central. Dans ce corridor circulaire voyagent des gens impliqués dans les activités du temple et de la chambre intérieure, des espaces de service qui l'entourent et des cinq piliers supportant le temple. Ces piliers contiennent les ascenseurs pour la circulation verticale, les équipements, le système de ventilation, et le support structural de la super-structure. Ces piliers de la structure principales sont suf-fisamment hauts pour permettre à l'extrémité inférieure de la spirale située sous la sphère de dégager la base du temple au niveau du sol. Ce que nous comprenons jusqu'à maintenant de cette structure c'est que, en plus de son fonctionnement de support à la chambre intérieure, le design de la forme extérieure est laissé à la discrétion et à la sagesse des architectes.

1. **M.** Est-ce que la forme de la superstructure du temple affecte les caractéristiques de la performance de la chambre autrement que par les matériaux utilisés et la couleur du recouvrement extérieur?

K. Non. C'est principalement esthétique et rituel pour les humains qui la considèrent comme sacrée. Cela est approprié cependant parce que cela renforce le rituel, gardant par là le processus intact pendant très longtemps.

2. **M**. Y a-t-il certaines formes ou matériaux qui pourraient être utilisés sur la superstructure ou en faire partie intégrante

et qui rehausseraient les fonctions de la chambre?

K. Le principal matériau utilisé dans cette structure est fait de cristal broyé. Ce matériau exotique est utilisé presque exclusivement dans le but de protéger les humains. On le retrouve sous plusieurs formes dans les matériaux de la structure et il est utilisé d'étranges manières. Le procédé qui le produit lui donne une couleur noire terne.

3. **M.** Y a-t-il une périmètre extérieur idéal du corps central de la superstructure entourant la chambre?

K. Oui.

Les spirales

Mark : Il y a deux cônes en spirale. La flèche de l'un s'élève vers le haut et sa base circulaire se trouve sur ou légèrement au-dessus de l'hémisphère supérieure de la chambre. L'autre est suspendu sous la chambre inférieure; sa base circulaire se trouve sous l'hémisphère du bas et sa flèche pointe vers le centre de la Terre. Les deux spirales ont la forme de cônes parfaits. Les deux cônes sont en spirales et sont alignés avec l'axe vertical de la chambre intérieure. Les deux cônes ont en eux ou sur eux au moins une spirale.

1. **M.** Sur le plan préliminaire, l'angle des spirales est à 72 degrés au-dessus du plan horizontal. Est-ce juste?

K. 72 degrés est parfaitement juste. Penses-tu avoir deviné cela?

2. **M.** Est-ce que les spirales doivent en fait toucher la sphère de la chambre ou doivent-elles être attachées ou supportées par la superstructure?

K. Elles sont attachées et supportées.

3. **M.** Si elles sont attachées à la superstructure, est-ce que les bords extérieurs sont alignés de façon tangentielle avec la

sphère de la chambre? Si non, décrivez-nous son alignement.

K. Oui, elles sont alignées tangentiellement. Tu as vu une grande partie de ceci avec clarté; cela te vient d'un fort souvenir à partir d'une fenêtre de la pièce où on te gardait souvent et qui se trouvait près de la spirale de l'hémisphère du bas.

4. M. Les cônes, dans le plan préliminaire, ont des marches en spirale semblables à la rampe en colimaçon du Minaret de la Grande Mosquée d'al-Mûtawakkil à Samârrâ en Iraq. La spirale est peut-être appelée à prendre une autre forme cependant. Je ne suis pas certain de cela actuellement. Est-ce une bonne façon de les dessiner? Devraient-elles être appliquées à la surface de la spirale ou suspendues un peu en retrait, ou encore être en relief dans la surface ou juste à l'égalité de celle-ci?

K. Le plan préliminaire est plus précis que tu ne le crois. C'est en fait une rampe continuelle à l'échelle approximative telle que dessinée, et tu lui a aussi donné le juste chiffre de 7. Les spirales sont moulées dans un seul bloc.

5. M. J'ai parfois vu les spirales changer leur progression géométrique et passer d'une pente constante à une pente qui s'accélère ou décélère de façon similaire à la série de Fibonacci. Cela signifie-t-il quelque chose?

K. Rendez-vous à la question 10 et 11.

6. M. Pouvez-vous nous informer de l'utilité des spirales à ce moment?

K. Elles sont entièrement cérémoniales et non scientifiques. Elles ne sont qu'une enveloppe pour les engins du temple, mais elles transportent une signification très précise dans leur architecture, un peu comme les pyramides dans le désert de votre ancien continent. Ce sont les engins à l'intérieur des spirales qui font le travail technique et c'est là que la nouvelle/ancienne science se trouve.

7. **M.** Y a-t-il plus d'une spirale par cônes?
K. Oui.

8. **M.** Y a-t-il des contre-spirales comme dans le dôme de la chapelle d'Anet?
K. Non.

9. **M.** Les spirales illustrées dans le croquis préliminaire vont-elles dans la bonne direction?
K. Cela dépend sur quel hémisphère de la Terre vous construisez votre temple. On retrouve une direction au-dessus de l'équateur et une autre en-dessous. Tu rappelles-tu le channeling sur le tournoiement sur soi (spinning)? (Kryeon aime vous faire chercher pour trouver les réponses à vos questions). Dans une même région de la Terre, les spirales sont identiquement moulées et elles sont absolument identiques et interchangeables à l'intérieur d'une même structure.

10. **M.** J'ai vu, avec les yeux de mon esprit, la spirale prendre la forme d'un serpent enroulé autour du cône supérieur. Est-ce que cet ancien et auguste symbole était représenté sur le temple ou s'agit-il d'une image pour mon propre *plaisir* si on peut dire? S'il vous plaît, donnez-moi autant d'informations à ce sujet qu'il vous est possible de le faire.
11. **M.** À certaines occasions, j'ai vu le cône supérieur s'éloigner de sa forme pure. Parfois, il apparaît comme une *pierre de couronnement* doré, incrusté de morceaux de cristal. Parfois, je le vois tronqué, en angle ou plat, avec une large flamme ou une colonne verticale de lumière blanche qui s'en dégage. Y a-t-il quelque chose là?
K. Ton soi supérieur s'amuse. Tu as déjà *vu* les cristaux imbriqués dans la surface lisse et exotique et tu as aussi aperçu la vraie majesté de la science œuvrant à l'intérieur des cônes ainsi que le caractère sacré de ses résultats. C'était courant de représenter ce temple avec un bras de lumière

reliant le sommet de sa spirale supérieure au ciel. Cela était symbolique de sa connexion au plus haut pouvoir spirituel et tu t'es rappelé de cela. C'est la même chose pour le serpent: il est le symbole de la peur et avertit les hommes que s'ils s'approchent trop près de lui, il les mordra une fois de plus! Ta semence de peur se réveille encore.

12. **M.** Les cônes sont-ils creux? Si non, décrivez-nous ce qu'il y a à l'intérieur et son utilité.
    K. Oui. Pour en savoir davantage, retourne à la question # 6.

La base

Mark : J'ai vu le temple du rajeunissement posé sur une terrasse; il avait une structure pyramidale en maçonnerie de deux ou trois étages de haut, très large, avec des rampes d'accès, des jardins, des piscines, des chutes d'eau et autres attributs du même genre. À l'intérieur de la base se trouvaient les différentes pièces de service du temple telles que salles d'assemblées, toilettes, salle à manger, salle de méditation, installations mécaniques, atelier pour l'entretien, bureaux, etc. La fondations des piliers du temple se trouvaient incorporées dans la structure de la base et l'accès aux ascenseurs se trouvaient dans les piliers.

1. **M.** Y a-t-il quelque chose dans ce dessin qui entre en conflit avec la mission du temple?
    K. Tout ce qui est dessiné est juste, sauf qu'il n'y a ni espace de jeu ni nourriture à proximité des installations. Tout est sacré et pratique. L'accent est mis sur la beauté partout et la nature est honorée.

2. **M.** Est-ce que la forme de la base et son élévation est importante pour le fonctionnement du temple? Si oui, dites-nous ce que vous pouvez à ce sujet.

K. La forme de la base est importante car elle assure le fonctionnement et l'utilité du temple. Comme tu le sais déjà, elle doit soutenir la structure, soulever le cône inférieur au-dessus du sol et permettre également aux ascenseurs mécaniques, que les humains utilisent pour entrer et sortir, tel que décrit lors de séances précédentes. L'angle et la silhouette telles que dessinées dans tes croquis sont en général correctes. Le ratio des autres aspects est également bon. Souvent les temples différaient dans leur architecture, puisque ceci n'était pas essentiel pour le mécanisme qui se trouve à l'intérieur. La fonctionnalité du support et son utilité sont les principaux facteurs ici, et rien de plus. Il y eut des concours parmi les constructeurs des temples pour concevoir le plus beau design; c'est ce qui explique les variations.

3. **M.** Puisque le rituel et la cérémonie font partie intégrante de l'expérience du Temple du rajeunissement, pouvez-vous nous dire maintenant qu'est-ce que l'approche du temple peut être, telle que vu de haut. Pouvez-vous nous expliquer l'expérience cérémoniale à ce moment?

K. Aucune autre explication en ce qui concerne la cérémonie ne vous sera donnée (*voir l'information fournie en pages 97 et 149*), sauf que, de votre point de vue, il est important de savoir que la cérémonie commence et finit à la base des piliers du temple. Tel que channelé, il y a différentes entrées pour différents participants. Le pilier le plus important est celui qui comprend la porte de sortie de humain rajeuni. Cela est vu presque comme une *renaissance*. Le vêtement porté par celui-ci est sacré et n'est pas enlevé pendant trois jours après la cérémonie. Au cours de cette période, on fête la plupart du temps avec la famille et les amis. Vu l'aspect cérémoniel, il faut s'attendre à ce que plusieurs différents métaux et sculptures soient symboliquement utilisés pour chaque pilier, selon l'utilité de chacune. De plus, dans chaque pilier, se trouvent toutes les accommodations en vue de la cérémonie pour les participants, avant et après le rajeunissement. Lumière, son et couleur étaient utilisées dans toutes les cérémonies. Il y avait beaucoup d'émotion lors de ces cérémonies.

4. **M.** Je vois qu'au-dessus de la structure de la base, sous la superstructure et à l'intérieur de la circonférence des piliers, il y a une cour intérieure à ciel ouvert et qui donne sur le temple. Une piscine très profonde semble illuminée; elle se transforme en bain tourbillon de temps en temps. Lorsque l'eau de la piscine est calme, l'extrémité du cône inférieur touche presque la surface de l'eau. Cela a-t-il une signification?

K. Oui, Mark, il y avait bien une piscine. L'eau est artificiellement illuminée pour rehausser ce que l'engin du cône inférieur lui fait lorsqu'il est en fonction car, dans ce processus, les forces magnétiques sont très fortes. L'énergie, bien que protégée, est toujours puissante à l'extrémité des deux cônes. Le dessus du cône supérieur se dissipe dans l'atmosphère; il y a cependant, au cours de la cérémonie, un effet perceptible sur l'air que vous pouvez voir et sentir juste au-dessus et au-dessous des cônes. La piscine du cône du bas est conçue pour absorber et dissiper les effets du vortex de l'engin. Le vortex a l'effet secondaire de lever et de faire tourner l'eau légèrement, tout comme de créer un merveilleux brouillard. Une fois de plus, la lumière est utilisée ici de façon absolument magnifique. Les humains ne sont pas autorisés à s'approcher à l'intérieur d'un périmètre de dix mètres du vortex.

Mark : C'est un honneur suprême et un grand plaisir d'avoir eu l'opportunité de participer à ce processus de dessiner les plans de ce temple. Je suis à votre service et vous êtes toujours dans mon coeur, comme vous le savez.

Kryeon

Annexe B

Les diverses paraboles de Kryeon ont été une source de grandes découvertes pour moi. Dans ce livre, on en retrouve quatre. Je commencerai par celle que je préfère.

On appelle parabole une histoire toute simple dont on se sert pour illustrer une leçon ou tirer une moralité. Dans les paraboles de Kryeon, l'histoire est effectivement très simple, mais la compréhension de son sens profond demande en général une recherche et une étude beaucoup plus sérieuses. Puisque nous sommes en communication avec l'Esprit lorsqu'une parabole nous est citée, il nous appartient de tirer le maximum du message tel qu'il nous est présenté. De plus, dans ce cas-ci, puisque je suis celui qui traduit les paraboles, j'ai le chance d'ajouter quelques lumières additionnelles quand je revois le channeling et de vous faire part de mon interprétation.

La parabole de la Chambre d'apprentissage (*page 77*)

Je suppose que vous avez tous compris qu'en vous présentant le personnage de «Wo», Kryeon a voulu créer un personnage asexué. Wo est d'abord venu sur Terre en tant qu'homme, puis en tant que femme. L'Esprit a préféré ne pas donner de caractère sexuel au personnage pour ne pas interférer avec votre compréhension de cette parabole ou la possibilité de vous identifier au personnage.

Dans notre langue, comme dans la plupart des langues, on donne un genre aux mots. On dit : «il» a fait ceci ou «elle» est allée là. Kryeon précise, dans cette parabole, que le «il» ne sera utilisé que pour une raison grammaticale. Voici un indice important qui nous fait comprendre que, lorsque nous ne sommes pas sur la Terre, nous n'avons pas de sexe; si ce n'était pas le cas, cette distinction n'aurait pas autant d'importance. Je souligne ceci à l'intention de ceux qui croient qu'ils seront «mariés en tant qu'homme et femme dans le Ciel.» Le mariage est, en fait, très différent dans l'au-delà du partenariat en usage sur la Terre.

Dans cette parabole, la maison de Wo représente de toute évidence sa vie ou, si vous préférez, son *expression de vie* sur la Terre (que Kryeon appelle un temps de vie). L'analogie des diverses chambres fait référence aux ouverture possibles qui se présentent à nous tous, lesquelles viennent avec notre engagement, notre karma et, par conséquent, notre potentiel.

Dans cette parabole, Wo n'est pas issu d'une culture où existe la guerre et la famine. Ce qui est le cas de la plupart d'entre nous qui lisons ce livre puisque, tel que Kryeon nous l'a précisé, ce channeling s'adresse surtout aux gens du premier-monde. Wo était donc l'un des nôtres. (Rappelez-vous toutefois que Kryeon nous a dit que la même information était channelée par huit autres intermédiaires à travers le monde, répandant le même message à d'autres cultures). L'Esprit nous invite donc à nous identifier à Wo dans cette parabole. Si cette histoire avait raconté la vie d'un individu soumis à la famine ou parlé d'une économie ravagée par la guerre par exemple, nous n'y trouverions aucun lien avec ce que nous vivons.

La partie qui décrit Wo en train d'apprendre ce qui le rend soit heureux, triste ou furieux, puis accrochant des choses au mur afin de mieux ressentir ses émotions, est une excellente analyse du comportement humain.

Cela fait référence à notre mémoire humaine qui, en fouillant dans le passé, se rappelle certains événements et cherche à les ressentir d'une manière ou d'une autre. Généralement, cela n'est pas une attitude éclairée ni appropriée puisqu'alors on déterre souvent de vieux souvenirs qui nous font *ressentir* de la colère, de la haine, de la vengeance ou l'on se prend pour des victimes. De temps à autre, cependant, nous avons tout simplement le goût de vouloir être de nouveau dans un endroit où nous avons été heureux... comme lors de notre enfance, par exemple.

Le fait que Kryeon raconte que Wo «accroche des choses au mur» est significatif. Si vous venez chez moi, vous verrez ce qu'il y a sur le mur : c'est à la vue de tous. Il y a des photos de ma famille et des oeuvres d'art. Cela signifie que ce que j'ai placé sur le mur a de l'importance pour moi, même face aux étrangers qui pénètrent dans ma demeure : ces objets sont spéciaux à mes yeux. Kryeon nous dit donc que Wo suspend ses émotions à la vue de tous afin qu'ils soient témoins de ses expériences de vie. Avez-vous déjà visité des gens où vous vous êtes retrouvés assis au milieu d'une histoire triste qui racontait comment ils avaient été maltraités ou quel malheur s'était abattu sur eux? La situation de cette parabole vous semble-t-elle familière? Wo tente d'impliquer les autres dans son processus individuel parce que, ce faisant, il se sent mieux. Wo ne sait pas encore ce que le mot responsabilité veut dire. Même si nous apprendrons plus tard que peu importe le niveau où se situe Wo dans sa recherche de la lumière, cela ne changera pas... Kryeon ne porte aucun jugement là-dessus... jamais.

À la page 78, nous découvrons que Wo a peur; en fait, il a surtout peur d'être contrôlé. Il semble qu'il craigne les situations où quelqu'un pourrait changer son environnement (sa vie). Face à cette crainte, il cherche à **toujours demeurer le même**. Il a donc surtout peur de changer; il est ardemment à la recherche de la stabilité ou d'une conscience immuable. Il a aussi peur du passé, mais il ne sait pas pourquoi (ceci est une référence évidente à la semence de peur dont Kryeon parle lorsqu'on se rapproche trop de la véritable lumière).

Il se tourne vers d'autres hommes pour en apprendre davantage sur Dieu et utilise ses connaissances pour se protéger du changement. Voici un bon exemple de ce que la religion enseigne de nos jours. Dieu joue le rôle de protecteur contre le démon et les membres de la communauté religieuse sont encouragés à se mettre sous la protection du berger pour traverser la vallée de l'ombre de la mort. Cela n'encourage guère les hommes à augmenter leur pouvoir spirituel ni à endosser la responsabilité de ce qui leur arrive.

La partie la plus merveilleuse de cette histoire est que, même si Wo *adhère* banalement à une quelconque doctrine religieuse, ses prières sont exaucées! Il reçoit la protection demandée; il est effectivement protégé du changement et de toute manifestation troublante en provenance du fond de son âme. Une fois de plus, Kryeon nous dit que le mécanisme de l'Esprit est absolu et que l'énergie d'amour qui se dégage d'une bonne intention de prière porte fruit. Vous rappelez-vous de ce conseil : «Faites attention à ce que vous demandez... car vous pourriez l'obtenir?» C'est absolument vrai! Et cette parabole nous le prouve bien.

Plus loin, nous découvrons que la maison de Wo est immense; cependant, par choix, il a décidé de vivre dans une seule chambre et d'y mourir. Ceci, évidemment, fait référence au potentiel que nous avons de remplir notre engagement lorsque nous arrivons dans n'importe quelle vie. Ceci, selon la quantité de karma dissout, nous pousse à découvrir les pièces importantes de la maison. Bien que ce ne soit pas mentionné dans cette parabole, il existe plusieurs «Wo» dans le monde qui ont plusieurs chambres qui ne sont pas encore remplies de pouvoirs spirituels. Chaque cas fait référence au type de karma avec lequel vous devez travailler. Dans le cas de Wo, sa peur du changement le portait à ne pas s'aventurer trop loin dans sa propre *maison*.

Nous avons tous des occasions d'augmenter notre pouvoir et d'améliorer notre découverte de nous-mêmes au cours de nos vies, et Wo avait les siennes. Bien qu'il croyait obtenir des réponses satisfaisantes, l'Esprit l'honorait en lui offrant un *coup de pouce* de la part de ses guides. Ceci représentait le signal déplaisant qu'il percevait au plus profond de son âme, accompagné de la vision d'une porte. C'était les efforts de ses guides pour l'amener dans une autre réalité, lui procurant par là l'opportunité qu'il avait méritée de changer... et l'occasion de faire face à sa peur. Kryeon a voulu une fois de plus nous montrer ce que la religion de l'époque lui suggérait de faire: on dit à Wo que le signal déplaisant qu'il percevait lui venait du diable (soupir). C'est l'explication la plus courante que l'on donne quand quelque chose vient en contradiction avec la doctrine populaire. Les chefs religieux ont aussi demandé de l'argent à Wo et lui ont assuré que sa contribution lui procurerait un futur prometteur. Kryeon n'avait jamais parlé de cela avant ni depuis, mais cela fait allusion au contrôle que les hommes exercent sur ceux qui les consultent pour obtenir de l'aide spirituelle.

Wo est donc finalement mort et ce qu'il craignait le plus est arrivé : le signal déplaisant en provenance du plus profond de son âme est devenu réalité. Mais il l'avait finalement reconnu et n'en était plus effrayé.

Poursuivons maintenant, en compagnie de Wo, notre route vers les diverses chambres au-delà de la porte et partageons les découvertes qu'il y fera. La visite de la chambre nous fait voir l'engagement de Wo et, tout au long de sa vie, la possibilité qu'il a eu d'accéder à la lumière... avec richesse, paix et la puissance de son essence intérieure, son étincelle de Dieu.

En cours de route, Wo reconnaît ses guides; ceci nous démontre que nous savons qui sont vraiment nos guides mais que ce fait nous est caché pendant notre existence sur la Terre. Imaginez-vous que vous passez votre vie avec deux ou trois amis prêts à vous aider en tout temps... et que vous les ignorez! C'est ce que Wo a fait et, malgré tout, ils n'ont jamais porté de jugement envers lui. C'est ainsi que l'amour de l'Esprit est conçu.

Quelques noms qui figurent sur les portes sont étonnants! J'aime celui des *enfants à naître*. Ceci se réfère directement au fait que d'autres entités auraient pu se glisser dans la vie de Wo afin d'établir une interaction karmique si celui-ci l'avait désiré. Mais, dans cette parabole, Wo n'avait pas de partenaire. Cette éventualité des *enfants à naître* requiert une planification antérieure. Pensez-y .

Sur une autre porte on peut lire *leader mondial*; ceci indique qu'une partie de l'engagement de Wo aurait pu le pousser à devenir une figure politique éminente, un leader sur la scène mondiale. C'est probablement la dernière chose que vous auriez associé au caractère de Wo, et pourtant c'est bien là! C'est assurément un concept aussi éloigné du tempérament de Wo que celui d'un pragmatique homme d'affaires qui devient un channel du Nouvel âge dans la quarantaine avancée (eh oui). Pensez à ce que l'Esprit essaie de nous dire ici : il n'y a pas de limite à votre imagination sur ce que Dieu vous permet d'accomplir. Si une partie de l'engagement de Wo était de devenir un leader mondial, qu'est-ce qui, pensez-vous, se cache derrière vos portes? Cela devrait vous donner des frissons.

Wo commence maintenant à comprendre l'ensemble du scénario et se sent très mal à l'aise d'avoir échoué si lamentablement. Ses guides, toutefois, le ramènent immédiatement dans le droit chemin et lui disent : *«Ne critique pas ton état d'âme, cela n'est pas approprié et n'apportera rien à ton ultime beauté.»*

C'est donc ainsi que Wo passa à l'autre monde. À partir de ce moment, il passa «d'être un humain en apprentissage» à ce qu'il avait toujours été... une étincelle de Dieu, une entité universelle. Ce qu'il examina ensuite fut son véritable nom sur la porte, et il se souvint de tout.

Ce sont les derniers paragraphes de cette parabole qui m'ont le plus marqué. Je vous les répète ici pour faciliter la référence :

«Wo connaissait la routine, car à présent il se souvenait de tout; il n'était plus Wo. Il dit adieu à ses guides et les remercia de leur loyauté. Il demeura debout longtemps à les regarder et à les aimer. Puis, il se retourna et se dirigea vers la lumière au bout du corridor. Il était déjà venu ici auparavant. Il savait ce qui l'attendait durant son bref voyage de trois jours jusqu'à la caverne de la création pour aller y récupérer son essence... et ensuite dans la salle d'honneur et de la célébration où ceux qui

l'aimaient tendrement étaient réunis pour l'attendre, y compris ceux qu'il avait aimés et perdus au cours de son passage sur la Terre.

Il savait où il avait été et où il allait. Wo s'en retournait à la maison.»

Il y a bien sûr beaucoup d'informations fort intéressantes ici mais, somme toute, pas très différentes de celles que nous avons reçues au cours des années. On parle ici de la lumière au bout du corridor, souvent décrite par ceux qui ont vécu des expériences *de mort clinique*, et du voyage de trois jours dans la caverne de la création. Je ne savais pas que ce voyage durait trois jours et j'ignore ce qui se passe pendant ce temps. Peut-être en apprendrons-nous davantage plus tard? Quelque chose de totalement différent me touche à propos de cette dernière citation. C'est qu'en plus de décrire cette histoire, j'y suis aussi *présent* lors de son channeling! Bien que non rapporté dans le chapitre 10, il s'agit ici d'une transcription d'un channeling en direct donné devant un groupe de personnes. Lorsque Kryeon parle de voyages et donne des paraboles, il m'emmène véritablement là-bas. Dans le cas des *voyages*, je peux sentir le vent, la température, etc. C'est pourquoi la saveur de ces channellings est légèrement différente. Kryeon me laisse souvent décrire ce que je *vois*, en plus de me confier la traduction de ses pensées de groupe. Dans le processus, cependant, je suis fortement affecté; souvent le fait de comprendre pleinement ce qui est présenté, tout en restant assis sur ma chaise, me fait pleurer de joie. Rien ne peut se comparer à cela, même de loin, excepté ce que l'on ressent dans un rêve vraiment, mais vraiment très réel.

J'étais effectivement là en même temps que Wo, à deux doigts de rentrer aussi à la maison... baignant dans l'Esprit. J'ai ressenti l'élan d'amour de ceux qui étaient déjà là et je m'ennuyais de mes amis. J'ai vu mes guides rayonnants de lumière (mais je n'ai pu apercevoir leur visage), et j'ai ressenti leur amour; puis j'ai pris la main de Kryeon et je suis revenu à ma chaise au milieu de l'assemblée de Del Mar.

La parabole du fermier (*page 101*)

Vous savez maintenant que les paraboles de Kryeon sont remplies de détails significatifs. En tout premier lieu, on nous présente deux fermiers. Le fermier représente ici clairement un homme marié à la Terre, peinant en harmonie avec la nature pour assurer sa subsistance. Ceux d'entre vous qui ont suivi les enseignements de Kryeon seront en mesure d'identifier le solide lien qui unit l'homme à la Terre, tel que channelé à plusieurs reprises.

De plus, ces fermiers sont spécifiquement indépendants, c'est-à-dire qu'ils sont capables de «labourer eux-mêmes leur terre, sans l'aide de personne d'autre». Nous avons donc une image de deux hommes qui, d'une part, dépendent de la planète pour subvenir à leurs besoins et, d'autre part, qui sont totalement responsables envers tout ce qui les entoure. Cette scène vous est-elle familière? Elle nous représente en fait, sous une métaphore très accentuée. Les fermiers nous représentent, nous qui vivons présentement sur la Terre.

Cette image se réfère également à ceux qui vivent dans une sécurité relative dans le premier-monde (tel que décrit auparavant). Kryeon précise ceci quand il dit que les fermiers mènent une bonne vie et qu'ils ont généralement de bonnes récoltes chaque année. Ceci se réfère au genre de vie que la plupart d'entre nous menons : à force de travail, nous réussissons en général à boucler notre budget année après année. Kryeon poursuit en situant l'histoire dans une économie libre où «une partie de leur récolte est utilisée à des fins personnelles, et une autre est vendue au marché afin de satisfaire à tous les autres besoins de la famille.» Ces mots sont très importants, car ils situent vraiment l'histoire dans le contexte de notre société de liberté économique.

La plus grande révélation, cependant, se trouve dans cette

phrase : «Un jour, un homme apparut dans le champ de chacun des fermiers, déclarant être un messager de Dieu. Les deux hommes étaient fort intéressés et ils écoutèrent attentivement son message.» Voici un indice surprenant à propos de ceux sur lesquels Kryeon fonde sa parabole! En effet, comment réagiraient la plupart des gens si quelqu'un se présentait subitement à eux en leur déclarant qu'il a un message à leur communiquer de la part de Dieu? La plupart mettraient probablement le type à la porte et se moqueraient de lui (dans le contexte culturel dans lequel nous vivons). Or ces fermiers étaient différents : «ils étaient intéressés et ils ont écouté attentivement le message.» Notez qu'ils n'étaient pas seulement intéressés d'une manière passive; ils ont écouté avec attention. La plupart d'entre vous qui lisez ces mots devinez où cette histoire nous mène... et que Kryeon est sur le point de nous citer une parabole qui met en vedette deux hommes **éclairés** du Nouvel âge. J'espère que c'est le cas de la plupart d'entre vous qui lisez ces lignes; mon côté pratique me dit en effet que c'est le genre de personnes qui a dû acheter ce livre.

Ce n'est pas la première fois que Kryeon s'adresse directement à ceux qui ont déjà découvert leur moi supérieur. Cette parabole est tout spécialement pour eux. Je suppose qu'elle est spécialement pour vous.

Kryeon décrit ensuite comment le messager leur fait savoir qu'une récompense les attend mais que, pour l'obtenir, ils doivent poser un geste différent et illogique. Il s'agit de quelque chose qu'ils n'ont jamais fait auparavant et qui va à l'encontre de tout ce qu'ils ont appris en agriculture (en d'autres mots : ne pensez pas en humains si vous voulez obtenir votre récompense).

Regardons de plus près ce qui leur a été dit. Cela se traduit comme suit : (1) *Détruisez l'ancienne récolte* – Défaites-vous de toutes vos anciennes habitudes de cultiver. (2) *Ensevelissez-la* – Enterrez vos vieilles habitudes tellement profondément quelles disparaîtront totalement. (3) *Débarrassez-*

vous des impuretés et des parasites en les enterrant à leur tour
– Défaites-vous de toutes attaches, y compris ce dont vous
vous êtes toujours servi tout au long de votre vie mais que,
intuitivement, vous saviez ne pas être bon pour vous. (4)
Ressemez immédiatement – Commencez à cultiver dans la
nouvelle énergie et avec les nouvelles façons de faire dès
maintenant.

(5) Le messager leur dit alors que la terre autour d'eux
changerait et que ce nouvel arrangement leur permettrait de
vivre à l'aise et les soutiendrait. Ceci représente, de toute
évidence, le message de Kryeon : la grille magnétique de la
Terre change présentement en vue d'accueillir la nouvelle
énergie et de permettre à tous les humains de cette planète
de libre choix de *passer le flambeau,* pour ainsi dire. On nous
a dit d'embrasser la nouvelle énergie, de nous y habituer, et
que la Terre coopérera et se mariera à tout cela pour nous
soutenir.

Au fil de l'histoire, on apprend que l'un des fermiers
éprouve beaucoup de réticence à se soumettre à ces
demandes : sa récolte est prête pour la moisson et il ne croit
pas vraiment tout ce que le messager a dit. Kryeon souligne
que les deux fermiers ont hésité avant de détruire leur
récolte; ceci nous montre que, même pour celui qui finalement a résolu de le faire, ce fut une décision difficile à
prendre. Cela signifie que ce qui nous est demandé est
difficile! Ce ne sera en effet pas facile pour personne d'entre
nous de se débarrasser vraiment de nos vieilles habitudes et
d'accueillir la nouvelle énergie. Malgré les récompenses
promises (telle que la prolongation de la vie), c'est difficile,
car nous ne pouvons vraiment savoir ce qui nous attend.

Je me suis toujours demandé, toutefois, comment dans la
parabole un message de Dieu pouvait être ignoré? Je me suis
ensuite moqué de moi-même quand je me suis souvenu qu'à
l'école du dimanche, je m'étais posé la même question quand
j'avais appris que le Pharaon durcissait sa position à chaque
fois que Moïse lui apportait la preuve *indéniable* qu'il était de

mauvais augure de ne pas libérer les esclaves. Le Pharaon était-il stupide ou quoi? Kryeon me montre en ce moment que cette même *nature inflexible* est ancrée dans chacun de nous! Il est vraiment très difficile de changer notre comportement lorsque celui-ci nous est si familier et que nous l'avons utilisé pendant si longtemps.

Dans cette parabole, l'un des fermiers suit le conseil de Dieu et l'autre, pas. Peu de temps après, les deux fermiers sont frappés par les changements de la Terre (de la pluie et des vents surviennent comme jamais auparavant en cette saison). Les changements de la Terre sont bénéfiques pour la récolte du premier fermier, celui qui a suivi le conseil du messager : ses nouvelles semences prennent des proportions grandioses. Par contre, la récolte du second fermier est complètement détruite (même si elle était déjà haute et saine).

La mise en garde est très claire : les anciennes méthodes ne marchent plus. Les changements de la Terre les feront tomber dans un sol aride, et elles ne porteront aucun fruit. Même les meilleures méthodes et celles qui ont le mieux réussi seront vaines. Celles qui connaîtront le succès seront nouvelles, différentes la plupart du temps, et exploreront des secteurs inexploités. Il y aura également des méthodes pleines d'amour et d'abondance qui donneront d'excellents résultats.

Cette parabole s'adresse directement aux hommes de lumière, enseignants et travailleurs de la lumière. Elle nous a été donnée au milieu de l'année 1993 et des confirmations étonnantes ont été observées par la suite, prouvant que cette parabole n'avait pas été prise à la légère. Prenez donc quelques instants pour la relire. Elle est courte, mais son message est de la plus haute importance.

Quant au messager humain dans cette histoire... devinez qui c'était.

La parabole de la fosse tapisée de goudron (*page 115*)

Jetez un coup d'oeil sur cette parabole qui ne comprend

qu'un seul paragraphe mais qui contient des réponses parmi les plus explicites à propos du travail de l'implant neutre. Dans cette parabole, Kryeon nous parle des hommes qui vivent dans une fosse tapisée de goudron : ils sont «couverts de goudron, souillés de la tête aux pieds, incapables de se déplacer rapidement d'un endroit à l'autre à cause de l'épaisseur du goudron.»

Voilà une description de notre vie courante dans l'ancienne énergie : nous sommes enchaînés par de vieilles leçons karmiques et marchons du mieux que nous pouvons avec cet amas sur le dos. Kryeon prononce ensuite cinq mots tirés de son humour cosmique. Il dit : «Ceci est votre état imaginaire.» C'est ainsi que Kryeon s'y prend pour nous rappeler à tous que l'expérience vécue sur la Terre n'est pas une réalité et que notre dualité est un fantôme. Le véritable Univers est ce que nous expérimentons lorsque nous ne sommes pas ici.

L'implant, dans cette parabole, est «l'instrument magique de Dieu». Tout d'un coup, lorsque vous recevez l'implant, le goudron ne vous colle plus au corps et vous êtes capables de marcher sans encombrement et propres. Voilà une forte référence à la façon dont l'implant vous affecte (tel que channelé par Kryeon depuis 1992). Vous n'êtes plus liés par des engagements karmiques; vous pouvez aller de l'avant sur la planète en harmonie avec votre soi supérieur et vous diriger vers une éventuelle ascension (un état de graduation). Kryeon mentionne également en passant, que nous sommes les *co-créateurs* de l'instrument magique. Un instant! Je croyais que l'instrument magique venait de Dieu, me direz-vous. Une fois de plus, Kryeon veut nous rappeler qu'il nous identifie comme des *portion de Dieu, en apprentissage sur la Terre*.» En d'autres termes, nous sommes Dieu.

Ensuite, il nous fait marcher dans cet état sans que le goudron ne colle à nous, indiquant que non seulement notre karma mais également les liens karmiques qui nous unissaient à ceux qui ont eu l'occasion d'interagir avec nous ont été dispersés. Ceci est évidemment le message de cette parabole qui vise à démontrer comment les changements créés par notre décision s'étendent à une plus grande échelle que celle de notre environnement immédiat.

Kryeon poursuit en décrivant ce qui arrive aux gens qui nous entourent. Ceci est d'une importance capitale. J'espère que vous, en tant que lecteurs, pourrez non seulement le comprendre mais que vous saurez également l'expliquer aux autres, car c'est une question qui revient sans cesse au sujet de l'implant.

Perdrons-nous nos conjoints, nos enfants, notre travail... si nous acceptons l'implant? Serons-nous ségrégés? Écoutez ce que dit la parabole : «Croyez-vous que ceux qui vous entourent vous ignoreront lorsque vous marcherez sans que le goudron ne colle à vos vêtements ni ne s'attache à vos pieds?» Tout le monde remarquera d'abord que vous êtes différents, mais au lieu de vous ségréger, ils feront probablement le contraire. Certains observeront votre façon de vivre et réagiront. D'autres voudront obtenir la même chose que vous et vous demanderont comment vous avez fait; d'autres enfin seront tout simplement heureux que vous ayez changé. En ce qui concerne les conjoints et les enfants, ils seront les premiers à se rendre compte du changement et ils seront les plus intrigués par ce qui a fait de vous une personne aussi bien équilibrée tout d'un coup!

Lorsqu'une personne devient équilibrée spirituellement, physiquement et mentalement, un drôle de phénomène se produit : tout le monde veut devenir son ami! Ils reconnaissent votre particularité et ne se sentent pas menacer par vous d'aucune manière. Pouvez-vous imaginer à quel point cela peut améliorer une carrière, un mariage, une amitié, le dialogue entre deux générations (et ne pas le détruire)? Les seuls que vous offenserez sont ceux qui seront furieux que vous ayez changé... et croyez-moi, mes amis, ce sont justement les gens que vous ne souhaiterez pas avoir autour de vous de toute manière.

Lorsque tout sera dit et fait, même si vous êtes les seuls à avoir reçu l'implant, des douzaines de personnes autour de vous seront affectées par votre choix. C'est ainsi que l'Esprit se sert des choix individuels des hommes pour créer une énergie qui bénéficie à plusieurs. Peut-être êtes-vous en mesure de constater le dynamisme de cela, et comprendre en profondeur comment le rôle de l'implant est beaucoup plus important qu'il en a l'air.

La parabole d'Anginon et Veréhoo (*page 177*)

Juste comme je pensais que nous en avions fini avec Wo (*page 77*) il est de retour! Mais, cette fois, il revient en tant que *elle* et toute l'histoire est racontée du point de vue des guides qui l'accompagnent.

Cette parabole contient des informations importantes sur le travail des guides. Rappelez-vous que, dans ses écrits précédents, Kryeon nous a déjà mentionné que nous venions tous sur Terre accompagnés d'au moins deux guides permanents et que certains en avaient même un troisième. Il a également mentionné qu'un changement radical de guides pouvait se produire au moment où nous recevions l'implant. Ce changement de guides se produit au cours de la période de dépression de 90 jours décrite dans le premier livre.

Kryeon nous parle immédiatement des deux guides assignés à «Wo». Je n'ai toutefois aucune idée de la signification des noms Anginon et Veréhoo. Peut-être que certains lecteurs pourraient m'instruire à ce sujet? J'ai mis un accent sur le second «e» de Veréhoo, puisqu'il m'a été prononcé comme VER (qui sonne comme «veur») - É (comme dans «et») - HOO (comme «ou» en mettant l'accent sur le h).

Un guide a déjà été humain, l'autre pas. Cette information nous indique que les hommes ne reviennent pas toujours sous forme humaine. Ne vous êtes-vous jamais demandé aupara-vant si votre *ange gardien* était quelqu'un que vous avez déjà connu? Voilà une preuve que ça pourrait être le cas! De toute manière, l'information est la suivante : les guides sont des spécialistes en service pour nous soutenir dans notre apprentissage et le groupe de guides comprend des entités qui ont toujours été des guides ainsi que d'autres qui ont déjà été en incarnation... et d'autres que nous ne connaissons pas encore.

La prochaine bribe d'information est que les guides sont avec nous lors de l'élaboration de notre plan de vie. Kryeon nous a dit dès le départ que nous sommes Dieu. Que nous, alors que nous sommes dans la conscience divine (quelque chose que les hommes ne peuvent comprendre entièrement), planifions nos propres incarnations ainsi que les possibilités de leçons qui les accompagnent. Ceci, justement, nous rend totalement et absolument responsables de tout ce qui nous arrive au cours de notre cheminement, puisque l'Esprit nous a répété à travers de nombreux channelings qu'il *n'y a pas de hasard* et que les *coïncidences* n'existent pas.

Par conséquent, les guides sont invités à la séance de planification afin de rencontrer l'humain qu'ils accompagneront et participent à la planification des expériences potentielles qui feront partie de sa prochaine vie! Voilà une merveilleuse information qui nous aide à comprendre pourquoi les guides sont si importants... ils sont là pour assurer le bon déroulement du plan qu'ils ont contribué à planifier.

Nous entendons aussi parler ici, une fois de plus, de «la caverne de la création du monde» : «*Wo se tient actuellement dans la salle de planification, près de la porte menant à la caverne de la création du monde.*» Si vous êtes curieux de savoir ce qu'est cette caverne (comme je l'ai été), lisez l'information donnée à ce sujet à la page 69. En outre, lorsque Kryeon emploie le mot «porte», ceci peut être n'importe où dans l'Univers. Ce mot représente une barrière qui ouvre sur un autre lieu.

Kryeon veut également que nous reconnaissions une fois

de plus la différence entre ce qui se passe lors de cette session de planification et la prédestination. La prédestination est un concept humain; ce n'est pas une réalité dans l'Esprit. Nos sessions de planification ne servent qu'à mettre en place les leçons. En d'autres mots, lorsque vous êtes à l'école assis à votre pupitre, vous pouvez faire ce que vous voulez avec la feuille d'examen qui se trouve devant vous : vous pouvez la jeter, en faire un avion de papier et la faire voler par la fenêtre, ou la remplir avec soin et passer votre examen! Il n'en tient absolument qu'à vous. Dans ce cas-ci, l'examen a été rédigé par vous quand vous étiez dans la *conscience de Dieu*, mais vous ne reconnaissez pas du tout ce fait. Pouvez-vous voir à quel point ceci se différencie de la prédestination? Nous avons le libre choix absolu, en tout temps. L'humour de Kryeon pointe ici alors que, quelques paragraphes plus loin, il nous redonne un exemple sur la prédestination : «*Si vous envoyiez des entités sur la Terre en tant que marteaux, et que vous les visitiez quelques années plus tard, vous ne seriez pas surpris de les retrouver en compagnie de clous.*» C'est sa façon de présenter la logique de la planification à nos esprits humains. Dans ce scénario imaginaire, nous envoyons des entités en tant que marteaux, mais nous ne les faisons pas trouver des clous. Ils le font par choix, car cela n'est que logique.

La prochaine information étonnante est que la séance de planification inclut les «*esprits supérieurs de ceux qui sont déjà en apprentissage sur la Terre.*» Réfléchissez à ceci! C'est la première fois que Kryeon nous révèle que la planification karmique inclut dans son processus des entités qui se trouvent déjà sur la Terre. C'est ainsi que le *fonctionnement* du groupe de karma est facilité. En d'autres mots, si l'Esprit devait toujours attendre que les hommes meurent avant de planifier les incarnations suivantes, ce serait vraiment inefficace. Des entités devraient littéralement *attendre* que les autres meurent avant de pouvoir planifier leur prochaine interaction karmique. Pensez-y : votre karma agit en interaction avec celui de vos parents et de vos enfants; par conséquent, les différences d'âge sont grandes. C'est ainsi, donc, qu'un enfant peut venir en ce monde, mourir d'une façon appropriée pour l'apprentissage de ses parents et revenir ensuite, quelque temps plus tard, en tant qu'un autre enfant pour ces mêmes parents (si opportun). Je ne dis pas ceci pour vous indiquer que c'est un scénario choisi par l'Esprit, mais pour démontrer comment la communication s'établit.

Comment la planification peut-elle impliquer également ceux qui vivent, me demanderez-vous? Kryeon nous a parlé à maintes reprises de *l'âme sublime* ou *moi supérieur* en chacun de nous. En fait, la quête de l'implant et l'ascension consiste à se marier à son soi supérieur et à vivre sur la planète en tant que travailleur puissant. Évidemment, notre moi supérieur fait partie de nous; il est en contact avec l'Esprit en tout temps, mais son énergie ne circule pas en totalité dans notre corps, n'est pas limité à la conscience dans le corps (reportez-vous à la page 69). Par conséquent, la communication avec l'Esprit s'établit aussi en ce qui a trait aux choses karmiques (au moins). Ceci aide aussi à expliquer comment la complexe interaction du karma peut continuer à changer alors que ceux qui nous entourent travaillent à travers leur karma, et nous, à travers le leur. En d'autres mots, nous modifions le plan de la leçon au fur et à mesure que nous passons chaque examen. Il y a une partie de nous-mêmes qui fait les comptes!

L'histoire se poursuit avec Wo qui s'incarne en femme le premier septembre. Ceux qui connaissent l'astrologie comprendront ce que Kryeon voulait dire par ceci : «Elle aura de la difficulté avec l'aspect contrôle dans sa vie.»

L'histoire raconte que Wo enfant a été violentée par plusieurs hommes qui faisaient partie de son groupe de soutien familial. Ceci vous est conté pour vous montrer que le karma d'abandon existe et quel type de personnalité peut en résulter. Rappelez-vous que Kryeon est un maître de la psychologie humaine : la grille de base dans laquelle nous vivons est son domaine et elle est étroitement associée à notre biologie.

Comme on pouvait s'y attendre, Wo devient une femme qui se surpasse, sans problèmes financiers mais avec beaucoup de problèmes avec les hommes. (Pas étonnant!) Elle aime gagner en affaires et adore la compétition avec les hommes (on pourrait dire que ce qu'elle aime c'est de les battre à leur propre jeu). Elle a vécu trois échecs dans ses mariages ou relations du genre et porte en elle beaucoup de colère, ce qui plus tard lui causera un ulcère et autres problèmes de santé reliés au stress.

Mais où étaient donc Anginon et Veréhoo durant tout ce temps? À quoi servent les anges gardiens s'ils ne font rien pour empêcher tout ce gâchis? Ces questions sont une farce, puisque la réalité est que *«Anginon et Veréhoo observaient tranquillement, avec amour, sachant que tout était bien planifié pour l'étape suivante...»* Les 47 premières années de la vie de cette femme étaient un préambule pour le grand test qui s'en venait. Pensez à ceci... la patience des guides!

Il me faut maintenant m'arrêter un peu pour réfléchir à ma propre expérience et, une fois de plus, vous laisser savoir que j'étais déjà au milieu de la quarantaine lorsque Kryeon s'est manifesté à moi. Si j'avais cru en l'astrologie, j'aurais su que quelque chose était sur le point de m'arriver, car ma carte du ciel indiquait quelque chose de très spécial à ce moment-là (je l'ai découvert plus tard). C'est ainsi que l'ancienne énergie de la Terre fonctionnait. Je dois vous dire, jeunes gens, que le temps est présentement essentiel et que l'Esprit ne vous gardera pas en attente pendant 40 ans (comme ce fut mon cas). La nouvelle énergie est très différente maintenant et promeut l'intention immédiatement. Même les jeunes de moins de 20 ans, qui lisent ce livre et qui s'identifient à ce qui est rapporté ici, sauront de façon intuitive que leur engagement leur apportera une illumination instantanément avec l'intention. Sur le plan universel, notre temps s'accélère et l'Esprit travaille avec nous plus vite et plus tôt que jamais auparavant. Ne soyez pas trompés par cette histoire où Wo a dû attendre 47 ans.

Revenons maintenant à notre histoire. L'être *prévu* arrive en scène. Les guides l'ont reconnu aussitôt et s'en sont réjouis. En poursuivant notre lecture, on découvre que cette femme qui est entrée dans la vie de Wo avait aussi participé à la séance de planification, 47 ans plus tôt. Réfléchissez à la complexité de tout ceci! À sa façon, Wo reconnut aussi la femme; il est dit en effet que Wo s'intéressait à elle et à ce qu'elle disait. C'était une femme différente des autres : le goudron ne collait pas à elle! (Si vous ne comprenez pas ceci, vous devriez relire la dernière analyse de cette parabole.) Voyez comme les paraboles s'imbriquent les unes dans les autres en formulant la même information : voici une femme éclairée qui entre dans la vie de Wo et la pousse à changer!... et tout ce qu'elle a à faire, c'est d'être là.

Wo dut donc apprendre de cette femme sans nom à vivre dans la paix et dans la joie intérieure... et dans la tolérance envers les hommes. Rappelez-vous que Wo se trouvait à ce moment dans un état de déséquilibre et qu'elle était malade. Cet état était nécessaire pour qu'elle puisse se détacher suffisamment de son ego pour s'informer auprès d'une autre femme de ces choses intangibles. Notez également que, dans cette parabole, on a choisi une femme pour servir de messagère à une autre femme, bien que nous sommes tous humains et que le sexe n'est pas censé faire de différence dans l'Esprit. Le sexe est important toutefois lorsque le karma est impliqué, car une grande partie du karma que nous portons est l'énergie générée autour du sexe opposé (relations avec notre père ou notre mère, etc.) La science a également découvert récemment que nos cerveaux sont biologiquement branchés différemment et elle a finalement admis que nous pensions en fait différemment. (Sans blague! Je me demande combien on a dépensé d'argent là-dessus? J'aurais pu vérifier pour rien, si on me l'avait demandé.)

La femme partagea la vérité de l'Esprit avec Wo. Les

guides étaient là, prêts pour l'événement. L'heure de l'examen qu'ils attendaient et qu'ils espéraient était venue. La parabole nous dit que Wo, seule dans sa chambre, a demandé de l'aide et qu'en verbalisant ainsi son intention, elle a entamé l'incroyable processus qui suivit.

L'histoire nous raconte ensuite les changements qui se sont opérés dans la vie de Wo. Elle nous parle aussi du troisième guide qui a rejoint Anginon et Veréhoo en poste. Ce guide venait d'un «groupe de maîtres guides.» Une fois de plus, Kryeon parle des maîtres guides comme étant différents des autres. Pour certains, c'est comme de recevoir une sorte d'ange supérieur dans leurs vies. Toute cette nomenclature est appropriée, puisque ma traduction des paroles de Kryeon n'utilise que mes mots. Je suppose qu'on peut employer indifféremment les mots *guides* ou *anges* si désiré, et que la façon dont on les appelle n'a pas tellement d'importance pourvu que vous compreniez l'incroyable mécanisme de leur raison d'être ici et l'amour qu'ils portent pour nous.

Wo finit par devenir un humain éclairé... Elle a pardonné à ceux qui l'avaient fait souffrir dans le passé, reconnaissant qu'elle était responsable de tout ce qui lui était arrivé, et vécut en paix avec elle-même, enfin dans la véritable paix. Elle fut alors capable de partager sa vie avec un homme et de réussir... le vrai test.

Voyez ce qui arrive ensuite : nos héros Anginon et Veréhoo se font remplacer! Mais quelle sorte d'histoire est-ce donc, où les bons se font remplacer au beau milieu de l'action? Ceci ne marcherait jamais au cinéma. Comment pensez-vous qu'Anginon et Veréhoo ont réagi? N'étaient-ils pas assez bons pour rester avec Wo pour le reste de sa vie? Après tout, ils avaient bien enduré 47 ans de colère et de frustration! N'avaient-ils pas bien mérité la chance de rester et d'apprécier les résultats de la planification qu'ils ont aidé à réaliser?

Wo avait reçu l'implant et avançait vers un état qui exigeait des maîtres guides. Anginon et Veréhoo le savaient et s'en réjouissaient. Ils partirent remplis d'amour et sans tristesse. Ils avaient fait partie de l'histoire de la Terre et célébraient cela.

Telle est la pensée de l'Esprit qu'une entité puisse célébrer sans réserve la joie d'une autre entité. Quand vous comprenez l'ensemble du tableau, vous pouvez vous réjouir sincèrement de la chance de votre voisin, même si vous avez l'impression que votre vie ne se déroule pas aussi bien que la sienne. Certaines personnes ne comprendront jamais cela. Kryeon vous demande d'endosser le *manteau de l'Esprit*. Cela veut dire de conserver en nous le lien avec notre moi supérieur et de marcher vers un tel équilibre que notre sentiment de base envers l'humanité sera d'abord constitué d'amour, avant d'y ajouter quoi que ce soit d'autre. Honorez votre prochain, car sa démarche est reliée à la vôtre, même si vous pensez qu'elle est grandement différente.

Avec amour,

L'auteur

LC

Annexe C

Plus de détails sur les forces magnétiques

NOTE DE L'AUTEUR...

N'êtes-vous pas contents de lire les annexes? D'habitude, on y traite de sujet plutôt arides. Toutefois, dans le cas-ci, ils contiennent des informations importantes et des précisions intéressantes sur le travail de Kryeon. Cet annexe ne fait pas exception à la règle.

Je dois toutefois terminer ce livre quelque part, sachant très bien que la plus récente information de Kryeon doit être révélée dans le livre III. Même si, en écrivant ces lignes, je ne suis qu'à quelques semaines de remettre ce livre à l'imprimeur, je me sens appelé une fois de plus à vous apporter quelque nouvelles informations et de faire la révision des éventuels dangers de l'énergie magnétique dans la vie de tous les jours.

En mai 1994, Kryeon a donné une importante séance en direct devant un groupe de Del Mar. Del Mar était la *salle de classe* de Kryeon. Cela a toutefois été le dernier channeling en direct dans la région puisque, par la suite, nous avons commencé à voyager et à partager notre channeling en d'autres lieux. Cela a permis à d'autres villes d'expérimenter de première main l'énergie de Kryeon... et aussi d'amener quelques âmes très spéciales sous l'influence de la puissance de guérison de Kryeon, pour honorer leur contrat. (C'est peut-être bizarre mais cela faisait partie des directives que j'ai reçues.) Il y a ici un ordre des choses que je ne découvre qu'au fur et à mesure que j'avance, jour après jour.

Fait intéressant à propos de ce dernier channeling, c'est qu'il n'a pas été enregistré. La machine digitale que nous utilisions pour enregistrer tous les groupes de lumière a mangé le ruban! Puisqu'il n'y a pas de *hasard*, je suppose que Kryeon voulait que l'information soit à l'usage exclusif de ceux qui ont assisté à la séance... rendant cette soirée exceptionnelle il va sans dire pour les 115 personnes présentes.

Au cours de ce channeling, Kryeon a révélé quelques nouvelles informations à propos du magnétisme. Je vais maintenant les récapituler pour vous. Le sujet traitait de l'exposition de l'ensemble des cellules aux champs magnétiques. Kryeon soutient que les champs magnétiques affectent directement l'ensemble des cellules. Pour bien étudier le phénomène, cependant, la science devrait exposer les cellules individuelles à un champ *focalisé* et analyser les sécrétions des cellules en réponse directe au stimulus magnétique. Le défi pour les scientifiques est de trouver la corrélation afin que tout le monde soit informé des dangers.

Avant de préciser ce que Kryeon veut dire par champ focalisé, laissez-moi vous donner le *pourquoi* de cette corrélation. Kryeon soutient qu'une partie de notre ADN consiste en des fibres magnétiques invisibles qui fournissent l'information magnétique à chaque cellule. Cela est difficile à prouver mais l'information nous est transmise au même titre que le reste. Cette information magnétique aide les cellules à savoir quelle est leur mission (la différence entre une cellule de «l'oreille» et une cellule de «l'orteil» par exemple), tout comme les *propriétés régénatrices* de chacune. (Vous êtes-vous déjà demandé pourquoi votre foie peut se régénerer complètement, tout comme votre peau, mais que vous ne pouvez pas avoir une nouvelle main?) Cette nouvelle information explique aussi pourquoi certains sont convaincus que nous recevrons d'autres filaments d'ADN qui nous aideront à compléter la forme ascensionnée de nos *corps sans âge*. Si ces filaments sont invisibles, ou non biologiques, alors certaines sont déjà en place! Rappelez-vous... notre titre ALLER AU-DELÀ DE L'HUMAIN nous rappelle que c'est une pauvre hypothèse humaine que d'assumer que toutes les filaments de l'ADN sont tout à fait semblables les uns aux autres et qu'ils doivent être biologiques.

L'information magnétique de l'ADN est la nouvelle source de science pour le Temple du rajeunissement (TDR), dont Kryeon a souvent parlé et dont on traite dans d'autres chapitres de ce livre et dans l'annexe A. Évidemment, Kryeon nous invite à revoir les marques de l'ADN à travers le processus du TDR, créant par là une très longue vie en équilibrant notre biologie et en lui donnant des instructions (via nos *filaments magnétiques*) pour se régénérer plus souvent! Enfin, nous avons le *rapport* en ce qui concerne la mécanique des cellules et les engins du TDR pour prolonger la vie (*voir les pages 97, 149, 157 et l'annexe A pour plus d'informations sur le temple*).

Kryeon parle du fait que les cellules sont directement influencées par les filaments magnétiques et que les forces magnétiques impliquées agissent comme un code pour eux. Ceci se joint parfaitement avec l'ADN biologique qui agit aussi comme un code. En fait, l'ADN est très semblable à un code programmé sur ordinateur; il est complet avec des séquences d'arrêts et des départs d'acides aminés qui identifient le début et la fin des instructions prévues pour les protéines. Tout un système!

Selon Kryeon, certains champs magnétiques peuvent influencer les cellules individuelles et, **contrairement aux effets de radiation** (qui causent des dommages ou une croissance inhabituelle), la science devrait s'attendre à ce que les cellules réagissent comme si elles recevaient des instructions biologiques, puisqu'elles **secrètent en fait des produits chimiques** en réponse directe à la stimulation magnétique de champs déterminés. Le sujet principal de ce channeling était que notre biologie ne réagit pas à tous les champs magnétiques... mais à certains champs particuliers. Si nos cellules sont utilisées pour réagir à des forces magnétiques polarisées particulières qui leur donnent des instructions, alors elles auront tendance à réagir à d'autres champs symétriques comme s'il s'agissait aussi d'instructions. Les champs magnétiques non focalisés, bien que forts, peuvent même ne pas influencer du tout les cellules.

La différence entre les champs focalisés et les champs non focalisés n'est pas très difficile à expliquer. Un champ magnétique focalisés est un champ magnétique en provenance d'un appareil conçu par l'homme. C'est ce que Kryeon signifie quand il parle d'un champ *focalisé* ou issu d'un appareil conçu par l'homme. Voici quelques exemples : un simple aimant est un champ magnétique focalisé. Il a des lignes d'influence symétriques et une force connue qui est constante. Il serait par conséquent un outil très utile pour une étude en laboratoire. Un électro-aimant est encore mieux puisqu'il a tout ce que l'aimant a et qu'il possède en outre la possibilité de varier l'intensité du champ. Une bonne expérience, par conséquent, serait de placer des cellules identiques vivantes séparément dans l'influence positive et négative d'un tel champ d'intensité variée et de chercher à déterminer quelles cellules sécrètent des éléments chimiques en réponse directe au stimulus magnétique. En outre, si je menais l'expérience, je placerais aussi certaines cellules à mi-chemin entre les pôles positifs et négatifs. Naturellement, on prendrait comme témoin un groupe de cellules semblables placées dans une zone libre de toute force magnétique.

D'autres exemples de champs conçu qui seraient peu valables pour un expérience de laboratoire, mais qui sont néanmoins souvent présents dans notre vie de tous les jours, sont (1) les couvertures électriques. Les couvertures électriques ne sont pas fabriquées pour créer des champs magnétiques, mais elles créent tout de même ces champs parce qu'elles sont constituées de fils enroulés qui transportent de l'électricité. (Rappelez-vous la classe de science 1A, qui dit que même un simple fil avec du courant qui circule en lui peut produire un champ magnétique quelconque.) (2) Les moteurs électriques sont un autre exemple de champs focalisés. Les moteurs produisent de forts champs magnétiques, même si le but du moteur est d'abord électrique. Un séchoir à cheveux est un bon exemple d'un champ magnétique fort créé par un moteur dans la vie de tous les jours. (3) Les aimants statiques qu'on retrouve dans les haut-parleurs sont aussi une source cachée de champs magnétiques. Si vous voulez démontrer à quel point ils sont forts, procurez-vous une simple boussole et observez à quelle distance vous devez vous placer, par rapport aux haut-parleurs, avant que l'aiguille ne bouge. Vous serez peut-être surpris combien grande est la distance à laquelle vous êtes quand l'aiguille commence à osciller. Rappelez-vous : si cela peut faire bouger une aiguille, cela peut certainement vous affecter! (4) Les transformateurs électriques qui se trouvent dans votre voisinage sont aussi une source de champ magnétique potentiellement dangereux. Il y en a plusieurs dans votre voisinage immédiat : un à chaque petit pâté de maisons. Tant qu'ils sont dans la rue, il n'y a pas de problèmes mais j'en ai vus, parfois, qui étaient placés juste à côté de la maison. Il est définitivement nocif de les avoir tout près de chez soi. (5) Enfin, le moniteur de votre ordinateur (sauf si vous avez le nouvel écran protégé) peut produire un champ magnétique de très basse fréquence. Ce champ est symétrique et peut affecter votre biologie. Je suis personnellement reconnaissant envers les nombreux magazines d'informatique destinés aux consommateurs, qui soulèvent ce danger potentiel et poussent les manufacturiers à faire quelque chose pour solutionner le problème **sans attendre qu'il ait été prouvé que c'est dangereux.** L'opinion publique peut faire changer les choses! Peut-être même que ce livre pourra faire une différence?

Les champs non focalisés ne sont pas organisés. Les lignes électriques sont un bon exemple de cela. Dans ce cas, les champs générés ne sont pas symétriques en raison du fait qu'il y a beaucoup de champs plus petits qui entrent en interaction les uns avec les autres (certains annulent les forces des autres). En outre, le courant qui circule dans les fils change constamment; ainsi l'intensité et la symétrie de chacun des champs varient constamment. Dans certains cas cependant, il peut arriver que la situation engendre des conditions propices pour créer un champ magnétique fort avec une symétrie constante, créant par là un champ focalisé. Dans ce cas, vous avez un véritable problème, puisque le potentiel de la force magnétique de ce champ est très élevée. Nous devrions donc toujours considérer les lignes électriques comme si elles devaient nous causer des problèmes, même si ce n'est pas toujours le cas. C'est pourquoi une étude scientifique de l'influence des lignes électriques sur la santé est si difficile à mener. Les lignes électriques en elles-mêmes ne sont pas un problème. C'est le hasard de l'organisation du champ magnétique qui est l'attribut important. Ce n'est par conséquent pas étonnant que l'évidence ne soit pas concluante à première vue. Il peut y avoir une ligne *meurtrière* près d'une maison et un peu plus loin, sur la rue, une autre ligne semblable qui soit inoffensive. La meilleure façon de prouver à la planète qu'il y a un danger pour la santé est de démontrer l'évidence que les champs magnétiques contrôlés affectent les cellules humaines! Ensuite, il ne s'agit que de prouver qu'il existe des champs magnétiques autour de certaines lignes électriques sur une base de cas par cas. Le reste n'est que logique.

Un autre exemple d'un champ magnétique non organisé viendrait des champs qui sont créés par les boîtes de jonction électrique de votre demeure (elles se situent généralement tout près de votre compteur électrique). Souvent, cette boîte de jonction est responsable de champs magnétiques isolés, généralement dus au hasard et imprécis; ils sont, par conséquent, souvent trop désorganisés pour qu'on en tienne compte. Ils peuvent toutefois être dommageables, tout comme les lignes électriques le sont.

La règle de base est donc de rester conscients de tous les champs magnétiques, focalisés ou non. Faites vraiment en sorte de ne pas vivre à proximité d'appareils électriques dans votre vie de tous les jours. Voici une révision de bons conseils : Ne placez pas de gros haut-parleurs stéréos près de votre lit. Utilisez une boussole pour vérifier leur influence magnétique. N'utilisez pas de couverture électrique! C'est à peu près ce qu'il y a de plus dangereux. Vous imaginez passer huit heures par nuit dans un champ magnétique? Utilisez votre séchoir à cheveux seulement lorsque c'est nécessaire et pas plus longtemps qu'il ne faut. Ce moteur tout près de votre tête est très puissant. Une fois de plus, utilisez une boussole pour vérifier ces affirmations. Vous pourriez être surpris de constater que le moteur lui-même a un champ magnétique statique considérablement puissant, même lorsqu'il n'est en opération. Par conséquent, rangez le séchoir dans un tiroir qui ne se trouve pas à proximité de la tête de votre lit. Soyez conscients que tous les moteurs électriques sont de grands créateurs de champs magnétiques. Ne dormez pas avec un ventilateur tout près de votre tête. Par mesure de sécurité, utilisez la *règle des trois mètres*, telle que décrite dans le premier livre de Kryeon.

Il y a aussi certains systèmes de champs magnétiques conçus désignés que vous pouvez acheter et qui sont censés *se marier* à votre biologie et vous aider à nettoyer vos cellules. Il y en a même qui sont conçus pour que vous dormiez dessus (en provenance d'Europe et d'Asie). Je ne peux commenter là-dessus. Utilisez votre intuition! Si vous achetez un de ces systèmes, essayez-le d'abord. Votre corps hurlera s'il ne lui convient pas; il faut toutefois déterminer si vous êtes suffisamment connectés à votre fonctionnement biologique pour *entendre votre corps hurler*. La réponse une fois de plus se trouve dans l'INTENTION. Prenez le temps de méditer et laissez savoir à votre précieuse biologie que vous l'aimez et que vous l'honorez. Puis, demandez de l'aide et allez de l'avant. Cela ne vous trahira pas!

Avec amour,

L'auteur, LC

Annexe D

Informations additionnelles sur les êtres de l'obscur

UN MOT DE L'AUTEUR...

Bon... Certains d'entre vous ont sauté directement à cette page (allez, admettez-le). Tout le monde est curieux à propos des êtres de l'obscur de l'espace. On les appelle les «petits gris», les «Zeta» ou encore les «lizzies». Kryeon nous a transmis un message rempli d'amour et d'informations en janvier 1994 intitulé «L'unique planète du libre choix». Dans ce message, il y avait un chapitre sur les Zeta. Comme il s'écoulera encore quelque temps avant que le Livre III ne soit complété, je vous fais part de ces informations maintenant.

Channeling de janvier 1994

Je vous parlerai maintenant de quelque chose qui se produit actuellement, à la fois pour vous mettre en garde et pour vous en fournir la preuve. Je vais clarifier certaines informations que vous avez reçues au cours de séances précédentes sur les entités que vous appelez les êtres de l'obscur.

Nous voulons que vous compreniez et réalisiez que ceux-ci ne sont absolument pas ténébreux. Ces créatures qui vous provoquent et qui sont ici pour se connecter avec vous sont tout simplement d'une autre polarité. Elles n'ont pas l'amour, voyez-vous. Plusieurs vous semblent donc effrayantes et leurs agissements sont effrayants, car certaines d'entre elles se servent de vous sans vous demander votre avis.

Bien que je vous aie parlé de plusieurs sortes de catégories de ces êtres, j'aimerais être plus précis au sujet de celles que vous appelez les Zeta. Voici de l'information channelée à votre intention sur ce sujet. Il y a plusieurs sortes de Zeta, car c'est une société fragmentée. Vous les percevez comme sombres mais elles ne sont que privées d'amour. Elles sont ici dans un seul but : elles sont curieuses à propos de l'Amour et elles veulent désespérément ressentir les émotions que vous ressentez si facilement.

Certaines d'entre elles sont entrées en communication avec vous; certaines vous ont visités et ont créé la peur en vous. Elles sont entrées dans le corps de certains d'entre vous, seulement pour être perçues comme *des esprits démoniaques*, et elles ont créé un déséquilibre (ce déséquilibre est perçu par les humains comme une possession de l'esprit du diable).

Certaines d'entre elles viennent sous le couvert d'une autre dimension et effectivement s'empareront de votre esprit; elles négocieront avec vous, poseront des questions et vous retourneront sur la Terre. Cela est très inquiétant. Lorsqu'elles agissent ainsi, certaines demandent l'autorisation et d'autres pas. Ces créatures ne peuvent même pas s'entendre entre elles à savoir ce qui est approprié de faire. Certaines d'entre elles ne communiquent même pas avec les autres... telle est leur société fragmentée. Comment devez-vous considérer cela? Comment puis-je vous prouver que quelque chose d'inhabituel qui implique les Zeta prend actuellement place sur la Terre? En voici la preuve :

Mes très chers, retournez en arrière et voyez ce qui a été dit depuis 1985 sur les Zeta. Ces créatures sont aussi des entités universelles, voyez-vous, de sorte qu'elles sont conscientes que la Terre est la seule planète où les habitants ont le libre choix. Elles sont très, très intellectuelles; elles sont à la fois intelligentes et logiques. Elles connaissaient l'interrogation de la Terre qui a eu lieu en 1987 et ont commencé tôt à vous channeler de l'information pour que vous vous habituiez à elles et que vous écoutiez leur logique. Pour quelle autre raison auraient-elles subitement été aussi visibles (se manifestant dans des channelings au cours des dernières années) à moins d'avoir compris le synchronisme de votre planète? *Elles sont ici depuis très longtemps. Pourquoi auraient-elles subitement commencé à communiquer avec vous au cours des dix dernières années?*

C'est que, voyez-vous, elles ont peur de vous perdre. Pourquoi auraient-elles peur de cela? Parce que vous vivez sur une planète de **libre choix** (et vous commencez à peine à vous en rendre compte). Je vous dis donc : si quelqu'un d'entre vous négocie avec ces entités, vous avez **le choix** de continuer à négocier avec elles ou de ne plus le faire, selon votre désir. Voilà la réalité, **peu importe ce qu'elles vous diront.** L'information qu'elles vous donnent, bien qu'elle soit channelée avec précision, est à dessein fausse lorsqu'elle vous parvient des Zeta. Elles vous convaincront qu'il existe une entente par laquelle vous <u>devez</u> les aider. Elles vous diront qu'il existe une entente et que vous n'avez pas le choix. Ce n'est pas vrai. *Vous avez le choix de les laisser faire ou non, mais la peur qu'elles suscitent vous empêche de voir cela. Elles essaient présentement d'approcher intellectuellement ceux d'entre vous qui commencent à découvrir la vérité.*

Si vous avez l'impression que ces créatures déséquilibrent votre vie, dites-leur tout simplement de s'en aller! Elles partiront, car c'est vous qui contrôlez la situation. Ceci est la planète de libre choix. Elles doivent se retirer. Mais, mes très chers, ceux d'entre vous qui désirent les aider ont aussi l'opportunité de le faire, et vous devez le faire si c'est ce que vous désirez. Vous devez interroger les Zeta d'abord, et exiger qu'elles vous demandent la permission de se servir de vous!

Voici ce qui aidera le plus les Zeta à réaliser *qui vous êtes* et à crier : **Honneur!** Cela fait partie de leur leçon. Voyez-vous, leur existence ici-bas est comme le karma; elles sont autorisées à être ici. Elles ont le droit de vous demander des choses, de vous provoquer, tout comme le karma a le droit d'être là afin que vous puissiez passer à travers les leçons appropriées de la vie et faire face aux événements avec lesquels vous devez négocier pour élever la vibration de la planète. Donc, ces créatures de l'obscur font partie de ce scénario. Elles prennent une apparence terrifiante dans votre vie pour engendrer la peur. Cela constitue leur façon de faire; elles savent que la peur donne des résultats...

Mes très chers, la première émotion que vous leur transmettez, selon votre choix habituel, est la peur, et elles s'en nourrissent. Pourquoi ne pas plutôt leur donner l'amour? De l'amour naît la puissance! Demandez-leur de se retirer et elles le feront... ou exigez qu'elles vous demandent la permission et voyez ce qui arrivera.

Kryeon

NOTES DE L'AUTEUR...
à propos de ces êtres de l'obscur

J'étais également curieux à propos de ces êtres et, après ce channeling, je voulais en connaître encore davantage. Par exemple, Kryeon parlait-il des lizzies ou des petits gris? Il me dit qu'il parlait des deux (mais il n'a mentionné que les Zeta). Les deux sortes de créatures ont quelque chose en commun: toutes deux sont ici pour explorer nos émotions. (Intéressant n'est-ce pas?)

Au cas où vous n'auriez pas capté le message, Kryeon dit que ces êtres sont des menteurs. (Est-ce assez clair?) Les humains qui les channellent traduisent leur enseignement avec justesse, mais les Zeta sont brillants et ils tentent de nous faire croire que nous devons nous entendre avec eux à cause d'un engagement universel que nous avons contracté précédemment. Ils nous donnent donc de la fausse information.

Lorsque Kryeon vous donne des preuves de leur intelligence, il parle de la forme logique de leurs actions depuis 1985. Ils savent que nous commençons à découvrir la vérité et que, bientôt, nous dirons tout simplement «non» à leur existence parmi nous. Plutôt que de laisser cela se produire, ils ont considérablement augmenté les communications (jetez un coup d'oeil sur les livres qui ont été imprimés déjà) pour susciter notre participation. J'ai l'impression qu'ils sont sur le bord de la panique.

Tout ceci est très bien mais comment peut-on dire «non» quand plusieurs de ces êtres qui ne sont pas de notre dimension (pas complètement du moins) peuvent s'emparer de notre esprit quand nous dormons? La réponse est : pratiquez *le rêve lucide*. Je n'ai pas inventé ceci; c'est un terme scientifique. Pour ce faire, il faut arriver à amener nos rêves jusqu'au degré que nous avons choisi pour les contrôler, ou alors à nous éveiller. Certains d'entre vous possèdent si bien cette technique qu'ils peuvent se mouvoir librement au milieu de n'importe quel rêve, choisissant paroles, déplacements, et même de décider s'ils veulent ce rêve ou non! (En parlant de réalité virtuelle... wow!)

En pratiquant les rêves lucides, nous pouvons prendre fermement le contrôle d'une situation quand nous sommes confrontés à la peur d'un enlèvement pendant que nous croyons dormir. À ceux d'entre vous qui ont vécu, éveillés ou endormis, ces expériences très réelles et inquiétantes, Kryeon dit que vous avez le pouvoir et le droit de foncer et de dire tout simplement «non». Cela exige que vous vous empariez de votre pouvoir et que vous travailliez sérieusement sur vous-mêmes pour réintégrer votre corps avec l'Esprit... ce qui est le sujet de ce livre entier. Sans l'intégration, vous demeurerez impuissants devant eux. Tels sont les mécanismes de la peur.

Avec amour,

LC

QUINZE

Ma visite aux Nations unies
Le 21 novembre 1995

Lee Carroll

(Note de l'éditeur : c'est avec joie que nous vous présentons ces extraits du bulletin trimestriel Kryon Quarterly. Ainsi, nos lecteurs ont un accès privilégié aux dernières communications publiées en date de septembre 1996.)

C'était mon premier voyage à New York... mardi, le 21 novembre 1995, numérologiquement un jour «11». Après un périple mouvementé de 20 minutes en taxi à travers les dédales de ciment et de verre de l'île de Manhattan, l'édifice familier du siège des Nations unies avec ses drapeaux multicolores me semblait souhaiter la bienvenue à l'homme du sud de la Californie. On m'avait dit que seuls les drapeaux des pays qui siégeaient cette journée-là flottaient devant l'édifice. Or ce jour-là, tous les drapeaux flottaient.

J'étais assis à côté de mon épouse, Jan, et de Zehra Boccia, notre charmante hôtesse à New York, partisane des enseignements de Kryeon, qui nous avait gentiment ouvert sa maison dans le secteur huppé de l'ouest de la ville pendant les quatre jours nécessaires pour accomplir notre tâche. Jan et moi étions en route pour parler devant les membres de la Société pour la Transformation et l'Illumination (Society for Enlightenment and Transformation - S.E.A.T.) aux Nations unies et je réfléchissais à toutes les circonstances qui nous avaient menés jusqu'ici pour présenter Kryeon aux délégués, aux travailleurs et aux invités d'une organisation d'un tel prestige.

Le S.E.A.T. est une société culturelle qui sert d'arme pacifique de méditation aux Nations unies depuis 15 ans. Sous la direction de Mohammed Ramadan, elle a invité différents channels tels que moi. Kryeon n'était que la troisième entité channelée à être sélectionnée au cours des dernières années pour cet honneur... et le grand moment devait arriver dans quelques minutes.

Nous avions été instruits du protocole et étions vêtus selon les exigences. Jan portait l'un de ses ensembles de soie de grande marque assortie d'une veste qu'elle avait elle-même dessinée. Elle avait choisi un vert forêt... une teinte conservatrice qui s'adaptait bien au décorum du jour. Pour ma part, je portais un habit noir traditionnel, une chemise en soie brune et une cravate assortie. Nous n'avions jamais encore présenté Kryeon aussi formellement. Il s'agissait d'une occasion bien particulière et nous pouvions sentir l'énergie qui entourait l'événement dès notre arrivée à 7h30 le matin.

Nous sommes entrés calmement dans l'édifice où le FBI a procédé aux vérifications de sécurité d'usage, mais notre esprit était tout, sauf calme. Je n'étais pas nerveux mais plutôt confus de l'honneur que Kryeon me faisait par la manière dont il avait orchestré une si merveilleuse expérience. Je me tournai vers Jan et je vis qu'elle était presque au bord des larmes. Nous regardions tous deux autour de nous, conscients que nous représentions tous les travailleurs de la lumière de la Terre en cette occasion peut-être unique que nous donnaient les gouvernements de discuter de sujets tels que l'illumination spirituelle et les extraterrestres. Nous étions très conscients de l'importance de ce moment... nos passeports à la main.

Nous avons ensuite rencontré Mohammed, notre gentil hôte du S.E.A.T. qui nous a rapidement conduits au-delà de la section touristique, là où les enjeux sont débattus. Nous avons dépassé un Picasso original et des pièces murales incroyables offertes aux Nations unies par les représentants des pays membres. Je ne pourrai jamais oublier les portraits des anciens secrétaires généraux des Nations unies. Chaque peinture à l'huile mesurait 1,5 m de hauteur. Les portraits étaient placés par ordre de dates de service mais ils n'avaient aucune plaque d'identification. Les hommes et les femmes qui empruntaient ces corridors savaient exactement qui ils étaient et quelle énorme tâche ils avaient accompli en vue de permettre une coexistence pacifique sur la planète.

Puis, nous avons dépassé les chambres du Conseil de la sécurité et la grande salle publique de l'assemblée générale. On nous apprit alors que, il y avait quelques minutes, à Dayton, à 10h30, un Traité de paix avait été signé concernant la crise bosniaque. Je songeais au fait que nous marchions dans l'édifice à ce même moment. Jan et moi avons alors eu le sentiment que nous venions d'écrire une page de l'Histoire.

Après le repas de midi à la cafétéria où nous avons rencontré certains des invités de Mohammed, nous avons revu les règlements en vigueur à l'intérieur de la salle – ni audio ni vidéo ne pouvaient être commercialement enregistrés, mais une cassette pouvait être utilisée pour une transcription future. Puis, nous nous sommes engagés vers la salle numéro six. On nous avait dit que les salles étaient constamment occupées et que la nôtre ne ferait pas exception. Un groupe en sortait au moment où nous y entrions, et nous savions qu'une autre rencontre était prévue quelques minutes après la nôtre. Nous devions commencer notre présentation à 13h15 précises et terminer à 14h45 ou avant. À l'intérieur de ces 90 minutes, je devais parler pendant 30 minutes. Jan devait diriger une méditation et une harmonisation par le son pendant dix minutes et Kryeon devait channeler pendant 20 minutes ou moins. Nous ne nous étions jamais pliés à un horaire aussi strict ou n'avions jamais emboîté Kryeon dans une si courte période de temps, mais nous savions tous deux qu'il n'y aurait aucun problème. Nous sentions la présence de l'Esprit comme jamais auparavant. Nous avons tous deux fait signe que nous comprenions que c'était l'un de ces moments où notre contrat nous frappait de plein fouet. Jan et moi savions que nous nous trouvions au bon endroit au bon moment et que tout irait bien. C'était un *moment privilégié* (un *sweet spot* de notre contrat) dont Kryeon nous avait si souvent parlé. Tout autour de nous perdit de son importance et nous nous sentions tous deux incroyablement aimés par l'Esprit à ce moment.

On accorda cinq minutes à notre groupe pour s'installer. Jan et moi en avons profité pour serrer chaleureusement dans nos bras le seul gardien des Nations unies qui avait trouvé un livre de Kryeon, plusieurs mois auparavant, et qui ne s'était jamais arrêté avant de l'avoir remis à quelqu'un d'important au S.E.A.T. C'est cet homme qui était responsable d'avoir initié l'intérêt qui nous a amenés, Jan et moi, à nous tenir en cette pièce actuellement. Le reste s'est déroulé de lui-même: le mot s'est répandu, puis Kryeon et nous avons été visités et *vérifiés* par les officiers du S.E.A.T. au cours d'un atelier à Indianapolis, en Indiana. Nous avons par la suite été invités à parler devant les membres de la Société.

Pendant que nous parcourions la salle, on nous dit que c'était en ces lieux que l'Iraq et l'Iran avaient signé leur Traité il y a plus de dix ans... encore une fois j'ai eu l'impression de participer à l'écriture de l'Histoire et de ses suites. Les tables et les chaises de bois pâle avaient l'air d'être sorties directement de la maison de ma mère au cours des années 50, mais j'ai rapidement réalisé que le décor était indubitablement représentatif d'une sorte de conscience conservatrice. Les tables étaient placées en rectangle dans la salle; elles étaient tournées vers l'intérieur avec des microphones presque devant chaque chaise. Par étages, derrière les tables et les chaises, se trouvaient des gradins comme dans une salle de théâtre. Sur chaque chaise, on retrouvait un écouteur. On l'utilisait soit pour amplifier le son soit pour obtenir une traduction dans l'une des sept langues officielles de l'O.N.U. Dans notre cas, on n'avait pas fait appel aux traducteurs mais une plaque de verre sombre inclinée le long du mur indiquait l'endroit où les traducteurs s'assoyaient au besoin. À l'intérieur du rectangle des tables, se trouvaient d'autres tables plus petites dont j'ignore encore l'utilité. On nous plaça immédiatement au bout d'une table, derrière une plaque permanente sur laquelle était gravé le mot «président». Puis le silence se fit. Dans la salle, il y avait des hommes et des femmes de tous les âges et il était évident qu'ils et qu'elles étaient de différentes cultures. La plupart des hommes portaient un habit traditionnel gris ou noir et l'un avait un carnet de notes à la main. La salle se remplit rapidement, puis on ferma les portes et tout devint calme. Tous les yeux étaient tournés vers nous. Sans préambule, notre hôte commença à parler à 13h15 précises.

«Bon après-midi, mesdames et messieurs. Pour ceux qui ne me connaissent pas, je m'appelle Mohammed Ramadan et je tiens à souhaiter la bienvenue à tous à l'occasion de cette exceptionnelle conférence donnée par Lee Carroll et son épouse Jan Tober. Comme vous le savez, Lee, en toute humilité, aime se présenter comme le "traducteur" du maître invisible Kryeon qui est venu en ces temps de grands changements. Kryeon, toutefois, appelle avec gratitude Carroll "mon partenaire".

«Par conséquent, aujourd'hui, nous serons en présence d'une vraie trinité, Lee et ses deux partenaires!

«Carroll était un homme d'affaires florissant mais sceptique. Il était tout à fait inconscient de sa nouvelle mission qui, depuis longtemps, lui avait été cependant prédite par son épouse Jan. L'autre partenaire de Carroll est la surprise métaphysique des années 90. Sa sagesse a révolutionné la connaissance mystique passée et présente. Son message d'amour et d'espoir incroyables a balayé le monde en moins de deux ans. Ses prédictions au sujet des mystérieuses comètes qui explosent, des explosions de rayons gamma et des doubles explosions des émissions radio ont été validées par différents astronomes et physiciens et ont ajouté encore plus de crédibilité au mariage inévitable de la science, de la spiritualité et de la métaphysique!

«Aujourd'hui, Carroll nous donnera un bref aperçu de sa vie avec Kryeon, suivi d'une période de questions-réponses. Après une courte méditation dirigée par son épouse Jan, son autre partenaire, Kryeon, prendra la parole et transmettra un message spécial à cette audience et possiblement au reste de la grande famille de l'O.N.U. et au monde entier.

«Applaudissons donc chaleureusement Kryeon et ses deux partenaires à l'occasion de leur toute première visite à New York.»

C'était parti. Je me sentais légèrement énervé devant ce large auditoire mais je fis de mon mieux pour leur exprimer clairement en 30 minutes ce qui m'était arrivé et qui était Kryeon. À 13h45 précises, commença la période de questions. Cela dura exactement les 30 minutes prescrites, puis vint le tour de Jan. Elle donna une merveilleuse méditation (comme elle le fait toujours), puis mena le groupe dans une séquence très conservatrice d'harmonisation tonale. À 14h20 pile, je sentis la chaleur de Kryeon dans la pièce, et prononçai ces mots pour annoncer sa présence.

«JE VOUS SALUE, MES AMIS, JE SUIS KRYEON DU SERVICE MAGNÉTIQUE!»

«Ce n'est pas par hasard que nous sommes assis dans ce lieu consacré. Certains d'entre vous sont surpris de m'entendre à travers mon partenaire, car cela ne vous est jamais arrivé auparavant.

«Il est un traducteur – un vérificateur - car il reste conscient dans son corps et je lui envoie des pensées de groupe remplies d'amour pour chacun de vous. Nous nous adressons maintenant à chacun de vous qui occupez une chaise et non au groupe qui se trouve en cette pièce et nous vous assurons que, même si vous ne le croyez pas, ce que vous entendez est vraiment réel. Ces paroles viennent de la même source que celles qui ont été adressées à Moïse dans les buissons ardents. Nous vous connaissons par votre nom et ce n'est même pas le nom que vous connaissez.

«Nous nous assoyons à vos pieds avec respect! Vous êtes ceux qui ont fait la différence sur cette planète; le seul fait d'être ici signifie que vous êtes intéressés dans l'énergie qui se dégage présentement, chers amis. C'est l'énergie de l'amour! Ne vous trompez pas. Ne laissez personne vous convaincre du contraire – ce Nouvel âge que vous avez créé est puissant; il a la puissance de l'amour. Il n'y a pas d'événements négatifs ni d'entités négatives que vous ne pouvez changer, car vous avez toujours un contrôle absolu sur la façon dont les nouveaux dons de l'Esprit vous sont accordés. Nous vous demandons d'analyser ce que vous avez fait – et quand nous disons *vous*, c'est vraiment vous... qui êtes assis dans cette salle... ou qui lisez ces lignes. Vous avez peut-être l'impression de ne pas avoir contribué au bien de l'ensemble mais, oh mes amis, vous y avez contribué! Un ou deux travailleurs éclairés qui concentrent l'énergie sur un point suffisent pour changer la réalité. Vous êtes puissants à ce point. Le changement de vibrations de votre biologie et de votre illumination représente beaucoup pour cette planète! Il y en a très peu qui ont autant fait jusqu'à ce jour mais ce nombre est appelé à augmenter. Ce que vous faites ici dans cette pièce influencera ce qui se passe dans la grande salle, pas très loin d'ici.

«Il y a eu des prophètes qui vous ont raconté qu'il y avait des pays au Moyen-Orient actuellement qui devaient être marqués du sang des combattants. Dans ces pays toutefois, les supposés ennemis discutent plutôt actuellement de la répartition de leur eau! Il y a actuellement en place des chefs d'État qui, il n'y a pas très longtemps, moisissaient dans de sombres donjons dans le fond des prisons dans leur propre pays – et qui maintenant siègent au sommet de leur gouvernement. Quelle sorte de changement de la conscience globale cela vous amène-t-il à l'esprit? Vous avez apporté une grande différence dans tout ceci. Regardez autour de vous – le spectre d'un pays qui se soulève contre l'autre a diminué d'intensité au cours des dernières années. Croyez-vous que cela est dû au hasard? Et quand les murs politiques tombent et que tous ces changements se produisent, croyez-vous que c'est par erreur qu'ils se sont produits en même temps que les changements de votre conscience - et qu'ils sont arrivés en même temps que les messages du Nouvel âge et que les channelings? Non! Vous avez observé des événements physiques et événements politiques qui se sont donné la main quand l'humanité est devenue plus éclairée. Nous vous disons maintenant que ce sont les tribus qui se soulèvent les unes contre les autres dans les batailles que vous observez actuellement sur la planète. Telles que vous les voyez actuellement, ces batailles sont toutes tribales et le seront encore. Ces vieilles énergies qui remontent à des éternités et qui ont développé ces guerres entre ces tribus et ces races doivent être éliminées. Le temps est venu de le faire. Vous observerez les quelques oppositions qui restent se calmer d'elles-mêmes et vous contribuerez également à les diluer. Et, même si vous ne savez pas pourquoi vous aidez à les calmer, je vous dirai que c'est parce que vous vous dirigez rapidement vers le lieu où se trouve *la tribu de la Terre*. Il viendra en effet un temps où les porte-paroles en provenance de cet endroit représenteront la tribu de la Terre face aux autres tribus qui ne sont pas d'ici! Nous vous avons déjà dit que le point de concentration de votre énergie est capital et que quelques regroupements de travailleurs éclairés avec un but d'intention commun suffisent pour changer la planète. Nous vous donnerons maintenant quelques conseils, quelques énergies et quelques mises en garde par rapport à ce point de concentration. Je ne serais pas Kryeon si je ne vous disais pas cela actuellement. Mon intervention se résumera en quatre points, présentés dans l'amour.

«1. Le premier est : Nous vous supplions, chers amis, de

donner de l'énergie et de concentrer vos efforts afin de trouver une solution à un problème qui existe actuellement. Sur votre planète, il y a présentement des scientifiques qui travaillent sur la transmission de l'énergie dans le sol (voir prochain texte sur le «HAARP» NdÉ). C'est effectivement possible et cela fonctionnera. Il n'y a rien de nouveau là-dedans; cela a déjà été réalisé auparavant, il y a presque une centaine d'années. Toutefois, vos machines sont beaucoup plus puissantes aujourd'hui! Nous vous supplions de ralentir vos expériences, car vous ne connaissez pas les facteurs de résonance de la croûte terrestre et du manteau de la Terre. Si l'une résonne, l'autre le fera également. Par conséquent, à moins de diminuer le nombre de vos expériences et d'envoyer moins d'énergie dans le sol, vous pourriez causer actuellement des tremblements de terre, ce que vous craignez par-dessus tout! Nous vous affirmons qu'il y a un potentiel incroyable de dommages dans ces expériences et, bien que nous ne vous demandions pas de les suspendre complètement, nous vous conseillons **d'aller lentement et de prendre soin de votre demeure.**

«2. Voici le second : Il y a présentement sur votre planète, une maladie qui fait énormément de ravages et qui, au moment où je vous parle, est totalement hors de contrôle. Cette maladie attaque votre système immunitaire et tout le monde a observé sa virulence – à quel point elle change fréquemment et comment elle mute sporadiquement – à quel point elle est incontrôlable et à quel point elle est domma-geable et éprouvante. Nous vous disons, mes amis, qu'elle n'est qu'un aperçu d'un grand nombre d'autres maladies du genre qui frapperont le genre humain **si vous n'arrêtez pas de déboiser la planète.** Ce virus vit effectivement dans la forêt et il en sort pour se manifester chez l'homme. L'équilibre de la forêt a été modifié par les humains, ce qui a créé un déséquilibre biologique qui a pris place à l'intérieur d'un système qui autrement aurait été gardé sous contrôle. Il y a d'autres maladies en puissance qui attendent pour se manifester et qui possiblement ne se manifesteront jamais si le système demeure équilibré - elles resteront où elles ont toujours été, profondément enfouies dans le boisement équilibré de la forêt! De grâce, laissez les arbres en place, mes amis! Envoyez de l'énergie pour cela! Concentrez vos méditations sur ce sujet afin que les hommes qui arrêtent ces décisions la ressentent. Oui, c'est possible!

«3. Mon troisième point est le suivant : Nous voulons vous demander maintenant d'envoyer de l'énergie aux gouvernements de cette planète afin qu'ils commencent à révéler à leur peuple ce qu'ils savent au sujet des visiteurs de l'espace. Car ces faits existent et ces êtres poursuivront leurs visites. Vous en viendrez même à les connaître par leurs noms et à leur parler personnellement. Nous avisons les gouvernements d'informer leurs peuples avant qu'il ne soit trop tard et qu'ils aient l'air idiot et perdent le contrôle. Nous leur disons : **«Renseignez vos gens!»** Partagez avec eux ce que vous savez – non pas dans la crainte mais dans la lumière et avec honnêteté au fur et à mesure que ces événements se produisent. Parlez-leur des conversations que vous avez eues avec ces êtres et des communications dont vous avez eu connaissance. Faites la lumière sur ces faits de sorte que l'humanité puisse les voir! Il est temps de le faire.

«4. Et enfin, voici mon quatrième point. Je m'adresse plus particulièrement à ceux qui se trouvent dans cette pièce et aux gens éclairés dans la société : Il est temps que vous disiez à vos travailleurs métaphysiques partout dans le monde qu'il y a aux Nations unies une salle où les gens méditent, channellent et ressentent l'amour de l'Esprit! Si vous voulez que cette énergie s'élève et change quelque chose dans l'organisation, vous devez informer un plus grand nombre de gens de ce qui se passe ici. Oh, ce n'est pas tellement qu'ils viendront ou que cela suscitera des réactions négatives, mais ils pourront tranquillement rester chez eux et prononcer le nom de l'association pour accroître son pouvoir! Voilà pourquoi. Nous vous demandons donc d'ouvrir la porte. Ne

cachez pas ce groupe. Soyez courageux : les résultats vous
donneront raison!

«Mes amis, il y a une petite parabole qui a déjà été
publiée et qui est bien connue de ceux qui lisent les messages
de l'Esprit dans les écrits de Kryeon. Elle n'a toutefois jamais
été racontée ainsi publiquement, et cela était notre désir
jusqu'à maintenant, car nous connaissions l'importance de
cette rencontre depuis plusieurs années. C'est maintenant le
temps de vous la révéler. C'est une courte parabole mais elle
est très puissante. C'est l'histoire du trou de goudron.

«Il semblait, en ce temps, que tout le monde était presque
paralysé par le goudron : il leur était difficile de se déplacer
d'un endroit à l'autre. Le goudron collait aux hommes partout
où ils allaient. Mais le monde était ainsi et les humains
vivaient avec ces attributs.

«Partout où ils allaient, le goudron les accompagnait. Il
collait à leurs vêtements et les salissait. Souvent même (selon
l'épaisseur du goudron) les hommes n'arrivaient plus à se
déplacer. Parfois, le goudron ne faisait que les ralentir. Les
choses étaient toutefois ainsi faites et les hommes acceptaient
de vivre dans ces conditions.

«Un jour, cependant, un humain découvrit, à travers son
illumination, un don lui venant de Dieu. Il exprima son
intention d'être différent dans le Nouvel âge et réclama son
cadeau. À partir de ce moment, le goudron ne colla plus à lui.
Ainsi, partout où il allait, le goudron s'éloignait de lui
pendant qu'il marchait à travers! Il était libre. Ses vêtements
étaient toujours propres et il allait partout où il voulait sans
problèmes – glissant presque d'un endroit à l'autre. Plus
d'embûches ni de difficultés.

«Il ne parla toutefois pas de ce cadeau et le garda pour
lui-même. Il se dit que bien que ce cadeau soit accessible à
tous, il s'agissait d'un bien personnel. Il décida alors qu'il
n'était pas approprié de le mentionner aux autres.
Rapidement, il va sans dire, ceux qui l'entouraient
remarquèrent qu'il n'était plus encombré par le goudron. Ils

ne tardèrent donc pas à lui demander ce qui s'était passé. «Qu'as-tu fait? Tu as l'air tellement libre – tellement paisible! Tes vêtements sont toujours propres et tu te déplaces si rapidement par rapport à nous!»

«Alors, l'homme accepta de leur révéler le don personnel que Dieu lui avait accordé et, par la suite, plusieurs en firent la demande. Tous ceux qui avaient formulé leur intention, à quel que degré que ce soit, furent exaucés et, bientôt, ils étaient plusieurs à se promener sans goudron attaché à leurs vêtements. C'est ainsi qu'au bout d'un certain temps, on vit une large groupe de personnes éclairées qui s'étaient changées elles-mêmes. Un seul homme éclairé... désireux de s'améliorer lui-même était cependant responsable de ce changement. Nous vous répétons donc que celui qui se change lui-même amène une grand nombre de personnes autour de lui à changer également – même s'il ne fournit aucun effort conscient à cet effet.

«C'est donc ainsi que vous pouvez agir alors même que vous êtes assis ici présentement. Car ce que vous accomplissez pour vous personnellement, maintenant, apportera des changements chez plusieurs dans l'avenir, y compris chez ceux qui siègent présentement dans la grande salle pas très loin d'ici. Votre intention personnelle de vous changer personnellement peut changer la réalité de toute la planète!

«C'est donc avec amour que nous sommes venus partager ces quelques moments avec vous, dans ce temps linéaire pour remplir cette pièce d'amour. Et bien que certains dans cette pièce puissent actuellement ne pas sentir de changement, ou ne veulent pas croire que ce qui s'est passé ici est vrai, ils seront changés. Car les semences de la vérité sont fermement plantées dans l'esprit de chacun qui se trouve ici... et certains d'entre vous feront appel à elles le moment venu.

ET AINSI EN EST-IL!»

Il était maintenant 14h43. Kryeon avait terminé deux

minutes plus tôt que le temps alloué. Tout s'était passé si rapidement! Il me semblait qu'il y avait encore tellement de choses à dire. Nous voulions rencontrer tout le monde. Nous nous sommes retrouvés dans les bras de certains individus en habit – une sensation étrange pour moi... ma culture ne m'autorise qu'à étreindre des hommes en chemise hawaïenne (ha ha). Puis, nous avons été rapidement accompagnés vers la sortie de la salle et ramenés à la cafétéria où on nous posa toutes sortes de questions.

Plus tard, au cours de la journée, on nous conduisit à une tour VIP des aménagements de l'O.N.U., puis jusqu'à un appartement au 11e étage d'un édifice de 32 étages, à quelque cinq coins de rues du siège de l'O.N.U. pour un dîner à la bonne franquette en compagnie de certains de ceux qui avaient assisté à notre conférence. D'autres questions nous attendaient et nous avons passé une très agréable soirée à partager avec ces gens.

Il est amusant de réfléchir à ce qu'on retient de ces événements, en rétrospective. Plus tard, cette nuit-là, nous avons passé un moment sur le toit de l'édifice de 32 étages. Je n'avais jamais observé un tel panorama! Le centre-ville de Manhattan vu de cette hauteur ressemblait à des millions de petits cristaux scintillants dans une mer sombre. On ne pouvait littéralement pas voir les rues alors que d'autres édifices pointaient vers nous. C'était une impression surréaliste comme si nous flottions à la verticale dans un vaisseau spatial fait de verre et de pierre.

Étrangement, cela éveilla un souvenir en moi. Peut-être y avait-il une impression semblable cachée quelque part dans ma mémoire au niveau cellulaire. Pourquoi cette scène m'a-t-elle frappé à ce point? Avec tout ce que j'avais vécu ce jour-là pourquoi cette vue retenait-elle à ce point mon attention?

Je me tournai vers Kryeon pour obtenir une réponse et, comme il le fait si souvent, il m'envoya une chaude vague d'amour, une sensation devenue familière... et un énorme clin d'oeil. C'est ainsi que Kryeon me dit : «Un jour, tout ceci te sera connu. Pour le moment, sois patient et fais bien ton travail.»

Cela me suffisait. Je m'attardai là pendant un certain temps essayant de comprendre. Ni Jan ni moi n'avons bien dormi cette nuit-là. Une semaine plus tard, de retour à Del Mar, nous avons reçu une lettre de Mohammed.

«...Nous tenons à vous exprimer notre profonde gratitude pour la conférence la plus éclairée et la plus élevante jamais présentée aux Nations unies. Son impact ne peut être mesurée par les réactions exprimées verbalement autant que par la levée d'énergie, la paix et l'unicité ressenties ce jour-là. En vérité, votre présentation fut, comme l'a décrit notre responsable des Relations publiques originaire d'Espagne, un véritable *tremblement de terre*, tout en étant aussi réconfortante et chaleureuse qu'une *réunion de famille* selon d'autres témoignages.»

Merci à vous tous pour votre extraordinaire concentration d'énergie en ce jour de la part de Jan et de moi-même.

Avec amour,

Lee Carroll

Haarp, une arme empoisonnée

Par Lee Carroll

À la différence de la plupart des autres portes de bureau, celle-ci se ferma avec un bruit sourd car elle était hautement insonorisée. Une secrétaire bien tournée entra. Les quelques hommes assis autour de la table lui jetèrent un bref coup d'oeil, puis l'ignorèrent complètement pendant qu'elle prenait sa place et se préparait à transcrire le compte rendu de la réunion.

C'était au milieu des années 80, quelque part en Virginie. Des scientifiques de la Arco Production Technologies Corp. rencontraient dans le plus grand secret les officiers supérieurs de la Marine et de l'Aviation dans un bureau du service de Sécurité. On avait pour l'occasion abandonné les uniformes car on savait depuis longtemps que la presse surveillait les allées et venues des hauts gradés. Les habits de ville étaient donc à l'ordre du jour : aucune étoile des généraux de l'Aviation ni de large galon des amiraux n'était en vue. Les hauts gradés étaient légèrement inconfortables sans leur uniforme et se trémoussaient sur leur chaise.

Les hommes de Arco se préparaient à projeter des diapositives et des graphiques. «Allons droit au but,» déclara l'un des hommes de science. «Vous savez tous, suite à des rencontres précédentes, que nous avons développé les brevets de Eastlund et de Tesla de façon fonctionnelle.» Tous les yeux étaient fixés sur les scientifiques, car plusieurs parmi les militaires n'avaient jamais entendu parler de ces inventions avant ce jour. L'un bâillait même, s'attendant à assister à une autre réunion ennuyeuse.

«Messieurs», reprit l'homme de science, «que feriez-vous si je vous disais que nous avons le pouvoir de détruire n'importe quel missile en vol vers les États-Unis dans un rayon de 4 000 milles (6 400 km) de nos côtes sans tirer un seul coup?» Les officiers de l'Aviation sourirent.

«De plus, amiral, que feriez-vous si je vous disais que, en

utilisant la même technologie, on pourrait communiquer avec n'importe quel sous-marin à n'importe quelle profondeur, en temps réel, sans l'encombrante sonnerie de réveil du système actuel de lettre-par-lettre que vous utilisez présentement?» L'amiral garda un visage impassible, sans émotion, résultat des années d'expérience passées à faire face à des gens qui veulent obtenir quelque chose.

«Et ce n'est pas tout, messieurs,» poursuivit le scientifique sur le ton des affaires courantes. «Nous croyons que cette technologie peut aussi nous donner la possibilité de voir à plusieurs kilomètres de profondeur dans le sol, selon la composition géologique... et de repérer ainsi les silos d'abris antinucléaires... comme si on passait toute la topographie de l'ennemi aux rayons-x... et même plus.»

Le scientifique quitta alors sa chaise et s'approcha du rétroprojecteur. «Avec cette même technologie nous croyons fermement, en nous basant sur les expériences que nous avons menées, que nous pourrons éventuellement contrôler la température au-dessus de n'importe quel champ de bataille sur la Terre.» Il n'y eut guère de réaction sur ce point; tout le monde digérait la dernière information. L'amiral, chez qui l'information concernant la communication sous-marine résonnait toujours dans l'oreille, parla le premier. «À quel prix?»

Le scientifique s'attendait à cette question. «Amiral,» répondit-il, «l'ensemble de notre programme pour les dix prochaines années coûtera moins cher que la moitié d'un seul sous-marin nucléaire, et...» Il s'arrêta quelques secondes pour juger de l'effet produit et poursuivit «le Congrès a déjà les fonds nécessaires en réserve pour les premières expériences.»

«C'est «réalisable»?» demanda l'amiral sur un ton sceptique. «Absolument... et c'est breveté,» répliqua le scientifique.

«Quelle est la technologie employée?» reprit l'amiral. «Nous allons injecter de l'énergie radio de haute fréquence dans l'ionosphère pour créer d'énormes antennes virtuelles de basse fréquence. Puis, nous pourrons concentrer l'énergie à partir de ce «miroir de l'ionosphère» pour briser la trajectoire des missiles... de tout appareil électronique en fait. Nous ferons cela en réchauffant les zones inférieures et supérieures de l'ionosphère... en les faisant bouillir littéralement, pour créer une sorte de lentille électronique. C'est de là que vient la possibilité de concentration qui nous permettra de communiquer profondément dans la mer avec les sous-marins, ou de détruire les missiles.» Il poursuivit sans attendre de réplique.

«Un réchauffement sélectif de l'atmosphère servira aussi à changer la température. Nous pourrons éventuellement créer des inondations, de la sécheresse... très utile pour nos manoeuvres militaires. Les scientifiques attendirent alors les réactions.

«Vous ne m'avez toujours pas dit quelle technologie vous emploierez,» reprit l'amiral.

«Nous utilisons des techniques d'émissions à déploiements pulsatifs qui nous est propre» précisa l'homme de Arco. «Vous voyez...»

«La technologie Scalaire», interrompit l'un des hauts officiers de l'Aviation, «directement à partir de l'époque de Tesla. Nous n'étions pas du bon côté de la clôture quand l'Union soviétique avait le vent dans les voiles. Leur système secret "Woodpecker" n'était qu'une variation de cela... et il a complètement débalancé notre système de communication. Présentement, messieurs, cela m'apparaît être le "Saint-Graal" de la technologie de la défense pour nous tous... dans tous les services.»

L'amiral reprit la parole et dit : «D'accord, mais quel est l'envers de tout cela? Quand pourrons-nous l'obtenir, et dans quelle mesure cela doit-il être tenu secret?» Pendant qu'il parlait, l'intensité de la lumière baissa et le rétroprojecteur se mit en marche. «Regardez ceci, messieurs.» Sur l'écran, on pouvait voir un appareil entouré d'une clôture. À l'intérieur de l'enceinte, se trouvaient quelques banales petites cabanes et 36 maigres antennes qui ressemblaient à des séchoirs à linge... ce qui difficilement pouvait être l'arme menaçante que les militaires avaient imaginé. Il y avait de la neige et de la glace partout et un homme solitaire en parka se tenait sur les marches de l'une des cabanes rustiques comme s'il posait pour la caméra. «Messieurs... jetez un coup d'oeil sur ce que le public verra de «Haarp» (High-Frequency Active Auroral Research Program), le programme de recherche aurorale de haute fréquence active. Il semblera au public être une expérience sans conséquence menée dans une forêt d'épinettes noires au centre de l'Alaska... loin de tout centre habité.» La diapositive céda la place à une illustration graphique de l'ionosphère de la Terre.

«Éventuellement, nous construirons 360 antennes. Quand le projet sera totalement opérationnel, au début de 1997, nous commencerons par réchauffer ou exciter des trous de 30 milles de largeur (48 km) directement au-dessus des installations... une sorte de four à micro-ondes géant. Nous percerons un trou et mesurerons les résultats. Puis un autre... etc. Nous pensons que cela prendra trois mois environ avant que chacun des trous ne se referme, et les données recueillies nous indiqueront plus précisément comment installer notre éventuel miroir virtuel.» Il y eut un moment de silence avant que l'amiral ne reprenne la parole.

«Et qu'en est-il de l'environnement?» demanda-t-il. «N'avez-vous pas dû mener une étude sur les impacts environnementaux? Avant de pouvoir déménager une baraque l'an dernier, nous avons mesuré les effets de notre intervention sur les vers de terre! Comment avez-vous pu faire accepter cela?»

L'homme de Arco tira d'une petite serviette un épais rapport qu'il lança sur la table de telle manière qu'il glissa jusque devant l'amiral. «Ce rapport a été rédigé par l'Aviation!» s'écria l'amiral avec fureur. «Désolé, amiral,» lui répondit le général, «nous avons été informés de ce projet il y a environ un an.» L'amiral le dévisagea longuement.

Il ouvrit le rapport sur l'impact environnemental et lut :

«...les transmissions de l'instrument de recherche ionosphé-
rique normalement dirigées vers le haut peuvent élever la
température interne du corps des individus à proximité; elles
peuvent allumer des feux dans les coffres arrière des voitures,
faire exploser les munitions aériennes utilisées dans les
fusibles électroniques et brouiller les ondes de la communication des avions, des bateaux et des systèmes de contrôle
aérien.»

«C'est incroyable!» s'exclama l'amiral en refermant le
document. «Je ne comprends pas comment vous avez réussi
à faire accepter ce rapport. Quels sont les effets inconnus de
tout ceci? Qu'arrivera-t-il de la couche d'ozone? Ferons-nous
des dommages irréparables à notre propre atmosphère?»

«Nous l'ignorons...» répondit l'homme de Arco en s'ap-
prêtant à poursuivre sa présentation, «mais nous le décou-
vrirons.»

Le compte rendu de cette réunion est un tableau imaginaire de la compilation de nombreuses rencontres du genre
qui se sont déroulées pendant plusieurs mois du milieu à la
fin des années 1980. Tous les acteurs et les faits rapportés
sont véridiques... même l'étude sur les impacts environnementaux menée par l'Aviation est citée correctement, et LE
PROJET EXISTE VRAIMENT.

Haarp est peut-être l'expérience la plus dangereuse et la
plus monstrueuse jamais entreprise pour la défense de notre
pays, exception faite de la première explosion de la bombe
atomique. À Los Alamos, avant l'explosion de la première
bombe atomique, on avait demandé aux physiciens qu'est-ce
qui, selon eux, se produirait au moment de l'explosion. Il y
avait eu toutes sortes de spéculations du «pétillement» jusqu'à
l'inflammation de l'atmosphère de la terre.» Ils ne le savaient
tout simplement pas... mais ils ont tout de même fait exploser
leur bombe!

En tant que canal d'information utilisé par Kryeon, j'ai été
invité à m'asseoir devant les délégués d'un groupe des

unies et leurs invités en novembre 1995 à New York. Ils m'avaient invité pour channeler devant la Société pour l'Illumination et la Transformation (the Society for Enlightment and Transformation), un groupe d'hommes éclairés à l'intérieur des Nations unies. À ce forum, Kryeon avait déclaré : «Il y a des scientifiques qui travaillent sur des formules de transmission d'énergie... C'est une science valable et cela fonctionnera. Ce n'est cependant pas nouveau; cela a déjà été réalisé auparavant. Mais vos instruments sont tellement puissants maintenant. Nous vous prions de ralentir, car vous ne comprenez pas encore les facteurs de résonance du manteau et de la croûte de la terre.» En novembre, j'ignorais tout du Haarp, mais lorsque je commençai à étudier ce projet, je réalisai que c'était exactement à cela que Kryeon faisait allusion. La technologie de Scalaire est utilisée pour la transmission de l'énergie... et cela est dangereux pour la planète entière!

Ceci n'est pas un article technique, et je ne m'étendrai pas sur les aspects techniques de ce projet militaire qui se camoufle sous les traits d'une simple recherche scientifique. Je fais toutefois appel à vous tous qui lisez ces lignes : renseignez-vous davantage sur Haarp dans votre propre intérêt afin que vous compreniez la réalité et les possibilités de ce projet. Un livre, présentant une solide recherche sur les aspects techniques de cette expérience, a été récemment publié sous le titre *Angels Don't Play This HAARP* (Les anges ne jouent pas de cette Haarp); il est signé de Jeane Manning et du Dr Nick Begich. C'est vraiment un livre «à lire» pour tout le monde.

L'édition du *Popular Science Magazine* du mois de septembre 1995 parle également de HAARP. Ce magazine généralement optimiste et divertissant a cependant condamné fortement le projet de l'Alaska. Il mentionne que HAARP est géré par le Laboratoire Philipps USAF et le Service de la recherche navale (Office of Naval Research). L'équipement est fourni par la Advanced Power Technologies (Technologies de la puissance de pointe), une filiale de E-Systems à Dallas établie à Washington, un fabricant de longue date d'instruments électroniques utilisées dans les projets ultra-secrets tels que l'avion E-4B du président, «l'avion du jugement dernier».

Ils rapportent également que Richard William, chimiste et consultant pour le Laboratoire Sarnoff à l'université de Princeton, s'inquiète et déclare : *«Ce projet soulève toutes sortes de spéculation et de controverse à savoir si les 1,7 gigawatts de HAARP (1,7 milliard de watts) de puissance irradiante active d'une fréquence de 1,8 à 10 Mhz pourraient causer des dommages irréparables à la zone supérieure de l'atmosphère. HAARP déversera d'énormes quantités d'énergie dans la partie supérieure de l'atmosphère et nous n'en connaissons pas les conséquences. Avec des expériences de cet ordre, des dommages irréparables peuvent être causés dans une courte période de temps. Il faut sans tarder engager ouvertement une discussion. Sinon, on assistera à un acte de vandalisme global sur la planète.»*

Qu'est-ce qu'en pensent les gens de l'Alaska? Toujours selon le *Popular Science Magazine* : «La représentante du district qui entoure le site de HAARP, Jeanette James,s'est informée régulièrement auprès des autorités de l'Aviation des conséquences de ce projet. On lui a toujours dit de "ne pas s'en faire". Elle avoue cependant ne pouvoir s'empêcher de ressentir beaucoup d'inquiétude à ce sujet. «Je suis sceptique. Je ne crois pas qu'ils savent ce qu'ils sont en train de faire.»

Que pouvez-vous faire? Le réseau Internet regorge déjà d'informations sur HAARP et de suggestions utiles. Vous pourriez être surpris de savoir que les efforts pour arrêter ce projet ne viennent pas seulement des États-Unis... mais de partout dans le monde. Si vous êtes branchés, fouillez dans le World Wide Web pour trouver de l'information. Contactez Steve Rother à l'adresse suivante : ROTHERENT@AOL. COM.

Le cadeau de la co-création

Channeling du 15 juin 1996
Portland, Oregon

Chers amis, nous tenons à vous dire quelque chose que plusieurs ont à l'esprit au sujet de la co-création. Nous allons vous donner de l'information sur les comment et les pourquoi de ce processus.

Qu'est-ce que c'est? Nous vous dirons d'abord que la co-création est le processus par lequel vous, en tant qu'humains, pouvez interagir avec votre moi supérieur, cette étincelle de Dieu qui réside en chacun de vous, pour changer la réalité de votre vie. Grands mots - grands concepts. **Le plus grand défi toutefois est actuellement de croire que ce procédé puisse exister.** Certains disent : «Oh, quel merveilleux cadeau! Depuis combien de temps est-il là ?» Nous répondons : «Environ 2 000 ans!» Le grand maître de l'amour lui-même a été le premier à vous l'offrir. Il a dit : «Vous pouvez tous être comme moi - un enfant de Dieu!» C'est Lui qui a invité Pierre à marcher sur les eaux et Pierre le fit. Voilà ce qu'est la co-création. Mais, dans ce Nouvel âge, alors que vous approchez le millenium et la fin du calendrier Maya, nous disons que ces cadeaux qui vous sont destinés ont été identifiés bien au-delà des jours où le grand Maître de l'amour marchait sur la planète. De sorte que maintenant on cherche à savoir comment ce cadeau fonctionne. Les attributs qui l'entourent vous seront expliqués afin qu'il n'y ait aucune confusion en votre esprit.

Les règles? «Quelles sont les règles qui entourent la co-création?» me demanderez-vous. Elles ne sont pas nombreuses, mais l'une des principales est souvent mal interprétée; nous la clarifierons donc pour vous.

Vous ne pouvez co-créer la réalité que pour vous-même. Il y en a bien sûr qui diront : «Kryeon, est-ce que cela signifie que nous ne pouvons pas prier pour les autres? Qu'en est-il de l'énergie d'un groupe qui se réunit pour prier pour la santé de ceux qui en ont le plus besoin?» Laissez-nous vous donner un exemple et, une fois de plus, nous allons nous servir de celui que nous préférons, celui du train.

Deux trains, donc, se trouvent en attente sur la voie ferrée. Le premier vous appartient et le second appartient à un autre être humain. Chacun de vous a la possibilité d'envoyer l'énergie qu'il veut à l'autre train pour le mettre en valeur et le rendre meilleur. L'engin est là soufflant et prêt à avancer. Vous pouvez le huiler, le nettoyer, le repeindre et lui faire une beauté, le rendre paisible et silencieux, si vous le voulez. Tout vous est permis, à l'exception d'une seule chose : vous ne pouvez pas alimenter l'autre engin. Vous ne pouvez pas le faire avancer.

En ce qui concerne votre propre train, toutefois, tout vous est permis, y compris alimenter votre engin et jeter du charbon dans le feu pour le faire avancer. Vous et vous seul pouvez décider de la vitesse et de l'orientation de votre engin. Vous seul pouvez le faire avancer.

Ainsi, quand les humains se rassemblent, est-ce que nous vous disons de ne pas prier pour les autres? Non. Vous pouvez leur transmettre une merveilleuse énergie de paix, afin qu'ils se préparent et qu'ils guérissent mais, chers amis, ils sont les seuls à pouvoir faire avancer leur vie avec leur propre intention! Guérisseurs, écoutez bien ceci. Nous l'avons déjà dit et cela est relié à la co-création (plusieurs d'entre vous d'ailleurs le comprennent parfaitement). Certains facilitateurs parmi vous ont des gens qui reviennent sans cesse s'étendre sur leurs tables, demandant toujours la même guérison. Vous les préparez, les équilibrez, mettez la guérison à leur disposition (vous préparez tout pour eux afin qu'ils puissent alimenter leur engin). Vous enlevez les roches de leur chemin et, lorsqu'ils se lèvent de la table, ils sont à nouveau équilibrés, paisibles et prêts à passer à l'action.

Il leur appartient, mes amis, s'ils le veulent, de faire avancer leur engin sur leur route en l'alimentant avec leur intention ou non. Ils peuvent aussi choisir de revenir vers vous et de se faire préparer encore et encore. Il n'y a rien que vous puissiez faire en tant que guérisseurs pour les aider à avancer à part ce que vous faites déjà. Sachez, cependant, que les facilitateurs sont grandement honorés parce qu'il y a plusieurs humains qui ont besoin d'être équilibrés avant de pouvoir nourrir leur engin et avancer avec l'intention. Par conséquent, le facilitateur est le catalyseur pour l'habilitation humaine; il équilibre les humains et les prépare à faire par eux-mêmes. Lorsque le temps est venu de faire avancer votre engin sur votre voie, vous devez le faire par vous-même sans l'aide de personne d'autre. Nous espérons que cela précise comment vous pouvez prier pour les autres, mais que vous ne pouvez co-créer que pour vous-même avec votre propre intention. Vous seul pouvez avancer dans votre contrat.

Parlons maintenant un peu plus de cette intention. Tout comme pendant le dernier channeling, nous vous répétons que l'intention est extrêmement puissante. Elle contient en effet la sagesse de l'Esprit lui-même. Réfléchissez quelques instants à ce que signifie le «co-» de co-création. C'est le travail du nouvel instrument et le nouveau cadeau de l'Esprit; «co-» signifie «vous et l'Esprit». Dans ce cas, «l'Esprit» est votre moi supérieur, l'étincelle de Dieu, et l'étincelle de l'amour qui vous vient de la Grande source centrale que vous transportez avec vous.

Créer de la négativité? Certains disent : «Oh, c'est une chose bien dangereuse, la co-créativité. Je pourrais créer de mauvaises choses pour les autres. Si je ne suis pas prudent, je pourrais même créer de mauvaises choses pour moi-même.» Nous répondons à cela : «Chers amis, débarrassez-vous de votre crainte! Vous ne comprenez pas la consécration que crée l'intention! Vous ne comprenez pas le «co-». **Car, lorsque vous exprimez votre intention pour obtenir n'importe quel genre de coopération avec l'Esprit de Dieu, il n'y a aucun démon, ni noirceur, qui puisse venir dans votre vie.** Le démon se définit par un manque d'amour de Dieu. Vous marchez la main dans la main avec la co-création, vous co-créez avec Dieu. Vous ne pouvez pas créer quelque chose de mauvais pour personne : c'est tout simplement impossible quand on a le cœur pur. Ce n'est pas dans la conscience de l'amour et de sa réalité. Par conséquent, cessez de vous en faire. Gardez pure votre intention et vous avancerez dans la co-création. **Il est impossible d'exprimer une intention pure en tenant son moi supérieur par la main et de causer en même temps de la négativité dans la vie d'un autre humain.** Écoutez-moi quand je vous dis cela, car c'est la pure vérité. Le processus de la co-créativité est un miracle de l'association homme/Dieu et contient des semences pour le bénéfice de tous autour de vous! C'est la conscience basée sur la crainte qui vous dit le contraire.

Pour illustrer le processus de co-création, nous allons maintenant vous raconter une histoire. En suivant le déroulement de cette histoire, vous découvrirez beaucoup des attributs de la co-création. Nous souhaitons que vous l'écoutiez attentivement et que vous vous identifiiez à Timothée. Nous savons depuis longtemps que les humains répondent bien aux paraboles et les gardent beaucoup plus longtemps en mémoire que les simples faits. C'est donc avec une grande joie que nous vous présentons l'histoire de *Timothée et le pouvoir de la co-création*.

Timothée et le pouvoir de co-création

Timothée était un homme éclairé. Il vivait dans une grande ville – une ville qu'il aimait et que traversait une grande rivière. Timothée avait une passion : toute sa vie, il avait rêvé de devenir un chercheur – un docteur spécialisé en recherche – qui étudierait l'humanité et apporterait de grands changements sur le plan médical pour lui venir en aide. Timothée passa donc une grande partie de sa vie à obtenir le degré universitaire qui lui ouvrirait les portes de la recherche. Il était en général satisfait de sa vie; il gradua avec honneur et on le reconnaissait comme un homme d'une grande intelligence. À cette intelligence, s'ajoutait la spiritualité, car Timothée était aussi une personne qui pratiquait la méditation.

Timothée connaissait la co-création. Il connaissait aussi le cadeau de l'Esprit qui lui permettrait d'annuler son karma. Alors, il exprima son intention afin de se débarrasser de son karma pour pouvoir avancer dans la voie qui était la sienne. Au même moment, Timothée décida de co-créer ce qu'il souhaitait le plus dans sa vie. Timothée était venu sur Terre avec une passion. Même avant d'en avoir vu un seul, il voulait découvrir le miracle de *l'enfant autistique*. Timothée ressentit un courant lui parcourir de haut en bas la colonne vertébrale lorsqu'il vit pour la première fois l'un de ces enfants. Il se dit à lui-même : «Même si certains trouvent cette situation tragique, je suis convaincu que c'est un miracle. Je le sais, c'est tout! La recherche actuelle passe à côté de quelque chose – quelque chose d'important.»

À l'intérieur des limites de l'histoire de Timothée et de la co-création, chers amis, il y a effectivement une grande vérité scientifique. Car, sans aucun doute, il y a un miracle en l'enfant autistique qui attend qu'on le découvre – une découverte qui viendra en aide non seulement à ces enfants mais à l'humanité entière. Et nous vous invitons à découvrir ce miracle.

Timothée résolut donc de s'asseoir et de créer sa réalité; il connaissait ce Nouvel âge et savait que le processus pouvait être réalisé. Il décida alors de co-créer une situation où il pourrait travailler avec des enfants autistiques, avec des collègues qui seraient destinés à travailler avec lui dans le cadre d'un programme établi, dans la ville qu'il aimait. Un gros mandat, peut-être, mais c'était sa passion... tout à fait. Timothée tint donc une cérémonie autour de sa co-création et, à genoux, il s'adressa à l'Esprit en ces mots : «Oh, Esprit, au nom de l'amour et de tout ce que je reçois en cadeau de ce Nouvel âge, je réclame le pouvoir de la co-création. Je co-crée que j'aurai la possibilité, ce qui est ma passion, de travailler avec les enfants autistiques dans cette merveilleuse ville qui est mienne avec d'autres gens de ma profession.» Comme Timothée était aussi un homme sage et éclairé, il ajouta : «Je sais toutefois qu'il y a aussi des éléments dont je ne suis pas conscient; je prie donc d'avoir la possibilité de bien remplir mon mandat quel qu'il soit.» Il y avait toutefois une petite voix en lui qui se dépêchait de renchérir tout doucement après chaque méditation : «Mais, s'il vous plaît, faites que ce soit ici, en recherche, auprès des enfants autistiques.» (rires de l'assistance)

Trois mois s'écoulèrent sans que rien ne se passe concernant sa requête. Timothée continuait de supplier. Il rendait honneur à l'Esprit à chaque fois qu'il verbalisait sa demande et il le faisait aussi souvent qu'il le pouvait : «Je co-crée au nom de l'Esprit pour remplir mon mandat – ici même où je me trouve.»

Deux mois s'écoulèrent encore sans que rien ne se passe. Timothée ne se décourageait pas, mais il était impatient. Comment se fait-il que rien ne se passe,» pensait-il. «Ah, je sais. Je dois probablement faire quelque chose pour accélérer le cours des événements.» Timothée prit alors la liste impressionnante de ses références et la répandit dans les villes avoisinantes en se disant : «Peut-être que cela accélérera le processus. Cela pourrait contribuer à recueillir les fonds nécessaires et créer un intérêt.» Timothée avait vu juste, **car l'Esprit attendait effectivement qu'il pose le premier geste.** Ce faisant, il réalisa qu'il avait oublié jusque-là de *participer* au travail du miracle de la co-création.

Presque immédiatement, Timothée reçut une lettre d'un centre de recherche médicale. Comme il ouvrait l'enveloppe, il ressentit le fourmillement le long de sa colonne vertébrale qui semblait vouloir lui indiquer que quelque chose de spécial s'annonçait. Timothée dit alors tout haut : «Oh, voilà une fenêtre de possibilité. Merci, guides. Je reconnais les signes. Quel que soit le contenu de cette lettre, cela fait partie de la mission que je dois accomplir.» Une fois de plus, Timothée avait raison car, après avoir ouvert soigneusement la lettre, il lut avec une grande joie l'offre qui lui était faite. On lui proposait de se joindre à des collègues de sa discipline – d'autres chercheurs qui étudiaient les attributs de l'humanité. Son cœur se figea cependant quand il découvrit où cela se situait : à 480 km au nord, dans une ville où il n'avait jamais eu l'intention de vivre. Pire encore, la recherche ne portait absolument pas sur les enfants. Fort à propos, mais décourageant pour Timothée, l'étude portait sur les personnes âgées et les différentes maladies qui les menaçaient dans la société.

Timothée savait bien que ce n'était pas exactement ce qu'il souhaitait, mais cela s'y rapprochait tout de même! Il avait envie de se retrouver avec d'autres chercheurs qui s'intéressaient à l'étude des humains. Pensez-y... un petit groupe de chercheurs avec lesquels il pourrait travailler et changer quelque chose à l'échelle de la planète! Il ressentit le frisson familier et sut que c'était l'une des fenêtres de possibilité qu'il avait créées. Alors, Timothée accepta l'invitation.

Il arriva dans sa nouvelle ville à 480 km plus au nord et y commença sa nouvelle vie. Quelque chose d'étrange se produisit presque immédiatement. Tel un petit miracle, il trouva une maison où habiter qu'il avait les moyens d'acheter. Grâce à une anomalie dans le système et à une personne de grand cœur, Timothée devint le propriétaire de cette maison moins de trois semaines après son arrivée. C'est quelque chose qu'il n'aurait jamais pensé possible si rapidement dans sa vie et cela était très significatif pour lui. Bien que la maison fût trop grande pour ses besoins, elle représentait un acquis important dans la société. Timothée remercia l'Esprit pour ce miracle et sut que c'était une forte validation sur sa route lui indiquant qu'il se trouvait à la bonne place au bon moment.

Timothée déménagea donc et commença à travailler avec ses collègues. Ils formaient un groupe de sept chercheurs;

Timothée était le huitième. Plus il travaillait avec eux, plus il les appréciait. Il en vint à les connaître personnellement et à les visiter chez eux régulièrement. Bien que tous n'aient pas la même croyance au Nouvel âge que Timothée, certains même d'entre eux entretenaient l'ancien système de croyances religieuses, ils étaient des princes et des princesses dans l'esprit de Timothée. Il partageait avec eux l'amour de l'humanité, l'amour du travail et le sens de la recherche, et ne les jugea jamais sur leurs croyances.

Fidèle à sa véritable passion, de retour à la maison, Timothée écrivait à ceux qu'il savait travailler sur les problèmes autistiques. Il leur faisait part de ce qu'il croyait et leur demandait leur avis, car il gardait toujours l'espoir de travailler un jour avec les enfants autistiques. Il continuait donc d'étudier les nouveaux développements sur le sujet même s'il n'avait pas l'honneur de travailler encore dans ce champ d'activité. Il était heureux du déroulement de sa vie lorsque soudain...

Ah! mes amis, quelque chose de terrible arriva à Timothée. Soudainenemt, il se mit à soupirer énormément. Il bégayait souvent aussi et pouvait rester des heures à regarder le bout de ses souliers ou à fixer un mur. Il ne dormait plus très bien non plus. La chimie interne de Timothée changeait et il s'en rendait compte. Il vivait dans un état de folie temporaire! C'est que, voyez-vous, Timothée était amoureux! (Rires de l'assistance).

Oh, elle était superbe, cette docteur vêtue d'un sarrau blanc avec laquelle il travaillait – et à laquelle il pouvait difficilement parler sans tomber dans un état de stupeur. Que pensait-elle de lui? Timothée n'avait jamais pensé à vivre avec une femme. Tout ce qui l'intéressait à ce jour, c'était sa passion pour les enfants autistiques. Il n'avait pas eu beaucoup de contact avec des femmes et ne savait pas comment les approcher. Il se sentait indigne. C'est alors que se produisit un miracle dans sa vie! La superbe jeune femme en sarrau blanc le regarda un jour et lui dit : «Timothée, je t'aime.» Il devint dès lors complètement fou pendant un certain temps!

C'est donc ainsi que Timothée rencontra celle qui lui était destinée, voyez-vous, au bon endroit et au bon moment – quelque chose à laquelle il n'avait jamais songé dans sa ville à 480 km plus au sud – quelque chose même dont il ne semblait même pas avoir besoin et qu'il n'avait jamais souhaité. Cela aurait pu changer le cours de la carrière de Timothée mais ce ne fut pas le cas. Cette merveilleuse personne aimait tout ce qu'il aimait. Elle appréciait en outre tout ce qu'il appréciait. Elle méditait avec lui; elle comprenait le Nouvel âge et, au fur et à mesure qu'ils se découvraient mutuellement,Timothée réalisa qu'elle avait aussi exprimé une intention de co-création afin de se trouver au bon endroit au bon moment! Cela vous surprend-il?

Ainsi, l'amour de l'Esprit avait frappé, guidant Timothée à 480 km de chez lui à un endroit où il ne souhaitait pas aller et en l'impliquant dans une recherche qu'il ne voulait pas faire, dans le but de lui faire rencontrer sa partenaire de vie. Timothée célébra lorsqu'il s'unit à celle-ci et, en fait, ils se marièrent dans la ville où ils s'étaient rencontrés. La maison miracle devint alors juste assez grande.

Pendant ce temps, Timothée continua de progresser dans son travail et il accomplit de grandes choses. Avec l'aide de Sarah et de ses autres collègues, il fit de nombreuses découvertes sur les maladies des gens âgés. Puis, le projet arriva à terme. Ils avaient accompli tout ce qu'ils pouvaient. Après trois ans, ils étaient arrivés à la fin de leur recherche. Timothée n'avait aucune idée de ce qui devait arriver ensuite. Depuis longtemps, il avait cessé de co-créer avec l'Esprit; il pensait à tort que Dieu lui avait déjà accordé son dû – que peut-être il n'était pas censé vivre cette passion... que ce qu'il avait était approprié et suffisamment bon. Après tout, regardez ce qu'il avait! Voyez comme il était heureux. Voyez la joie qu'il éprouvait à chaque jour. Que pouvait-il posséder de plus?

C'est lorsqu'il reçut une lettre, à la fin du projet, et qu'il reconnut le nom de l'expéditeur, qu'il ressentit à nouveau le frisson familier dans sa colonne. Le nom sur l'enveloppe était celui de l'un de ceux avec qui il avait correspondu au sujet des enfants autistiques. Timothée déposa la lettre sur la table et la regarda en disant : «Oh, je n'ai même pas envie d'ouvrir cette lettre! Son énergie est étonnante!» En regardant cette lettre, toute la verbalisation qu'il avait faite au cours de ses méditations revinrent à lui. Il avait l'habitude de dire : «Oh, Esprit, je co-crée d'être à l'endroit que je privilégie... à la bonne place et au bon moment.» Après un certain temps, n'y tenant plus, Timothée ouvrit sa lettre.

On y lisait : «Cher Timothée, nous t'offrons la possibilité de revenir travailler dans la ville où tu es né. Nous avons les fonds nécessaires pour financer une étude sur les enfants autistiques. Te serait-il possible de rassembler quelques collègues et de rentrer à la maison?» Timothée n'arrivait pas à y croire; la lettre lui tomba des mains tant il était ému! Il réalisa le plan d'ensemble et la justesse du synchronisme de tout ceci. Il célébra avec son épouse le fait que l'Esprit n'avait jamais oublié au cours des ans quelle était sa première requête : «Je veux être à la bonne place au bon moment. Je veux être tout ce que j'ai dit que je serais.»

Et c'est ainsi que Timothée recruta les collègues avec lesquels il avait travaillé avec tant de succès dans cette ville située à 480 km au nord de la sienne et les ramena chez lui. Il entreprit sa nouvelle recherche avec les tout premiers chercheurs qu'il avait rencontrés et qu'il avait appris à connaître. Ensemble, ils firent de grandes choses et tous participèrent au rêve de Timothée.

Il y a beaucoup d'amour relié à l'histoire de Timothée. Nous devrions l'analyser, vous et moi, afin que vous puissiez appliquer ces principes dans vos vies. Mais, voyez-vous, l'histoire n'est pas encore finie. Non. Il y a encore une chose à ajouter. Et c'est quelque chose de glorieux, quelque chose de précieux, rempli d'amour, de cérémonie et d'honneur. Car l'épouse de Timothée a donné naissance à un fils prénommé Jean. En outre, chers amis, aussitôt qu'on put le diagnostiquer, on découvrit que l'enfant était autistique. Sarah et Timothée se rendirent à l'autel et, en raison de leur vision de la vie, de leur illumination et de leur sagesse en l'Esprit, ils célébrèrent ce moment. Ils ramenèrent leur fils à la maison, l'assirent par terre et ils lui dirent : «Jean, nous savons que tu ne peux nous comprendre, mais TU es au bon endroit au bon moment!» (Applaudissements enthousiastes de l'assemblée).

La justesse de l'Esprit s'était manifestée une fois de plus. Ce que certains envisageraient comme une tragédie s'est révélé être un honneur et une bénédiction pour Sarah et Timothée : ces parents humains éclairés le savaient. Et effectivement, Jean n'aurait pu avoir de meilleurs parents que les siens.

Pour bien comprendre cette analyse, chers amis, nous vous demanderons de retourner en arrière et de revoir ce qui est arrivé. Au départ, rien ne se produisit, jusqu'à ce que Timothée prenne la situation en main et décide qu'il poserait le premier geste. Timothée réalisa qu'il faisait partie de la co-création, Esprit et humain. Après avoir expédié ses lettres, Timothée était impatient mais pas l'Esprit. À partir du moment où Timothée obtint partiellement ce qu'il avait demandé, trois ans s'écoulèrent et il se trouvait dans une ville étrangère à faire des choses qu'il n'avait jamais prévu faire. Bien que ce ne fût pas exactement ce qu'il avait demandé, Timothée était béni sur tous les plans. Il avait reçu des validations lorsque c'était nécessaire. Ses guides provoquaient de petits frissons pour l'aider à voir où se trouvaient des occasions spéciales, même après que Timothée ait cessé de co-créer. Il était satisfait du déroulement de sa vie, mais l'Esprit remplit son contrat lorsque ce fut le temps! Puis, le cadeau ultime vint à la fin... un cadeau que Timothée n'avait jamais pensé qu'il puisse être approprié mais qui l'était.

Voyez-vous le plan d'ensemble de cette synchronisation?

Comprenez-vous que tout n'est pas selon les apparences? Voyez-vous qu'une grande partie de la co-création avec l'Esprit est patience et foi? Timothée l'a vu et il a été honoré dans son contrat. Avez-vous aussi remarqué que ceux qui l'entouraient étaient aidés et bénis par sa patience et sa foi? Une fois de plus, nous vous amenons à reconnaître que, lorsque vous remplissez votre contrat, les autres autour de vous y gagnent aussi!

Nous vous avons raconté cette histoire pour que vous puissiez voir que tout est possible dans votre vie! Nous savons que certains d'entre vous sont en processus de co-création. La première chose que nous souhaitons vous dire est que : VOUS ÊTES DIGNES DE CE CADEAU! Si vous ne le pensez pas et ne pouvez pas faire entrer cette idée dans votre conscience, vous devriez alors demander à un facilitateur de vous aider à vous polariser – à vous équilibrer afin que vous puissiez avancer et alimenter l'engin de votre dignité... car vous avez vraiment mérité ce cadeau.

Ne craignez pas de vivre dans l'abondance, mes amis. Ne croyez-vous pas que vous le méritez? Dans la société la mieux nantie de la planète, ne croyez-vous pas que vous le méritez? Nous parlons de l'abondance de l'essence de l'Esprit et de l'abondance de la paix dans votre vie.

C'est donc là-dessus que nous vous quittons ce soir. Nous vous quittons dans un état de paix. Lorsque, en sortant d'ici, vous vous retrouverez seul à un certain moment, avant de vous retirer pour la nuit, pensez à ceci : les entités tout près de vous qui vous sont assignées et qui font même partie de votre aura, célèbrent régulièrement votre vie! Elles attendent de se lancer dans l'action à votre commandement et à votre intention. Elles font partie du pont qui vous relie à votre moi supérieur. Vous n'êtes jamais seul! Ce morceau de Dieu qui est votre moi supérieur attend pour vous conduire à l'endroit pour lequel vous êtes venu sur Terre... à la passion qui constitue votre mandat... la partie de votre chez soi que vous *transportez toujours avec vous.*   **Kryeon**

**Lee Carroll
sera à Montréal
le samedi 1er mai 1999**
(*en compagnie de Gregg Braden*
auteur de *L'Éveil au Point Zéro*)

Pour plus d'informations, contactez-nous :
Ariane Éditions Inc.
1209, Ave. Bernard O., bureau 110,
Outremont, Qc. H2V 1V7
(514) 276-2949, Télécop. : 276-4121

**Lee Carroll
sera en France
le samedi 8 mai 1999**

Contactez :
Claudine Oudin
67, Faubourg St-Nicolas
54820 Marbache, FRANCE
Tél. : 03.83.24.99.17
Télécop.: 03.83.96.77.07

NEW!

Timely. Informative. Provocative.

QUARTERLY

MAGAZINE

Introducing the *Kryon Quarterly*, a magazine devoted to Warriors of the Light. Published four times a year, the *Kryon Quarterly* features the latest Kryon channels, Q&A from readers, information about scientific validations of Kryon channels, co-creating, Earth changes and much, much more. Stay tuned to the latest news about these changing times by subscribing to the *Kryon Quarterly*. Just $19.95 (US) for one year (four issues); $31.95 (US) for two years (8 issues). Gift certificates available.

Quelques exemples de livres d'éveil publiés par Ariane Éditions

La série Kryeon

La série Conversations avec Dieu

L'éveil au point zéro

Anatomie de l'esprit

Terre

Voyage au cœur de la création

Sur les ailes de la transformation